안영배의 수토 기행

이 책은 방일영문화재단의 지원을 받아 저술·출판되었습니다.

안영배의 수토 기행

초판 1쇄 발행 | 2023년 12월 6일
지은이 | 안영배
펴낸이 | 이연숙

펴낸곳 | 도서출판 덕주
출판신고 | 제2018-000137호
주소 | 서울시 종로구 인사동길 19-2(와담빌딩) 6층
전화 | 02-733-1470
팩스 | 02-6280-7331
이메일 | duckjubooks@naver.com
홈페이지 | www.duckjubooks.co.kr

ISBN 979-11-979349-6-4 (03980)

ⓒ 안영배, 2023

출판사와 저작권자의 허락 없이 이 책의 도판과 텍스트 사용을 금합니다.
책값은 뒤표지에 있습니다. 잘못된 책은 구입처에서 바꾸어 드립니다.

안영배의 수토 기행

안영배의

나를 충전하는
명당을 찾아서

안영배 지음

덕주

들어가는 말

나는 우리 국토 구석구석을 찾아다니는 것을 '수토'라고 표현한다. 직업이 기자이다 보니 전국 각지의 명소를 현장 취재해 신문 지면에 내보내는 기사의 타이틀도 '수토 기행'이다. 수토라는 단어를 대하는 사람들마다 해석이 참 다양하다. 한자어로 '수(水·물)' 자와 '토(土·흙)' 자로 해석해 물과 땅을 다루는 풍수지리를 가리킨다고 풀이하는 사람들이 있는가 하면, 지킬 '수(守)' 자와 흙 '토(土)' 자로 해석해 우리 땅 지킴이 같은 행위라고 풀이하는 이들도 있다. 어떤 이들은 자료나 물건 등을 모아서 조사하는 의미의 고급스런 한자어 '수토(蒐討)'라고 단정하기도 한다.

또 17세기 말 조선시대 안용복의 울릉도 및 독도 영토 수호 사건을 인지하고 있는 이들은 '수토(搜討)'라는 말을 떠올리기도 한다. 당시 조선 정부는 안용복 사건 이후 울릉도 등 우리나라 도서 지역을 지키는 직책인 수토사(搜討使) 제도를 운영했는데, 이때의 수토는 영토를 침범한 왜구들을 '수색하고 토벌한다'는 뜻으로 매우 전투적 용어다.

사실상 '수토'는 앞의 여러 해석들을 다 포함하는 말이다. 이처럼 수토는 매우 중첩적이며 중의적인 표현이다.

역사적으로는 수토사 제도가 생기기 이전부터 수토(搜討)라는 용어는 쓰이고 있었다. 조선 전기에 우리나라 사림파 성리학자들은 전국의 산천과 명승지를 유람하면서 풍토적 특징을 파악하거나, 우리 고대 역사와 고유 문화 및 풍속을 탐구하는 등의 행위를 "수토한다"고 표현했다. 그리고 그 과정을 '유람록' '유람기' 등의 이름으로 남겼다. 지금으로 치면 인문 여행기를 쓰는 작가적 태도라고 할 수 있을 것이다. 수토라는 용어가 조선 시대에 본격적으로 쓰이긴 했지만, 수토 행위 자체는 조선 이전으로 거슬러 올라가는 매우 오래된 전통이었다.

개인적으로 '수토'라는 말을 처음 접한 게 8~9년 전의 일로 기억된다. 작가이자 화가로 활동하는 은영선 씨로부터 우연히 "군위에 살던 증조할아버지(은희용)가 대일항쟁기에 조선의 수토사 명맥을 잇고 있었다"는 말을 듣게 됐다. 군위 지역 유림(儒林)의 중심 인물이었던 은희용은 역사에서 대일항쟁기의 비밀조직인 적성단(赤星團)의 수장으로도 알려진 인물이다.

울릉도를 지키는 정부 조직인 수토사는 들어봤어도, 유교체제의 서원(書院)과 사우(祠宇) 조직을 중심으로 민간인 신분의 수토사들이 존재했었다는 얘기는 매우 생소했다. 평소 우리 역사와 문화에 관심이 많은 나로서는 구미가 당길 만한 주제였다.

은영선 작가가 어린 시절부터 그의 증조부와 조부로부터 귀에 못이 박히도록 들은 수토사 얘기는 매우 충격적이었다. 이들 민간 수토사들은 태고 시절부터 전해져 내려온 천문 관측 및 그 연구 결과물을 계승해온 집단으로서, 태양계의 지구가 생명력이 왕성한 천체가 되도록 지구 중력을 증진시키는 일을 주요 사명 중 하나로 삼고 있다고 했다. 고구려 고분 벽화의 천문도 등에서 알 수 있듯이, 천손(天孫) 민족임을 자부하는 한민족은 일찍부터 하늘의 천문 현상에 깊은 지식을 갖고 있었다는 것이다.

또 지구 중력은 인간의 수명과 관계가 깊다고 했다. 원래 인간에게 주어진 수명은 180살 정도였지만, 지구 중력의 약화가 원인이 돼 생명력이 짧아지게 됐다고 한다. 그런 지구 중력을 되살리는 데 있어서 가장 중요한 지역 중 하나가 한반도였다. 수토사 전통이 우리나라에서 면면이 이어져 내려온 이유도 이런 배경 때문이라고 한다.

한반도 곳곳에 흩어져 비밀스럽게 활동하던 수토사들은 이 땅의 천문과 지리 현상, 그리고 중력 증진에 효과가 있는 동·식물 및 광물 등을 집중 '수토'해 왔다. 이와 함께 대마초, 양귀비 등 아편 물질은 지구 생명체를 갉아먹는 것이기에 철저히 경계했다고 한다. 은희용이 이끈 전국적인 비밀 조직망인 적성단이 한반도에서 아편을 몰아내는 것을 최우선 목표로 삼고 있었던 이유이기도 하다.

이런 수토사들의 활약 덕분으로 때문에 한반도는 ' 장춘불로지곡(長春不老之谷: 봄 바람처럼 왕성한 생명 기운이 넘쳐나서 늙지 않는 곳)'으로 불려왔다. 우리 땅이 중국 대륙으로부터 불로장생을 의미하는 '불로초의 나라' 혹은 '신선국'으로 주목을 받았던 데는 한반도 수토사들의 역할이 컸던 셈이다.

그러나 안타깝게도 수토사에 대한 조사는 한동안 중단할 수밖에 없었다. 현재 생존한 유림계 인사들로부터 더 이상 관련 정보를 들을 수 없는데다가, 문헌적 근거마저 희박했기에 잊고 넘어갈 수밖에 없었다.

그 후 여러 해가 지났다. 나는 전혀 엉뚱한 곳에서 '수토'와 맞닥뜨렸다. 지리산 일대를 취재할 일이 생겨 사전에 관련 정보를 챙기는 과정에서 점필재 김종직(1431~1492년)이라는 인물을 알게 되면서부터다. 역사에서는 수양대군(세조)의 왕위 찬탈을 비판하는 〈조의제문〉을 지어 후일 무오사화의 희생자가 된 인물로 소개돼 있다.

바로 그가 조선 역사에서 '수토'라는 말을 공공연하게 퍼뜨린 장본인이었다. 그는 자신의 문집인 《점필재집》에서 학문을 깊이 연구하는 행위를 수토라고 했고, 다른 한편으로는 우리 역사와 문화 유적지를 찾아가 탐구하는 행위도 수토라고 표현했다. 김종직 자신이 지리산 천왕봉을 비롯해 전국 각지를 수토하러 다녔고, 그 제자들 또한 스승의 뜻에 동참해 지리산, 가야산, 금강산 등으로 '수토'하러 다녔던 것이다.

나는 이들을 통해 조선 성리학자들의 이면 세계를 들추어내는 듯 한 전율감마저 느꼈다. 이들은 유학자이면서도 우리 산하에 깃든 전통 사상, 즉 신선사상에 대해 열린 태도를 취하고 있었던 것이다.

한국 선도(仙道)의 중시조라 할 수 있는 최치원을 깊이 수토하면서, 최치원이 했던 것처럼 자신들도 선도 수련을 익히기도 했다. 이들은 신선도(도교) 수련 책인《황정경》을 암송하거나, 밤에 잠을 자지 않고 호흡수련을 하거나, 옛 신선들의 자취가 남아 있는 역사적 현장을 찾아다니는 등으로 선도에 심취한 면모를 보였다.

이는 성리학으로 덧칠돼온 우리 선비 문화의 정체성을 밝히는 데 있어서 매우 중요한 단서가 될 수 있다. 다시 말해 지구 중력 증진 및 수명 연장 혹은 불로장생술을 추구하는 선도 문화, 즉 수토 전통이 조선시대 유림의 선비 정신으로 이어져 왔다는 것이다. 아쉽게도 김종직과 그 제자들이 1498년 무오사화에 휘말려 희생되면서 수토라는 용어 또한 점차 사람들 사이에서 잊혀져간 바람에 수토 문화가 수면 밑으로 가라앉아 있었던 것뿐이다.

수토는 한마디로 사람이 자연과 조화로운 삶을 꾀하고, 자아실현을 하는 일체의 행위를 가리킨다고 규정할 수 있다. 신령스런 기운이 감도는 국토를 찾아 기운생동(氣運生動)의 경지를 체험하거나, 기기묘묘한 절경을 빚어낸 자연의 작품들을 찾아가 호연지기(浩然之氣)를 키우거나, 땅의 기운을 북돋우기 위해 식물 등을 심거나, 선조들의 숨결이 밴 역사 유적이나 문화재를 찾아 그 얼을 본받고 배우거나, 풍토가 달라 벌어지는 세상의 변화 등을 관찰 연구하는 행위 등이 모두 수토 행위다. 즉 수토는 이 나라의 땅, 이 나라의 역사, 이 나라의 문화, 이 나라의 얼과 정신 등을 밝혀내고 찾아내는 행위를 총체적으로 표현하는 말이다.

그리고 이런 행위를 통해 나 자신의 본성을 밝혀 나의 사명, 더 나아가 우리 민족의 사명을 자각하고 함께 미래를 밝혀나가는 것이야말로 조선 선비들이 꿈꾸었던 수토의 최종 목표라고 할 수 있을 것이다.

이 책은 크게 3부로 구성돼 있다. 제1부에서는 김종직을 비롯한 조선 성리학자들이 지리산을 중심으로 벌인 수토 행위를 살펴보았다. 필자는 이런 수토 행위에 참여한 성리학자들을 임의로 '조선 수토사'라고 규정한다.

조선 수토사들은 지리산 일대에서 천왕봉의 성모신과 함께 신라의 대유학자이자 신선술을 닦은 고운 최치원(857~?)을 주로 수토했다. 최치원은 관직을 지낸 유학자 신분이었기에 조선 수토사들이 수토의 롤 모델로 삼기에 최적의 인물이었다. 그들은 최치원의 흔적이 남아 있는 지리산 일대 등을 샅샅이 뒤지고 다니면서 자신들의 심정을 글이나 시로 남겨놓기도 했다. 이에 따라 1부에서는 조선 수토사들의 지리산 일대 수토 루트를 재추적해가는 형식을 취했다.

제2부에서는 조선 수토사들의 수토 행위가 그 이전부터 진행돼온, 매우 오래된 전통이자 의식이라는 점을 살펴보았다. 사실 수토의 기원은 우리나라 선도 수련의 역사와 맞닿아 있다. 장춘불로지곡인 한반도에서 신선술을 닦는 이들이야말로 '원조' 수토사에 해당했기 때문이다.

흥미롭게도 고대 한국에서 선도 수련을 해온 이들의 '신선 족보'를 추적하는 과정에서 이들의 흔적이 한반도 남해안과 동해안에서 집중적으로 나타나는 현상을 발견했다. 이를 통해 우리나라 신선 족보가 '신비의 나라'로 기억되는 가야와도 밀접한 관련이 있다는 점을 확인할 수 있었다.

한편으로 고려와 조선의 수토사들에 대해서는 개인에 대한 인물탐구적 형식을 취했다. 주로 유학자 신분의 이들이 수토 현장에서 고민하고 추구하고자 한 것들을 구체적으로 검증해보는 과정을 담았다.

어떤 이는 고조선 역사와 고대 한국의 고도(古都) 등을 수토하면서 수토의 의미를 추구했고, 또 어떤 이는 한반도에 감도는 신성한 기운을 풍수라는 이름으로 수토하면서 이 땅의 지력(地力)을 가꾸는 데 집중했고, 또 어떤 이는 국난을 내다보고 미래의 생명의 땅이자 장춘불로지국인 조국을 지키는 데 목숨을 바치는 것으로 자신의 수토 사명을 해냈다. 각자의 분야에서 주어진 수토 사명을 한 이들의 행위를 들여다보면서 진정한 애국에 대해 생각해보는 시간을 가지기도 했다.

제3부는 우리 선조들이 대대로 해오던 수토 행위를 현대의 시점에서 다시 밟아보는 '나의 수토 여행길'이라고 할 수 있다. 지면상 전국 각지를 다 소개하기는 어려워서 대표적 수토지만 간추려 소개해보았다.

천문(하늘의 별자리) 현상에 감응하여 지상에서도 하늘의 신성(神性)과 덕(德)이 펼쳐지는 신령스런 지역, 고구려·백제·신라·가야의 수도에서 보여주는 역사의 교훈, 그리고 풍수지리적으로 영험한 기운이 감도는 불로초의 땅 등 분야별로 구분해 놓았다. 미리 밝혀두자면 여기에 소개한 것은 수토의 일부 사례일 뿐이고, 나의 수토 여행은 지금도 계속 진행되고 있다.

나는 이 책을 쓰면서 보이지 않는 운명의 끈이 작용한다는 '믿음'까지 생겼음을 고백하지 않을 수 없다. 세상에 처음으로 소개하는 '수토 이야기'를 끌고 나가는 동안 덜 깨진 의식과 아둔함에 지쳐 멈추었다가도 어느 순간 영감이 떠올라 그렇게 찾아도 보이지 않던 자료들과 증거가 눈앞에 출현하는 등 기묘한 체험을 한 게 한두 번이 아니다. 선배 수토사들의 가호 덕분이라고 스스로 생각해본다.

이 글이 책으로 나오기까지는 여러 분들의 격려와 도움이 컸다. 덕주출판사 이연숙 대표는 수토 이야기를 책으로까지 완결짓는 데 많은 용기와 격려를 보내주었다. 전국 각지를 수토하러 다니느라 가정에 소홀할 수밖에 없었던 가장을 이해해준 가족에게도 고마움을 전한다. 마지막으로 이 땅을 지키고 수호해온 이름 없는 한반도의 수토사들에게 깊은 감사와 함께 삼가 엎드려 큰 절을 올린다.

2023년 계묘 추분절
청계산 자락에서

차례

들어가는 말 · 4

1부
수토(搜討) 여행에 앞서

1장 지리산 천왕봉에 나타난 희한한 유학자들

01 김종직, 성모신께 제를 지내다 · 21
영남 사림파의 큰어른 24 | 천왕봉 성모신의 정체 27

02 김종직 제자들의 수상한 행적 · 32
거문고 짊어지고 천왕봉 오른 남효온 32 | 김일손과 정여창, 성모신 논쟁 벌여 35

03 무오사화에 희생된 김종직과 제자들 · 40

04 영남 사림파의 비밀 암호 · 43
수토 하나: 역사와 문화 유적을 추적하다 44 | 수토 둘: 진리를 파헤치다 47 | 수토 셋: 땅을 수색하고 토벌하다 49 | 수토 넷: 깨달음을 구하다 52 | 수토와 겨레 뿌리 찾기 54

2장 사림파 선비들의 은밀한 지리산 순례

01 김종직은 도인이었을까 · 61

호리병 속의 별천지 쌍계사에서 61 | 천년이 넘는 인공 숲, 상림 65 | 학사루의 선연과 악연 68 | 민생용 차밭과 기우제 지낸 용유담 72 | 고려의 학풍 계승한 성리학자 78

02 김일손, 지리산 둘레길을 걷다 · 82
지리산에서 단약(丹藥)을 찾다 82 | 단구성(단성)과 단속사, 신선 세상 속으로 84 | 신흥사의 기이한 목격담 87 | 쌍계사에서 만난 '마음의 스승' 89

03 남효온, 거문고 신선을 만나다 · 92
청학동을 찾다 92 | 칠불사의 거문고 타는 신선 94

04 수토의 원형, 풍류를 찾아서 · 99
김종직과 제자들은 왜 최치원을 수토했을까 99 | 난랑비서와 선도(仙道) 100

2부
국토를 노래한 수토사들

1장 고대의 신선들이 머문 곳

01 중국 유학파 최치원은 어떻게 신선이 됐나? · 111
중국에서 도교를 접하다 111 | 한국 신선 족보에 등재돼 114

02 청학동 삼성궁: 동방 선도의 시조 환인 진인 · 117

03 속초 영랑호: 영랑과 '마한의 신녀' 보덕 · 121

04 경주 월성: 왜 출신의 선인 표공 · 125

05 김해 초현대: 가야 출신 칠점산의 참시선인 · 129

06 함안 아라가야: 문무(文武)를 겸비한 물계자 · 134

07 경주 남산: 대세와 구칠, 바다로 나가다 · 137

08 구례 사도촌: 풍수를 배운 도선국사 · 142

09 가야 신선도의 성지 · 148
왜 가야 땅인가? 148 | 대가야를 주목한 최치원 155 | 최치원, 가야식 'K-선도' 완성하다 161 | 김종직과 제자들, 지리산에서 가야산으로 165

2장 고려·조선의 수토사들

01 신선국 고려를 증언한 송나라 사신 · 175
02 선풍(仙風)을 찾은 이규보 · 180
03 최치원을 수토한 이색 · 182
고려의 최치원 182 | 참성단에서 단군을 찾다 185 | 〈천부경〉을 공부하다 188 | 풍수를 연구하다 190

04 역사를 수토한 선도 수행자 남효온 · 192
백제에서 교훈을 찾다 192 | 비밀리에 선도 수련을 익히다 198

05 김시습이 밝힌 복본(複本)주의 · 201
《징심록》의 마고신, 역사에 등장하다 201 | 박제상 가문의 선도와 복본 207 | 조선에서 복본을 실천하다 210

06 숨겨진 도인 김종직 · 213
영남루에서 만난 세 수토사 213 | 동시대를 살아간 두 도인, 김종직과 김시습 218

07 임진왜란 대비한 조식의 혜안 · 222
08 홍의장군 곽재우, 도술에 심취 · 225
09 수토사 자처한 임금 정조 · 228
양생(養生) 호흡 수련을 한 군주 228 | 단군 제사를 챙기다 231

10 현묘지도의 부활 주창한 수운 최제우 · 234
11 참동학 선포한 증산 강일순 · 240
12 단군을 스승으로 내세운 독립운동가 나철 · 246

3부
나의 수토 여행길

1장 천문(天文), 우리 별을 수토하다

01 제주도의 북극성과 설문대할망 · 255
제주도 지사가 주재하는 한라산신제 255 | 설문대할망과 마고 할매 258

| 제주 삼성혈과 삼태성 261 | 제주시 원도심에 출현한 북두칠성 265

02 천신(天神)과 교감하는 마니산 참성단 · 268
백두산과 한라산의 연결고리 268 | 하늘과 소통하는 스타 게이트 271

03 서울은 '우주의 중심 별' · 274
한양도성은 북극성이 있는 자미원 274 | 천시원으로 흘러드는 은하수 한강 278 | 하늘의 정부종합청사 태미원은 어디인가 281 | 한양 시·공간의 잣대, 탑골공원 283

2장 지리(地理), 우리 땅을 수토하다

01 옥룡사, 도선국사가 동백꽃을 심은 이유는? · 291

02 서산 간월암, 극강의 지기(地氣)가 흐르다 · 294

03 산 사람이 직접 기운 받는 탯줄 명당 · 297
김유신과 태령산 297 | 조선 왕자와 공주들의 탯줄 경쟁력 302

3장 고도(古都), 우리 역사를 수토하다

01 고구려의 수도 집안 · 309
공중에 관이 있는 고구려 왕릉 309 | 고구려 왕은 왜 백두산 쪽으로 머리를 누였을까? 313

02 백제의 수도 부여 · 317
부여를 계승한 문화 강국 317 | 부소산의 꿈꾸는 백마강에서 320

03 신라의 수도 경주 · 324
월성 명당에 자리잡은 탈해왕 324 | 동짓날 해를 신성시한 신라인들 327

04 가야의 수도 김해 · 332

글을 마치며 · 339
참고 문헌 · 345

1부

수토(搜討) 여행에 앞서

1장

지리산 천왕봉에 나타난
희한한 유학자들

01 김종직, 성모신께 제를 지내다

02 김종직 제자들의 수상한 행적

03 무오사화에 희생된 김종직과 제자들

04 영남 사림파의 비밀 암호

김종직, 성모신께 제를 지내다

한반도에서 백두산, 한라산에 이어 세 번째 높이를 차지하는 지리산 천왕봉(1915m). 40대 초반의 한 사내가 적어도 3대는 덕을 쌓아야 일출 장면을 볼 수 있다는 천왕봉 정상을 오른다. 가쁜 숨을 몰아쉬며 정상에 다다른 사내는 이윽고 갓을 쓰고 허리에 띠를 두르는 등 의관을 정제한다. 암석에 고인 물로 정성스레 손을 씻은 사내는 돌층계 위로 마련된 세칸짜리 판잣집으로 들어간다. 바람에 날아가지 않도록 제법 못질이 탄탄한 판잣집 한쪽으로는 흰 깃발이 걸려 있어서 이곳이 사당임을 알려준다. 사내는 신단의 석상(石像) 앞에 공손히 선 후, 술과 과일을 차려놓고 이렇게 축문한다.

"금년 한가위에 남쪽 지역 농사를 살피다가 우뚝한 봉우리를 우러러보고 간절한 마음이 절실하였습니다. 드디어 진사(進士) 한인효(韓仁孝), 유호인(俞好仁), 조위(曺偉) 등과 함께 구름 사다리를 밟고서 사당 아래에 이르렀습니다. 그런데 비와 구름을 주관하는 병예(屛翳)가 심술을 부려 구름이 자욱합니다. 보름달을 보지 못할까 두려워 마음이 조급하고 답답합니다.
삼가 성모님께 바라건대, 이 술을 흠향하시고 신령스런 힘을 내리소서. 오늘 저녁에는 하늘이 활짝 개어 달빛이 대낮처럼 밝게 비추고, 내일 아침에도 만리 밖까지 환히 트여 산과 바다가 절로 또렷하게 해주신다면 저희들은 장엄한 광경을 볼 수 있을 것입니다. 그러면 어찌 감히 그 큰 은혜를 잊겠습니까?"

〈유두류록(遊頭流錄)〉

지금으로부터 550여 년 전인 1472년 중추절(음력 8월 보름), 지리산을 지키는 성모신(聖母神)에게 예를 갖추어 제사를 주관한 이는 당시 함양군수 신분인 점필재 김종직(金宗直, 1431~1492년)이다. 그는 몸이 더 늙기 전에 두류산, 즉 지리산에 올라 8월 보름 밤 천왕봉에서 달을 구경하고, 그 이튿날 닭이 우는 새벽녘에는 해돋이를 구경하고, 환히 밝은 아침엔 또 사방을 두루 조망하고자 지리산 유람을 하고 있던 중이었다. 그런데 막상 8월 보름에 천왕봉에 오르니 구름이 자욱하므로 천왕봉 정상의 사당인 성모묘(聖母廟)에 들어가 날씨가 활짝 개게 해달라고 빌었던 것이다.

그의 기돗발이 통했을까. 보름날 밤에 제를 올린 지 하루가 지나면서부터는 짙은 먹구름과 음산한 비바람이 순식간에 걷혀 날씨

▶ 지리산 천왕봉. 지리산의 가장 높은 봉우리이며, 백두산에서 이어진 백두대간이 남쪽으로 흘러와 만나는 봉우리로 경상남도 산청군, 함양군에 걸쳐 있다(국립공원공단 제공).

가 청명해지기 시작했다. 향적사(천왕봉 아래 장터목 대피소 인근으로 추정)에서 날씨가 맑아지기를 기다리던 김종직은 그 이튿날인 8월17일(음력) 새벽 재빨리 천왕봉에 다시 올랐다. 그는 성모묘에 들어가 다시 술을 부어놓고 "오늘 천지가 맑게 개고 산천이 확 트인 것은 진실로 신명의 은택입니다"하고 감사의 예를 올렸다. 그는 천왕봉에서 파노라마처럼 펼쳐지는 지리산의 절경을 실컷 감상했다. 김종직은 이때의 감회를 별도로 시로 남겨놓기도 했다.

> '마음을 가다듬고 조용히 기도하니, 가슴에 쌓인 티끌 말끔히 씻어버렸네. 오늘 아침 갑자기 맑게 개이니, 신령이 아마도 나의 간절한 마음 헤아린 듯하네.'
>
> 〈재등천왕봉(再登天王峰)〉《점필재집(佔畢齋集)》 8권

영남 사림파의 큰어른

지리산 천왕봉에서 보인 김종직의 행각은 지금의 시각으로 보자면 무어 그리 대수로울까 싶겠지만, 그게 550여 년 전에 벌어진 일이면 얘기가 달라진다. 유교를 국가 통치 이데올로기로 삼은 조선에서 자타가 공인하는 성리학자이자, 그것도 현직 군수가 의관을 정제하고서 토속신앙의 대상인 성모신에게 예를 갖춰 제사를 지낸다고? 이는 무당들이 벌이는 굿이나 산신 제사 등을 음사(淫祀)라고 해서 못마땅하게 여기던 당시 조선 성리학 세상에서는 충분히 논쟁과 시빗거리가 될 수 있는 사안이었다. 실제로 당시 집권세력 중에서는

김종직을 마뜩찮게 보는 이들이 적지 않았는데, 김종직의 이같은 행위는 그를 권력에서 끌어내릴 수 있는 기회로 삼을 만했다.

그럼에도 김종직은 자신의 지리산 유람 행적을 〈유두류록〉이란 이름으로 자세히 기록해 두었다. 마치 자신의 천왕봉 참배에 대해 후세의 누군가가 그 진의를 파악해주기를 바랐던 것처럼 말이다.

점필재 김종직과의 '만남'은 이처럼 그가 남긴 지리산 유람록으로부터 시작됐다. 그가 남긴 〈유두류록〉은 조선의 숱한 선비들이 남긴 여러 지리산 유람록 중 가장 인상적이었다.

김종직은 참 특이한 인물이었다. 탁월한 문장력을 자랑하던 김종직은 조선시대 전기에 활동한 대표적 문신 중 한 명으로 꼽힌다. 일반적으로는 세조의 권력 찬탈을 비판하는 〈조의제문〉의 저자이며, 이로 인해 1498년 무오사화가 발생했고, 연산군으로부터 부관참시를 당한 인물로 알려져 있다.

땅딸막한 키에 '꼿꼿한 선비' 이미지가 물씬 풍기는 김종직은 한국 성리학사에서 한 획을 그은 인물로도 평가받는다. 그는 세조의 쿠데타를 도와 기득권 세력이 된 훈구공신 세력(훈구파)에 맞서 도덕과 의리를 중시하고 이를 실천하는 데 애를 써온 도학자(道學者)로 기록된다. 학문과 문장이 뛰어나 자신을 따르는 수많은 제자를 길러냈고, 이로 인해 후에 사림파의 종조(宗祖)로 받들어졌다.

사림파는 훈구파와 대척점에 서서 향촌에서 학문을 닦으면서 자기 수양과 도덕적 실천을 강조하는 성리학자 집단을 가리킨다. 주로 영남에서 활동했다고 해서 영남 사림파라고도 한다. 한훤당 김굉필, 추강 남효온, 일두 정여창, 탁영 김일손 등 조선 사회를 풍미한

쟁쟁한 성리학자들이 사림파로 분류된다. 이들 모두 김종직의 제자들이고 문하생들이다. 그런데 조선 성리학을 빛낸 동방 5현(五賢: 김굉필, 정여창, 조광조, 이언적, 이황) 중 2명(김굉필, 정여창)이 그의 제자이지만, 정작 자신은 5현에서 제외돼 있다.

흥미롭게도 김종직은 지리산 천왕봉 성모신에게 제를 지내기 8년 전만 해도 겉으로는 완고한 유학자적 태도를 보였었다. 그는 한양에서 승문원 박사와 예문관 봉교를 겸하던 시절인 1464년 "학문을 천문(天文), 지리(地理), 음양(陰陽), 율려(律呂), 의약(醫藥), 복서(卜筮), 시사(詩史) 등 7개로 나누어 문신들을 각 분야에 배속시켜서 익히게 하라"는 세조의 명령을 대놓고 비판했다. 그는 "7학 중에서 시사(시와 역사)는 본래 유학자의 일입니다만 나머지는 잡학이어서 문신으로 하여금 배워서 능통하게 하라는 것은 좋은 일이 아닙니다"하고 맞섰다. 천문과 풍수지리 등 잡학에 정통하고 또 우호적 태도를 보였던 세조는 김종직의 반대에 매우 분노하며 그해 8월 김종직을 파직시켰다. 이 때문에 1년 정도 벼슬이 떨어진 생활을 보내야 했다.

그랬던 그가 8년 후에는 완전히 다른 행보를 보였다. 짚신을 신고 지팡이에 의지해가며 천왕봉에 힘겹게 올라가서는 지리산 성모신께 제를 지내는 파격적인 행사를 치렀던 것이다. 게다가 김종직의 제자들인 김굉필, 김일손, 정여창, 남효온 등 조선 성리학의 거물급 인사들도 천왕봉의 성모신을 마치 성지 순례하듯이 참배했다.

천왕봉 성모신의 정체

21세기 현대인의 관점으로 지리산 일대를 취재하는 과정에서 맞닥뜨린 김종직의 성모묘 참배와 그 참배 대상인 성모신은 나에게도 강렬한 호기심으로 다가왔다.

1472년 당시 성모신은 돌로 만든 석상(石像) 형태였다. 눈과 눈썹, 그리고 머리 부분은 색칠을 해놓은 상태였고, 목에는 갈라진 금이 있었다. 김종직은 천왕봉까지 안내한 현지인으로부터 고려 우왕 때인 1380년 이성계가 전북 남원 인월에서 왜구를 물리쳤을 당시, 왜구들이 그 분풀이로 천왕봉까지 올라와 칼로 석상을 쪼개고 갔는데 후세 사람들이 다시 붙여 놓았다는 얘기를 들었다. 지리산을 지키는 신령한 존재인 성모신은 왜구에게도 알려져 두려움의 대상이 됐던 모양이다.

김종직은 천왕봉에 오르기 전에 지리산 성모신에 대해 미리 연구해두었던 것 같다. 15세기 당시에도 성모신의 정체를 두고 여러 이설이 난무했다.

김종직은 천왕봉 등반에 동행한 승려가 "성모신은 석가모니의 어머니 마야부인"이라고 하는 말에 대해 강하게 부정했다. 우리나라와 서축(인도)이 수천 수만 리나 떨어져 있는데, 가비라국(석가모니가 태어난 나라) 부인이 이 땅의 신이 될 수 없다고 판단했다. 더구나 성모신을 마야부인이라고 하면서도 성모신 옆에 모셔진 부처상을 '성모의 음부(淫夫)'라고 일컫는 이들의 말을 황당무계하며 불경스럽다고 꾸짖었다.

▶ 지리산 천왕봉의 성모상. 현재는 경남 산청군 중산리 천왕사에 모셔져 있다. 1991년 경남 민속문화재로 지정됐다.

또 김종직은 '지리산 성모신은 고려 태조 왕건의 어머니인 위숙왕후(威肅王后)'라는 항간의 설에 대해서도 신뢰하지 않았다. 그는 "고려 사람들이 신라의 선도산 성모(신라 시조 박혁거세의 어머니)에 관한 전설을 익히 듣고서, 자기 나라(고려) 임금의 계통을 신성시하고자 이런 말을 지어낸 것"이라며 "이 또한 증명할 수 없는 일"이라고 잘라 말했다. 즉 신라 시조 박혁거세를 신성시하고자 그의 어머니를 선도산의 성모라고 한 것처럼, 고려 왕건을 추앙하기 위해 그의 어머니인 위숙왕후를 성모신이라고 우겼다는 것이다.

김종직은 고려의 문신인 이승휴(1224~1300년)가 지리산 천왕봉의 성모신이 위숙왕후라는 설을 아무런 고증도 없이 《제왕운기》에 기록해놓은 바람에 사실처럼 전승돼 오고 있다고 보았다.

다만 김종직은 성모신이 마야부인이나 위숙왕후라는 설에 대해서는 의심하면서도 더 이상 성모신의 정체에 대해서는 파고들지 않았다.

역사적으로 지리산은 우리나라 산신 신앙의 중심지 중 한 곳이었다. 민속에 의하면 지리산 성모신은 '산신 할머니' '성모천왕' '마고 할매' 등으로 불리면서 소원을 들어주는 신령스런 신으로 받들어졌다. 특히 무교(巫敎)에서는 무속의 최고 조상인 무조(巫祖)로 추앙했다. 이능화의 《조선무속고》에서 대략 다음과 같이 전하고 있다.

> '지리산 엄천사(嚴川寺)에 법우(法祐)라는 화상이 있어서 자주 도행(道行)을 하였다. 어느 날 갑자기 산간을 보니 비는 오지 않는데 안개가 끼어 그 길을 찾아 올라가서 천왕봉 꼭대기에 다다랐다. 거기서 키가 크고

힘센 여자를 만났다. 그녀는 자칭 성모천왕으로서 하늘에서 인간세계로 내려왔으며, 당신(법우화상)과 인연이 있어 물의 술수를 써서 중매를 놓았다고 했다. 이에 두 사람은 부부의 연을 맺었고, 집을 짓고 살아 여덟 딸을 낳았다. 자손들이 번성하여 무술(巫術)을 배웠고, 방울과 부채를 들고 아미타불을 부르면서 법우화상을 외치며 방방곡곡으로 다니며 무업(巫業)을 하였다. 세상에서 이를 큰무당이라고 하였다.'

지리산 성모신이 샤먼들이 받드는 최고의 신이라는 얘기는 조선시대 민간사회에서는 이미 널리 유포된 듯하다. 이는 1472년 김종직이 지리산 천왕봉을 등정한 지 139년 만에 이곳을 찾은 유몽인(1559~1623년)의 글에서 확인할 수 있다. 그는 유람록인〈유두류산록〉에서 천왕봉 성모사(聖母祠)에서 흰 옷을 걸친 여신상(女神像)을 목격한 후 "영남과 호남 지방에서 복을 비는 자들이 이곳에 와서 떠받들고 있다"고 하면서 "원근의 무당들이 이 성모신에게 의지해 먹고 산다"고 기록했다. 유몽인은 또 성모사와 함께 지리산자락의 백모당, 용유담은 무당들의 3대 소굴이라고까지 했다.

사실 무속에서 지리산 산신으로 추앙받고 있는 성모신은 우리나라 창세 신화에서 등장하는 마고 여신의 모습이기도 하다. 우리나라 곳곳에는 마고 신화가 전해진다. 대체로 여성으로 표현되는 마고신은 힘이 센 거인의 모습으로 나타나거나, 하늘과 땅을 분리하고 산과 산맥을 만들어낸 창세신으로 묘사되거나, 사람의 생명 탄생을 주관하는 삼신할미로 등장한다. 또 지역에 따라서는 산신, 신선, 아름다운 선녀로도 묘사되고 있다.

분명한 것은 마고신은 창조신이자 영생불사의 모습으로 우리나라 신선 문화의 원류에 해당한다는 점이다. 아마도 김종직은 이같은 지리산 성모신의 위상을 잘 인지하고 있었기 때문에, 현직 군수 신분으로 의도적으로 제를 올리지는 않았을까.

김종직 제자들의 수상한 행적

거문고 짊어지고 천왕봉 오른 남효온

김종직이 지리산을 오른 지 15년 후인 1487년 9월 그믐날, 생육신 중 한 사람인 추강 남효온(南孝溫: 1454~1492년)은 '신선의 상징'인 거문고를 짊어지고 험난한 천왕봉으로 올라갔다. 그 역시 정상에서 성모상을 보았다. 그때는 성모상을 천왕상(天王像)이란 다른 이름으로도 불렀다. 여성 신이었던 성모신이 세월이 흐르면서 남성성을 띠는 과정에서 생겨난 이름으로 보인다.

남효온은 천왕봉의 사당 이곳저곳을 둘러보았다. 사당 모퉁이의 바윗부리에 앉아 발 아래의 전라도와 경상도 땅을 굽어보았다. 날씨가 화창한 덕분에 산과 바다를 두루 볼 수 있었다.

사당 안 현판에서는 성균관 시절부터 친교를 맺어온 동갑내기인 한훤당 김굉필(金宏弼: 1454~1504년)의 이름이 적혀 있는 것을 발견하기도 했다.

남효온보다 한 발 앞서 천왕봉을 찾았던 한훤당 김굉필은 당시 김종직을 스승으로 모시고 있던 인물이다. 또 김굉필은 중종 임금 때 개혁정책으로 유명했던 조광조의 스승으로도 유명하다. 이 때문에 그는 김종직에서 조광조로 이어지는 사림파 계보 형성에 결정적인 역할을 한 인물로 평가받고 있다.

평소 남효온은 절친인 김굉필이 스승으로 모시고 있던 김종직을 마음의 스승으로 받들어 존경하고 있었던 터다. 김종직이 10여 년 전 지리산 천왕봉에 올랐다는 사실도 이미 알고 있었다.

남효온은 지리산 답사기인 〈지리산일과〉에서 지리산 천왕봉에 대해 비교적 담담하게 기술했으나, 〈유천왕봉기(游天王峰記)〉에서는 이렇게 기술하고 있다.

"이 산은 참으로 성인과 많이 닮았다고 하겠다. 점필재 김종직 선생이 자미(子美: 중국 시인 두보의 자)의 '방장삼한외(方丈三韓外)'의 구절에 의거하여 이 산을 방장산(方丈山)이라 하였다. 중국 사람은 모두 이 산에 불사초가 있다고 여겼으나 이는 알 수 없는 일이다. 어쩌면 산 아래 사람들이 산속에 나는 물건에 의지하여 태어나고 길러지기 때문에 '이 산에 힘입어 살아난다'고 말한 것이 중국에 와전돼 바다 밖 방장산에 참으로 불사초가 있다고 실제로 생각하였고, 진시황(秦始皇)과 한무제(漢武帝)처럼 생명을 탐하고 욕심을 극도로 부렸던 사람들이 이 소문을 듣고 바다를 건너와서 불사초를 구한 것이 아니겠는가."

남효온은 지리산의 신령한 지덕(地德)을 이렇게 평가했다. 그러면서 "한참 동안 있자니 속념(俗念)이 없어지고 신기(神氣)가 기뻐졌다"는 이상한 구절도 남겨 놓는다. 여기서 속세의 잡생각이 없어지면서 '신기가 기뻐졌다'는 표현은 장생불사를 추구하는 도교(道敎) 혹은 신선 되는 법을 익히는 선도(仙道)에서 즐겨 쓰는 표현 중 하나다.

뿐만 아니다. 남효온은 후에 천왕봉에서의 감회를 별도의 오언고시(五言古詩)로 남겨두기도 했는데, 여기서도 묘한 말을 남겨둔다.

'(…) 유가(儒家)는 명덕(明德)을 밝힌다고 하고, 선가(仙家·僊家)는 정기(鼎器)를 다스린다고 하고, 노자(老子)는 현빈(玄牝)을 지킨다고 하고, 불가(佛家)는 불이(不二)를 닦는다고 한다. 분분한 수만 가지 학설 중에 무엇이 제일가는 의리일런가(…)'.

〈유천왕봉(游天王峰)〉《추강집》 권1

이 글은 매우 충격적이다. 성리학을 최고의 도학으로 받들어야 하는 유학자인 그가 유교와 불교와 도교 및 선교를 같은 선상에 놓고 비교하면서 무엇이 으뜸인지를 논하고 있지 않은가! 성리학을 최고의 종교이자 학문으로 받드는 유학자 신분으로서는 해서는 안 될 말을 스스럼없이 문자로 남겨 놓은 것이다. 김종직이 천왕봉 성모신에게 바친 도발적인 제문처럼 말이다.

남효온은 이 오언고시 앞 구절에서 "술을 끊고 육식도 하지 않

▶ 함양에서 바라본 지리산 봉우리들. 왼쪽 상단의 높은 봉우리가 천왕봉이다.

으며, 밤새도록 앉아서 잠자지 않다가 맑은 새벽 나서서 천왕봉에 올랐다"고까지 밝혔다. 그만큼 천왕봉을 신성하게 여기고 있었다는 뜻일 게다.

남효온은 지리산 천왕봉에 오른 지 1년 후인 1488년 섣달 그믐날에 평소에 존경해오던 김종직을 호남에서 만나 본격적으로 사제 관계를 맺게 된다. 지리산이 맺어준 인연이라고 할 수 있을 것이다.

김일손과 정여창, 성모신 논쟁 벌여

남효온의 지리산 방문에 이어 2년 후인 1489년에는 탁영 김일손(金馹孫: 1464~1498년)이 지리산을 유람한다.

김일손이 1489년(성종 20년) 4월 14일부터 30일까지 여행한 지리산 여정에는 일두 정여창(鄭汝昌: 1450~1504년)도 함께 했다. 당시 김일손은 25세, 정여창은 39세로 상당한 나이 차이가 났다. 그럼에도 두 사람은 학문적으로 신교(神交)를 나눌 정도로 허물없이 지내던 사이였고, 김종직의 제자들이기도 했다.

물론 김일손은 김종직 문하생들 사이에서 성지처럼 생각하는 천왕봉을 순례했다. 스승을 열렬히 따랐던 김일손은 정상의 사당에 모셔진 '돌로 된 부인상(성모신)'과 스승이 이곳을 다녀갔음을 기록해 둔 흔적을 찾아냈다.

김일손과 정여창은 음력 4월의 따스한 날씨임에도 밤이면 한기가 느껴지는 천왕봉 정상의 사당에서 하룻밤을 보냈다. 겹으로 된 솜옷을 껴입고 두터운 이불을 덮어 추위를 견디면서 1489년 4월 23일 새벽 천왕봉 일출을 맞이했다. 그리고 김일손은 스승 김종직이 했던 대로 성모신에게 제물(祭物) 두 그릇과 술을 차린 후 제문을 지어 바쳤다.

> "…두류산(지리산)은 먼 바닷가에 있는 산으로 수백여 리를 뻗쳐 호남과 영남의 경계를 걸치고 있으므로 밑으로 수십 고을이 둘러 있습니다. 따라서 반드시 크고 높은 신령들이 있어서 구름과 비를 일으키고 정기를 쌓아 영원히 백성을 복되게 하는 것이 무궁무진합니다. … (중략) … 산행을 위하여 고하고, 노모를 위해 기도드립니다. 백반 한 그릇과 맑은 물 한 잔을 올리니 정결하고 공경한 마음을 귀히 여기시어 부디 흠향하소서."
> 〈두류기행록(頭流紀行錄)〉《탁영집》 권5

김일손이 이같은 제문을 짓고 성모신에게 술잔을 올리려고 할 때였다. 그런데 바로 옆에 서 있던 정여창이 만류하며 나섰다. 성모신이 누군지 분명치 않은 상태에서 제사를 지내는 것은 옳지 않다고 본 것이다.

스승 김종직이 성모신에 대해 언급한 지 17년만에 또 다시 그 정체를 두고 두 제자 사이에 논쟁이 빚어졌다. 김일손은 일단 성모신이 석가모니의 어머니인 마야부인이라는 민간의 설을 거짓말이라고 규정했다.

사실 김일손보다 2년 앞서 다녀간 남효온도 마찬가지 입장을 취했다. 남효온은 〈지리산일과(智異山日課)〉에서 "천왕상(성모신)은 석가의 어머니인 마야부인입니다. 이 산의 산신령이 되어 이 세상의 화복(禍福)을 주관하다가 미래에 미륵불을 대신해 태어날 것입니다"고 전하는 승려의 말을 근거 없다고 몰아부쳤었다. 성모신이 마야부인, 미래의 부처인 미륵 등 다양하게 표현되는 것도 혼란을 부추기는 것으로 보았던 것이다.

김일손은 그 대신 《제왕운기》에 실린 기록을 근거로 성모신이 고려 태조의 어머니인 위숙왕후이며, 삼한을 통일해 백성들을 분쟁의 고통에서 벗어나게 해준 공로가 있으므로 제사를 지내줄 수 있다고 주장했다. 그러나 불교에 우호적인 태도를 보였던 정여창은 "세상이 마야부인이라고 하고 있는데도 불구하고 위숙왕후로 여겨 제사지내는 것은 지내지 않는 것만 못하다"며 반대했다.

그러자 김일손이 위숙왕후나 마야부인을 떠나 산을 수호하는 산신령에게 잔을 올릴 수 있지 않은가 하면서 제사 강행의 뜻을 굽히지 않으려 했다. 김일손은 산악신앙에 기반한 우리 전통의 산신 문화에 대해서는 관대한 태도를 보였다. 하지만 정여창은 이 역시 조선의 유학자로서 취해야 할 예법에 어긋난다고 만류했다. 결국 김일손이 한발 물러나면서 지리산 성모신 제사는 무위로 끝났다.

이처럼 김일손과 정여창의 성모신 논쟁에서는 정여창의 친 불교적 성향이 여실히 드러난다. 사실 정여창은 도를 닦는 수행가적 분위기가 물씬 풍기는 성리학자였다. 그는 지리산에 들어가 3년간 (1473~1475년) 사서 오경 등을 공부한 바 있다. 그는 당시 지리산 승려들과도 친분을 맺어 불교와 참선 수행에도 밝았던 것으로 보인다. 그의 수행가적 면모는 남효온이 남긴 〈사우명행록〉에도 자세히 묘사돼 있다.

"정여창은 성품이 단아하고 정중하며 술을 마시지 않았다. 자극적이고 냄새나는 채소를 먹지 않았고, 소고기와 말고기도 먹지 않았다. 겉으로는 항상 담담하였으나 내면으로는 대단히 영리했다. 젊을 때 성균관 유생으로 있으면서 남들과 같이 잠자리에 들었는데, 코를 골며 졸았으나 누워 자지는 않았다. 남들은 이 사실을 몰랐는데, 어느 날 밤 최진국에게 들켰다. 널리 소문나기를 '정 아무개는 참선(參禪)을 하느라고 잠을 자지 않는다'고 하였다."

정여창은 '밤에 잠을 자지 않는 기이한 행동을 들킨 후, 성균관 유생들로부터 "유학(儒學)인지 불학(佛學)인지 정체를 밝혀라"고 추궁을 받기까지 했다.

그 스승에 그 제자라고나 할까. 지리산 유람을 하면서 김종직이 이중적 면모를 보였던 것처럼 남효온, 정여창, 김일손 등도 유학자 신분이면서 불가(佛家) 혹은 선가(仙家)적 면모를 자신의 유람록에서 노골적으로 드러냈던 것이다. 그렇게 지리산은 이들의 연대 의식을 강화시키는 근거지 역할을 했다.

무오사화에 희생된 김종직과 제자들

김종직과 그 문인들에게는 또 다른 공통점도 있다. 이들은 조선 시대 4대 사화(史禍) 중 첫 번째로 꼽히는 무오사화(戊午士禍)에서 희생됐다.

무오사화는 1498년(연산군 4년) 훈구파가 사림파를 대대적으로 숙청한 사건이다. 사단은 《성종실록》을 편찬하는 과정에서 불거졌다. 김종직이 1457년(세조 3년)에 지은 〈조의제문〉을 제자 김일손이 사초(史草: 실록에 실을 기초 자료)에 올린 게 빌미가 됐다. 〈조의제문〉은 항우에게 죽임을 당한 초나라 회왕(懷王)을 애도하는 내용을 담고 있는데, 사실은 조카를 죽인 세조를 항우에 비유하고 죽임을 당한 단종을 회왕에 비유함으로써 세조의 권력찬탈(계유정난)을 은근히 비난하는 것이었다.

이에 김종직을 중심으로 한 사림파들을 곱지 않게 바라보던 훈구파가 구실을 만들어 들고 일어났다. 당시 왕인 연산군은 세조의 손자인데다, 훈구파 역시 세조의 계유정난에 참여한 공신의 후손들이었기 때문이다. 그 결과 50여 명의 관료들이 사형과 파직, 유배형을 받는 피바람이 몰아쳤다.

먼저 사단을 일으킨 〈조의제문〉의 저자 김종직은 사망한 지 6년이 지난 시점에서 무덤에서 시신을 꺼내 훼손시키는 부관참시(剖棺斬屍)를 당해야 했다. 그의 문집이 불태워졌고 아들 충서 또한 사형을 당했다.

능지처참은 김종직에게서만 그치지 않았다. 〈조의제문〉 사초에 가담한 김일손, 권오복, 권경유, 이목, 허반 등도 세조를 능멸했다는 죄명으로 능지처참을 당했다. 표연말, 홍한, 정여창, 강경서, 이수공, 정희량, 정승조 등은 불고지죄(不告之罪)로 곤장 100대를 맞고 3000리 밖으로 귀양을 갔다. 곤장 100대는 사실상 사형선고나 다름없는 중형이었다. 곤장 100대를 맞고 멀쩡할 수 있는 사람은 거의 없었기 때문이다.

김종직의 문도인 이종준, 최부, 이원, 이주, 강백진, 이주, 김굉필, 박한주, 임희재, 이계맹, 강혼 등은 붕당(朋黨)을 이뤄 국정을 비판했다는 죄로 귀양살이와 함께 관청의 허드렛일을 하도록 시켰다.

이처럼 무오사화로 수많은 사림파들이 희생됐다. 이들은 스승의 글 때문에 화를 당했으면서도 누구 하나 스승을 비방하지 않았다. 김종직의 제자라는 이유 하나만으로도 끌려와 죽어갔지만 스승을 탓하지 않고 기꺼이 죽음을 받아들였던 것이다.

특이하게도 정여창, 남효온, 표연말 등은 무오사화가 일어난 지 6년 후인 1504년(연산군 10년) 갑자사화 때 또다시 부관참시를 당했다. 남효온은 생전에 소릉(단종의 친모 현덕왕후 권씨의 능) 복위를 줄기차게 주장한 게 빌미가 돼 연산군으로부터 미움을 샀기 때문이다. 또 표연말은 스승 김종직의 행장을 지었다는 이유로 고문을 받은 뒤 유배 도중 객사했는데, 연산군은 이것도 미진하다며 갑자사화 때 무덤에서 시신을 꺼내 부관참시하는 광기를 부렸다.

이 일로 김종직의 문인들은 거의 권력의 무대에서 사라지다시피 됐다. 더불어 유학자인 김종직과 그 직계 제자들이 보여준 '일탈적인' 행위들 역시 역사의 무대에서 서서히 잊혀져 갔다. 신진 사림파들이 네 차례에 걸쳐 사화(士禍)를 겪으면서 16세기 전반까지는 지리산 유람도 자취를 감추었다.

김종직과 그 문인들은 그 이전 시대 어떤 집단과도 비교하기가 힘든, 매우 독특하고도 강고한 연대 의식을 가지고 있었다. 이들은 생전에는 조정을 장악한 훈구파 세력으로부터 '경상선배당(慶尙先輩黨)'이라는 조롱을 받았고, 사후에는 '김종직당류(金宗直黨類)'로 묶여 참형을 당해야 했다. 죽음을 뛰어넘을 정도로 이들을 하나로 묶어준 데는 과연 어떠한 정신세계가 자리잡고 있었던 걸까.

이들이 지리산 천왕봉 참배를 중심으로 작성한 유람록에서는 영남 사림파들의 또다른 이면세계를 들여다볼 수 있는 많은 단서들이 남아 있다. 대체로 이들은 우리 역사에 대한 성찰과 회고, 정신 수양과 관련한 자아 성찰 및 심신 수련, 그리고 국토 산하에 대한 무한한 애정 등 일반 성리학자들과는 다른 면모를 강하게 풍기고 있었다.

영남 사림파의 비밀 암호

김종직과 그 제자들이 천왕봉 등 지리산 일대를 유람한 행위를 한마디로 압축적으로 표현하면 '수토(搜討)'라고 할 수 있다. 수토는 지금은 잘 쓰이지 않는 단어이지만, 조선 역사상 누구보다도 김종직이 즐겨 사용했던 용어다. 수토는 우리 땅, 우리 역사에 대한 깊은 사랑이 깔려 있는 용어이며, 김종직과 그 제자들을 하나로 묶어주는 일종의 암호 코드이기도 했다.

또한 수토는 매우 다중적이고 다층적인 의미를 띠고 있다. 김종직을 중심으로 한 영남 사림파의 내밀한 면모를 파악하기 위해서는 '수토'의 여러 형태를 추적해볼 필요가 있다.

수토 하나: 역사와 문화 유적을 추적하다

"추강(秋江: 남효온의 호) 족하(足下)여. 나는 호남에서 서울로 돌아온 지가 거의 반년이 되었는데도 우리 추강의 문신(問信: 안부를 묻는 소식)이 한 번도 이르지 않음을 속으로 괴이하게 여겼었네. 그래서 나는 이렇게 생각했었네.

추강이 지난해에는 호남과 영남을 두루 노닐면서 진한(辰韓)과 변한(弁韓)의 유적들을 남김없이 수토(搜討)하고, 지금쯤은 철령(鐵嶺) 이북이나 패강(浿江) 이서 지방에 있으면서 두만강을 거슬러 올라가 물길(勿吉)과 읍루(挹婁)의 옛터를 바라본 다음, 마자수(馬訾水: 압록강)에서 배를 타고 국내성(國內城) 환도성(丸都城)의 유적을 찾아 이리저리 배회하느라 지체하여 돌아오지 않은 것이다. 그렇지 않다면 전혀 그림자도 소리도 없기가 어찌 이런 지경에 이를 수 있단 말인가."

〈답남추강서(答南秋江書)〉《점필재집》

이 글은 1489년(조선 성종20년) 제자를 절절히 그리워하며 쓴 스승의 편지 중 일부다. 스승은 김종직이고, 제자는 남효온이다. 스승이 제자에게 '족하'라는 경칭을 쓸 정도로 남효온은 김종직에게 중요한 사람이었다.

그런데 김종직이 추강에게 보낸 이 편지는 그의 사상을 압축적으로 표현해놓은 암호 코드가 담겨 있다. 바로 '수토(搜討)'라는 단어다. 수토는 한자어로 '찾다' '뒤지다' '탐구하다' 등의 의미를 가진 수(搜)와 '치다' '공격하다' '연구하다' 등의 의미를 가진 토(討)가 합해진 글자다.

수토는 김종직 당시는 물론 지금도 널리 쓰여지는 단어는 아니다. 문제는 김종직이 구사한 수토가 단순히 찾거나 뒤지거나 공격하거나 연구하는 등에서만 그치지 않는다는 것이다.

편지 내용을 구체적으로 살펴보자. 먼저 김종직은 한동안 소식이 없던 제자 남효온의 편지를 받고서는 답장을 쓰면서 그간의 무소식으로 답답했던 심경을 밝힌다. 김종직은 남효온이 이곳저곳 돌아다니느라 편지를 보낼 여유가 없었던 것으로 추측하면서, 남효온의 동선을 '수토 행위'라고 규정한다.

남효온이 지난해(1488년)에 호남과 영남을 두루 돌아다니면서 삼국시대 이전인 진한과 변한의 유적지를 '수토'했으므로, 그 후에도 계속 돌아다녔을 것이라고 생각한다. 제자가 찾아갔을 법한 장소도 거론한다. 북방 지역인 물길과 읍루의 옛터, 압록강 건너편 고구려 유적인 국내성과 환도성 등을 꼽아본다. 한결같이 우리 민족의 숨결이 묻어 있는 유적지다. 어쩌면 제자가 갔음직한 수토 장소는 정작 김종직 본인이 직접 찾아다니고 싶었던 곳일 게다.

이처럼 김종직은 의미 있는 유적지나 명승지를 답사하고 연구하는 행위로 '수토'라는 단어를 썼다. 이로 보면 김종직의 예전 지리산 천왕봉 여행도 당연히 수토 행위였다. 이 뿐만 아니다. 김종직은 각 지방의 민속과 민담, 전설과 구전을 조사하고 이를 시로 표현하는 수토 활동을 했다. 1487년 그가 전라도 관찰사로 부임해 각 지역을 순방하면서 벌인 수토 행위가 지역민들에게 이상하게 보일 것임도 알고 있었다. "마을 사람들 관찰사가 괴이하겠지, 오로지 고을 풍속과 마을 노래를 묻고 있으니"하고 표현했다.

물론 김종직만 혼자 수토 용어를 사용했던 것은 아니다. 아주 드물지만 조선의 문장가인 강희맹, 김창협 같은 지식인들도 '수토'라는 단어를 잠깐 사용했다.

김종직과 동시대 사람인 강희맹(1424~1483년)도 우리나라 민요와 설화 등에 깊은 관심을 가졌던 인물이다. 강희맹은 훈구파 대신이었으나 김종직과 친교를 맺고 있던 사이였다. 강희맹은 고대의 전적(典籍)을 연구하여 고금의 역사에도 밝았다. 그는 우화 형식으로 쓴 문학 작품 〈등산설(登山說)〉에서 수토가 산천을 낱낱이 찾아다니는 행위라고 묘사했다.

"나는 뭇 봉우리가 소라껍질처럼 배열돼 있고 푸른 벼랑이 쇠를 깎은 듯한 것을 보았다. 날아갈 듯 달려가서 높은 데를 오르고, 옆으로 누운 봉우리와 기울어진 고개까지 남김없이 수토했다."

〈훈자오설(訓子五說)〉《사숙재집(私淑齋集)》권9

조선후기의 학자인 김창협(1651~1708년)도 비슷한 의미로 '수토'라는 단어를 사용했다. 그는 '풍악산(금강산) 유람을 가는 이위를 송별하는 서(序)'에서 이렇게 묘사했다.

"나는 20여 세에 금강산을 유람하며 산의 안팎을 두루 둘러보았다. 봉우리를 오르내리고 계곡을 드나들며 그윽하고도 뛰어난 경치를 다 더듬어 한 치도 놓치고 싶지 않았다. 그러나 비로봉, 망고대, 구룡연은 부모님의 주의 때문에 감히 위험을 무릅쓰고 가보지 못했다. 그 외에도 유람하지 못한 곳이 많았다. 그로부터 15년이 지나 함경북도 병마평사(兵馬評事)로 북쪽 변방에 갈 적에 금강산을 거쳐 갔으나 순탄한 길을 따라 올라가 구경하였고 이틀을 묵고 떠나느라 더더욱 수토할 겨를이 없었다."

《농암집(農巖集)》권22

이위가 금강산 유람을 떠나는 걸 배웅하면서 남긴 글이다. 김창협 자신도 젊은 시절 금강산 수토 여행을 했었는데, 사정상 다 수토하지 못했던 부분에 대한 아쉬움을 표현한 글이다.

결국 김종직, 강희맹 등 극소수 성리학자들이 언급한 수토는 우리 역사 및 문화 유적, 우리 산수에 대한 애틋한 감성이 담겨 있는 단어라고 할 수 있다.

수토 둘: 진리를 파헤치다

수토란 말은 어디서 온 것일까. 수토는 고대 문헌 기록에서도 매우 드물게 나타날 뿐이다. 중국 북위(北魏: 386~534년) 때 국자감 박사 등 고위 관직을 지낸 학자 이염지(李琰之: ~533년)의 발언에서 수토의 의미가 드러나는 정도다.

"내(이염지)가 책 읽기를 좋아하는 이유는 명성을 얻기 위해서가 아니다.

다만 기이한 것을 보거나 다른 것을 듣게 되면 내 마음이 부지런히 탐구하고 연구함으로써 이를 멈추지 않기를 바라기 때문이다."

《위서(魏書)·이염지전(李琰之傳)》

북위 역사서인 《위서》에 기록된 '수토'는 학문적으로 깊이 파고들어 연구하는 것을 의미한다. 이런 의미로 사용된 '수토'는 조선 초기에 집중적으로 나타난다. 개인이 남긴 문집 중 '수토'라는 단어를 가장 많이 쓴 이는 물론 김종직이다. 그가 남긴 시와 문장을 엮어놓은 《점필재집》에는 수토라는 단어가 역사 문화 유적지를 샅샅이 훑어보는 답사 행위라는 뜻 외에도, 학문을 깊이 연구하는 지적 활동도 가리킨다. 김종직은 처남인 조신(曺伸)이 열심히 공부하는 것을 보고 '시사를 두루 살펴 수토하다(詩史徧搜討)'고 표현하는 등 여러 문장에서 지적 연구 활동으로서의 수토 용어를 구사했다.

한편 《용재총화》의 저자인 허백당 성현(1439~1504년)의 문집에서도 '수토'라는 단어가 진리를 탐구하는 의미로 언급되고 있다. '육적(육경)을 수토하여 분구(옛 서명인 '삼분'과 '구구')까지 미쳤으니(搜討六籍窮墳丘)'하는 시구가 그것이다(《허백당시집》제6권).

대체로 '수토'라는 용어를 쓴 조선의 문신들은 학문 분야에서 진리 탐구의 뜻으로 해석하는 경향이 강했다.

수토 셋: 땅을 수색하고 토벌하다

그런데 조선 사회에서 '수토'가 공적 차원에서는 좀더 다른 의미로 쓰이는 게 발견된다. 우선 공적인 기록인 조선왕조실록에서는 '수토'라는 용어가 《성종실록》에서 처음 등장한다. 이 역시 김종직이 활동하던 시기다.

1477년(성종7년) 6월 12일 성종이 여러 도의 관찰사에게 형벌 집행에 신중할 것을 당부하는 글을 내리는데, 여기서 관아가 민가에 감추어둔 것을 수색해 찾아내는 의미로서의 수토가 등장한다. 마치 수사관이 비밀리에 감추어둔 것을 찾아내는 듯한 이미지를 준다.

이어 《연산군일기》에서는 1497년(연산군 3년) 남해안 지역을 노략질하는 왜구들을 찾아내 소탕하는 의미로 '수토'라는 용어가 두 차례 등장한다. 그해 3월 6일 왜구를 무찌를 계책을 논의하는 자리에서 "본도의 병사와 좌·우도의 수사로 길을 나누어 수토하여 모든 왜인을 쏘아 죽일 만하면 죽이고 생포할 만하면 생포하자"는 내용이 나온다. 또 3월 11일에는 "바닷길 여러 곳을 끝까지 찾아 수토하면 적왜가 반드시 경상도의 삼포로 달아날 것"이라고 말하기도 한다.

여기서는 수토가 국경을 침범하는 왜적을 찾아내 무찌르거나 쫓아내는 의미로 사용된다. 이후 조선왕조실록에서 간간히 등장하는 수토는 대개 국경을 침범하는 변방의 오랑캐를 찾아내 토벌하는 의미로 등장한다.

외적으로부터 우리 영토를 지키는 수토의 의미는 이순신 장군(1545~1598년)의 《난중일기》에서 압도적으로 나타난다. 이순신 장군에게 있어서 '수토'는 자신의 존재 이유이기도 했다. 16세기 말 임진왜란 당시 이순신은 선조로부터 버림을 받고 감옥에 갇혀 죽음 직전까지 내몰렸었다. 이후 선조의 복직 명령으로 다시 삼도수군통제사가 된 이순신은 임금에 대한 충성심으로 전쟁에 다시 나섰던 것만은 아니라는 게 그의 일기에서 엿보인다.

이순신은 임금이 아니라 조국의 산하에 충성하는 신하로서 전쟁에 나섰다. 조국의 영토는 왜구나 오랑캐가 감히 넘볼 수 없는 신성하고도 신령한 것, 생명의 기운이 넘치는 장춘불로지곡(長春不老之谷)의 땅이었다. 그런 땅을 오랑캐에게 짓밟히게 놔둘 수는 없는 법이었다. 그런 점에서 이순신은 조선의 진정한 수토사였다.

사실 수토의 전통은 임진왜란과 병자호란 등 외침이 있을 때 전국 각지의 의병들이 들고 일어나는 원동력으로 작용했다. 임진왜란 당시 왜군은 관군이 아닌 민간인들이 스스로 나서서 전쟁에 뛰어드는 걸 이해하지 못했다. 일반 백성들이 마치 나라의 주인인 양 주체적으로 전쟁에 나서는 것은 일본에서는 있을 수 없는 일이기 때문이었다.

이러한 수토 전통은 전쟁 후에도 면면히 계승됐다. 안용복이 민간인 신분으로 울릉도를 수토한 것은 대표적인 예다. 1693년(숙종 19년) 3월 안용복은 어부 40여 명과 함께 울릉도 근해에서 고기잡이를 했다. 이때 조선의 바다를 침범한 일본 어부들과 맞닥뜨려 조업권을 놓고 실랑이가 벌어졌다.

당시 조선 정부는 먼 바다에 있는 섬에 대해서는 공도(空島) 정

▶ 울진 수토문화전시관. 외적으로부터 우리 땅을 지키는 수토(搜討)의 역사와 문화를 전시하고 있다.

책, 즉 섬으로의 왕래를 금지하는 정책을 시행하고 있었다. 이 때문에 일본 어선들이 마구잡이로 울릉도로 들어와 고기잡이를 할 수 있었던 것이다.

안용복은 사람 수에 밀려 일본 어부들에게 납치돼 일본으로 끌려갔다. 안용복은 자신을 심문하는 호키주[伯耆州] 태수에게 "울릉도가 조선에서는 하루 길이요, 일본에서는 닷새 길이니 분명 조선 땅이다. 조선 사람이 조선 땅에 갔는데 너희들이 어째서 나를 구속하는가?" 하고 항의했다. 안용복의 당당한 주장에 일본의 에도 막부 또한 울릉도가 조선의 영토임을 인정하는 서계(書契)를 써주면서 안용복을 조선으로 되돌려 보냈다.

안용복 사건에 자극을 받은 조선 정부는 그때서야 울릉도를 정기적으로 점검하는 수토사(搜討司)를 파견하게 된다. 1694년 장한상이 울릉도 첫 수토사로 임명돼 수토를 하게 된다. 정부 직제에 '수토사'라는 관직명이 생기게 된 것은 오로지 안용복 덕분이다.

안용복은 1696년 봄에 다시 10여 명의 어부들과 울릉도로 고기 잡으러 나갔다가 마침 어로중인 일본 어선을 발견하게 된다. 이에 송도(松島: 독도)까지 추격해 국경 침범을 문책하였다. 또 울릉우산양 도감세관(鬱陵于山兩島監稅官)이라 자칭하고, 일본 호키주에 가서 태수에게 항의하고 사과를 받고 돌아왔다.

이후 안용복은 나라의 허락 없이 외교 문제를 일으켰다는 이유로 조선 조정에 의해 체포됐다. 그에 대해 사형까지 논의가 됐으나 영의정 남구만의 간곡한 만류로 안용복은 귀양살이로 그쳤다. 안용복의 활약 이후 적어도 철종 때까지는 울릉도에 대한 분쟁이 없었다. 안용복 역시 진정한 수토사였던 것이다.

수토 넷: 깨달음을 구하다

외부의 적으로부터 나라 땅을 지키는 '물리적인' 수토가 있는 반면, 그 대척점에서 정신 수양과 깨달음을 구하는 '영적인' 수토도 존재했다. 김종직과 동시대를 살았던 성간(1427~1456년)이란 학자는 학문적이고 물리적인 '수토'의 의미를 확장시켜 수양과 깨달음을 구하는 행위로 설정했다.

앞서 언급한 성현의 친형인 성간은 집현전 박사, 부수찬 등을 역임하다 29세로 요절한 천재급 학자였다. 그는 경사(經史)는 물론 제자백가서(諸子百家書), 천문·지리·의약·복서(卜筮)·도경(道經)에도 두루 밝았다고 한다. 성간이 남긴 《진일유고(眞逸遺稿)》에는 친하게 지내던 범상인(梵上人)이라는 승려가 사방으로 유람을 떠날 때 전송하는 글이 실려 있다.

> "바야흐로 세상의 누(累)를 벗어던지고 석장(錫杖: 긴 막대기 끝에 쇠고리를 댄 지팡이)을 둘러메고서는 산과 들을 노닐고 강을 넘고 바다를 건너 깊숙이 숨은 틈새까지 수토한다. 다 찾지 않고서는 멈추지 않으니 이도저도 아닌 무리들과 어찌 비교할 수 있겠는가. 이로부터 유람의 범위가 날로 넓어지고 견문이 날로 해박하니 이른바 조사(祖師)의 등불을 전수하고 부처의 수명을 이어받는 것이 그 걸음에 달렸으니 어찌 얕다고 자처할 수 있겠는가. 상인은 그 걸음을 멈추지 말지어다. 이를테면 산하 풍토의 다른 점, 백성의 재물이나 속세의 이러저러한 변천에 대해서는 상인이 돌아오기를 기다려서 자세히 듣고 넉넉히 물어 붓이 닳고 벼루가 구멍이 뚫려야 그치게 될 것이다."
> 〈송범사유방서(送梵師遊方序)〉

여기서 숨은 틈새까지 샅샅이 찾아내는 의미[수토은극(搜討隱隙)]로 일단 '수토'가 등장한다. 성간은 더 나아가 자연을 유람하고 견문을 넓히는 수토 행위가 부처와 조사(祖師)처럼 궁극의 깨달음을 얻은 이들이 밟았던 수행의 길과도 다를 바 없다고 했다. 그러면서 '산하 풍토의 차이점이나 백성의 형편, 속세에서 벌어지는 이러저러한 변고' 등을 살펴보는 것도 수토임을 강조했다. 성간은 수토를 천지 자연과 인간 세상을 살피는 폭넓은 구도적 행위로 보았던 것이다.

결론적으로 성간의 글은 수토가 종교적, 철학적 영역으로 확장돼 자기 수양과 깨달음의 의미까지 띠게 됐음을 보여준다. 아쉽게도 성간은 29세의 젊은 나이로 요절하는 바람에 깨달음을 추구하는 행위로서의 수토의 의미는 더 이상 찾아볼 수 없다.

수토와 겨레 뿌리 찾기

수토는 시대와 쓰는 이에 따라 여러 의미가 중첩돼 있는 것을 살펴보았다. 그런데 다양한 용도로 사용된 수토에는 한 가지 공통점이 보인다.

조상의 얼이 담긴 유적지를 밟아 우리의 근원을 파악하고, 자연 속에서 심신을 연마하여 본성을 되찾으며, 우리 겨레의 근원이 되는 땅을 물리적으로 지키며 보호하고, 우리 민족의 정체성을 확인하는 등의 수토 행위에는 모두 '뿌리'라는 근본 의식이 작동하고 있다는 점이다.

달리 말해서 수토는 근본으로 돌아가다, 근원을 밝히다, 뿌리를 되찾다, 본래의 품성을 회복하다 등의 의미가 담긴 '복본(複本)' 사상이라고 할 수 있다.

우리 전통 사상인 복본은 선도(仙道) 사서(史書)로 알려진 《징심록》에서 처음으로 나타난다. 《징심록》은 영해 박씨 시조인 박제상이 지은 책으로 원문은 전해지지 않고 있으나, 영해 박씨 가문에서 소장하고 있는 《요정징심록연의(要正澄心錄演義)》를 통해 그 내용을 확인해볼 수 있다. 이 책에는 선도 수련가인 매월당 김시습(1435~1493년)

이 쓴 《징심록》 해제서인 〈징심록추기(澄心錄追記)〉도 실려 있다. 김시습은 김종직과 같은 하늘, 같은 땅에서 살다간 동시대 인물이기도 하다. 두 사람은 서로 직접적으로 교류를 하지 않았으나 남효온 등 제자들을 통해서 서로를 잘 알고 있던 사이였다. 김종직이 《징심록》을 알고 있었는지는 확인되지 않으나, 그의 수토 행각을 보면 충분히 그 내용을 알고 있었을 개연성이 크다.

아무튼 김시습이 연구했던 《징심록》에서 가장 특징적인 점은 인류의 원천지로 '마고성'이 출현하며, 이를 주재한 존재로 '마고'라는 여성 신이 등장한다는 점이다. 생명의 신이자 창조주의 의미를 가진 마고의 품에서 인류가 갈라진 이후 분열과 갈등이 전개됐고, 인류는 다시 본성을 깨달아 마고성으로 회귀, 즉 복본해야 한다는 것이다.

흥미롭게도 우리나라 방방곡곡에는 마고할미, 노고할미 등의 이름으로 천지 창세 신화가 전해져 내려온다. 그중의 백미가 지리산의 천왕봉과 노고단(老姑壇)인 것이다. 예부터 지리산 천왕봉은 마고할미 즉 마고 여신이 주재하고 있었다고 전해져 내려왔다. 또 노고단은 산의 정상임에도 불구하고 봉우리 '봉(奉)'을 쓰지 않고 제사를 지내는 터라는 뜻의 단(壇)을 쓴다. 결국 노고단은 노고(老姑)를 받드는 제사 터라는 의미인데, 곧 마고할미 제사 터가 된다.

그러니 천왕봉 정상 사당에 있던 성모신은 그 원천이 마고 할미다. 복본을 상징하는 마고 할미를 만나기 위해 김종직은 천왕봉을 찾지 않았을까. 김종직은 자신의 지리산 유람기인 《유두류록》 말미

▶ 지리산 노고단. 마고할미 전설이 전해져 내려온다.

에서 "아! 두류산(지리산)은 숭고하고도 빼어나다. 중국에 있었다면 반드시 숭산(崇山)이나 대산(岱山, 태산)보다 먼저 천자(天子)가 올라가 봉선(封禪: 천자가 하늘과 땅에 지내는 제사)하고, 옥첩(玉牒)의 글을 봉하여 상제(上帝)에게 올렸을 것"이라고 기록했다. 우리나라의 지리산이 중국의 숭산이나 태산보다 더 숭고하고 빼어나다는 뜻이다. 김종직은 이처럼 최고의 신인 마고신을 모신 지리산을 민족의 영산(靈山)으로 꼽았던 것이다.

결론적으로 수토는 우리 땅, 우리 겨레의 전통과 역사를 바로 알아서 우리의 존재 이유 혹은 '참나'를 찾아가는 구도의 길이자, 더 나아가 한반도에 주어진 신성한 사명을 찾아내고 밝혀 세상을 변화시켜 나가자는 사상이라고 정의할 수 있을 것이다.

2장

사림파 선비들의 은밀한 지리산 순례

01 김종직은 도인이었을까

02 김일손, 지리산 둘레길을 걷다

03 남효온, 거문고 신선을 만나다

04 수토의 원형, 풍류를 찾아서

김종직은 도인이었을까

호리병 속의 별천지 쌍계사에서

'호리병 속의 별천지'로 묘사되는 경남 하동 화개면 지리산자락의 쌍계사. 이곳은 조선 선비들이 지리산을 유람할 때 천왕봉과 함께 여행 목록에 반드시 올리는 청학동(靑鶴洞)의 근거지다. 김종직 역시 지리산 천왕봉을 유람한 후 다음에는 반드시 하동 쌍계사가 있는 청학동을 찾겠다고 스스로 다짐을 했다. 쌍계사는 한국유학사에 큰 족적을 남긴 고운 최치원(857~?)이 즐겨 찾던 곳 중 하나이기도 하다. 최치원은 사찰 입구의 일주문에서 석가모니불을 모신 대웅전까지 이어지는 쌍계사 영역이 마치 호리병 형태와 같으며, 그 속에 별천지가 존재하고 있다고 노래했다.

최치원의 자취가 진하게 남아 있는 화개면의 쌍계사는 중국에까지도 알려졌던 모양이다. 2015년 1월 23일 중국 시진핑 주석이 서울에서 열린 '2015 중국 방문의 해' 개막식에 보낸 축하 메시지에서 "동국(한국)의 화개동은 호리병 속의 별천지(東國花開洞 壺中別有天)"라는 시를 인용했을 정도다.

실제로 쌍계사는 인근의 불일폭포와 함께 예부터 시인묵객들이 찾아와 시와 여행기를 남길 정도로 아름다운 경치를 자랑하는 곳이다. 당연히 김종직도 쌍계사를 찾았다. 그런데 그는 이곳에서 쌍계사가 아닌 최치원을 그리워하는 시를 지었다.

'쌍계사에서 고운(최치원)을 생각하니/ 분분하던 당시의 일 들을 수 없네/동해(고국)에 돌아와서도 도리어 방랑의 길/다만 학이 닭들 속에 끼었기 때문이네.'

《고운집(孤雲集)》

최치원은 12세에 당나라로 유학 가서 18세에 장원급제한 후〈토황소격문〉을 지어 대륙을 흔들어놓았던 신라말의 대문장가다. 자는 고운(孤雲), 해운(海雲)이며 경주 최씨의 시조로 받들어진다. 최치원은 29세 되던 886년에 고국에 돌아왔지만 6두품 출신이라는 신분적 한계 때문에 자리를 잡지 못하고 방황했다. 김종직은 그런 최치원의 처지를 회상하는 시를 지었던 것이다. 김종직은 최치원 같은 인물을 수용하지 못한 신라 사회에 대해 '닭들'이라는 표현으로 날선 비판을 가했다.

▶ 최치원의 자취가 남아 있는 지리산 쌍계사. 탑은 부처의 진신사리를 모신 구층석탑이다.

당시 최치원은 중앙 귀족들의 부패와 지방 세력의 반발로 나라가 몰락해가는 것을 보며 진성여왕에게 〈시무10조〉라는 정치 개혁안을 건의했지만 받아들여지지 않았다. 국정을 장악한 진골 등 귀족 세력이 거세게 반발했기 때문이다. 6두품 출신의 최치원으로서는 신분을 엄격히 따지는 골품제 사회에서 자신의 뜻을 제대로 펼칠 수 없었다.

6두품은 제 아무리 능력이 뛰어나도 아찬(신라 17관등 가운데 6등위) 벼슬까지가 한계였다. 최치원은 그의 사후(?)에 더욱 유명해졌다. 가야산으로 들어간 후 신선이 돼 자취를 감추었다는 최치원은 고려 현종때 문창후로 봉해졌고, 유학자들은 그를 우리나라 문학의 시조라는 뜻의 '동국문종(東國文宗)' 혹은 우리나라 유학의 조종이라는 뜻의 '동국유종(東國儒宗)'으로 추앙했다.

사실 조선 성리학자 중에서 김종직만큼 최치원을 열렬히 찾아다녔던 이는 찾아보기 힘들 것이다. 영남에서 태어나고 자란 김종직은 천왕봉 성모신으로 상징되는 지리산을 고향의 산으로 여겼고, 지리산 일대 이곳저곳을 두루 살피고 다녔다. 그런데 이 행보는 최치원을 '수토'하는 여정이기도 했다.

김종직은 최치원의 흔적이 밴 유적지를 수토하면서, 최치원의 당시 처지를 자신의 현재 처지와 동일시여겼던 듯하다. 김종직 역시 중앙의 훈구과 귀족세력의 견제를 받으면서 지방 출신이라는 굴레에서 자유로울 수 없었던 상황이었다. 최치원의 신세나 자신이나 별 다를 바 없다고 본 것이다. 김종직은 〈유두류록〉에서 최치원에 대한 자신의 속내를 살짝 언급하고 있었다.

"고운(최치원)은 붙잡아 매어줄 수 없는 사람이었다. 기개(氣槪)를 자부하였지만 어지러운 세상을 만나 중국에서 불우했을 뿐만 아니라 우리나라에서도 용납되지 못하자 마침내 미련없이 속세를 등졌다. 깊고 고요한 산골짜기는 모두 그가 노닐었던 곳이다. 그러니 세상 사람들이 그를 신선이라 불러도 부끄럼이 없으리라."

김종직은 대유학자이면서 신선이 된 최치원에 대해서 강렬한 호기심과 함께 처한 처지에 대한 동병상련(同病相憐)의 심정을 느꼈던 듯하다.

천년이 넘는 인공 숲, 상림

시대를 초월해 조선의 김종직과 신라의 최치원이 만나는 장소를 추적하는 과정에서 두 사람의 동선이 상당히 일치함을 발견할 수 있었다. 무엇보다도 두 사람은 모두 함양에서 군수(태수) 생활을 했다는 공통점이 있다. 이곳에서 선정을 베풀어 사람들의 호응을 얻은 점도 같다.

먼저 최치원은 세속 생활을 털어버리고 898년 가족과 함께 가야산으로 은둔하기 전, 마지막 관직 생활을 함양에서 했다.

그는 진성여왕(재위 887~897년) 때 천령군(현 함양군) 태수(현 군수)로 부임해 마지막 관직 생활을 하고 있었다. 당시 함양읍 중심을 흐르는 위천이 매년 여름이면 범람해 피해가 극심했다. 최치원은 농민을 동

▶ 함양군 상림공원에 있는 최치원 신도비

원해 둑을 쌓아 강물을 지금의 위치로 돌리고, 그 둑을 따라 나무를 심어 숲으로 가꾸어놓았다. 나무는 함양 주변 지리산과 백운산에서 최치원이 직접 캐어온 것이라고 한다.

그게 지금 함양에 남아 있는 상림공원(함양군 함양읍 교산리, 천년기념물 제 154호)이다. 우리나라에서 가장 오래된 인공 숲으로 유명하다. 인공 방재림인 이곳은 예전에는 대관림(大館林)으로 불렸는데, 세월이 흐르면서 가운데 부분이 대홍수로 무너져 상림(上林)과 하림(下林)으로 나뉘게 됐다고 한다. 현재 하림은 집들이 들어서면서 훼손돼 흔적만 남아 있고 상림만 예전의 모습을 유지하고 있다.

총 면적 20만5842㎡에 달하는 상림에는 1.6km의 둑을 따라 120여 종에 달하는 각종 수목 2만여 그루가 있는데, 함양을 대표하는 관광 명소로 인기가 높다. 봄의 신록, 여름의 녹음, 가을의 단풍, 겨울의 설경 등 사철 아름다운 절경으로 인해 '아름다운 숲'으로 지정돼 있다.

▶ 상림공원 옆 고운광장 주변에 조성된 최치원역사공원

　　상림공원 바로 인근에는 2018년에 함양군이 조성한 '최치원역사공원'이 있다. 최치원의 동상, 최치원의 호를 딴 2층 누각 '고운루', 기념관 등이 최치원의 흔적을 느끼게 해준다.

　　한편 상림공원 연꽃단지 건너편에는 '금호미 손' 조형물이 있다. 최치원이 상림 숲을 조성하면서 지휘봉처럼 들고 있던 금호미를 표현해놓은 것이다. 포항 호미곶 해맞이광장에 해를 받들고 있는 손처럼, 함양 상림에는 금호미를 들고 있는 최치원의 손이 있다.

　　여기에는 전설이 있다. 최치원은 인공 숲이 완성되자 작업 종료를 선언하는 뜻으로 금호미를 숲속에 힘껏 던졌다. 그러자 금호미가 한 신목(神木)의 가지 위에 걸려 '땡그렁' 하는 소리를 냈다. 이때부터 천령군(함양군)은 일체의 재앙이 일어나지 않는 지상 낙토로 바뀌었다고 한다.

　　또 다른 전설도 있다. 효성이 지극했던 최치원은 어느 날 어머니가 혼자서 상림에서 풀잎에 앉아 놀다가 뱀을 보고 깜짝 놀랐다는 소식을 들었다고 한다. 이 이야기를 들은 최치원은 상림으로 달려가서 숲을 향해 "이후로는 상림 숲에는 뱀이나 개미 같은 모든 해충은 일체 없어져라. 그리고 다시는 이 숲에 들지 말라"라고 하며 주문을 외웠다고 한다. 그 후로는 최치원의 지극한 효심이 담긴 주문 덕분에 해충이 사라지고 모여들지 않는다는 것이다. 흥미로운 점은 최치원은 "숲에 뱀이나 개미가 나타나고 숲속에 소나무와 대나무가 스스로 나면 내가 이 세상을 떠난 줄 알아라"는 말도 남겼다고 한다.

이는 함양 사람들이 최치원을 이적(異蹟)을 부릴 줄 아는 이인(異人)으로 여겨 존경했다는 점을 느끼게 해준다. 도가의 신선 이미지를 보인 최치원은 이미 이 세상을 떠났을까. 현재 상림 숲에는 뱀도 개구리도 개미도 다 있다고 한다. 그런데도 함양 사람들은 여전히 상림에는 해충이 없다고 믿고 있거나, 믿고 싶어 한다. 최치원에 대한 존경심과 마을에 대한 자부심이 어울어진 믿음일 것이다.

학사루의 선연과 악연

상림공원에서 동남쪽으로 직선거리로 1km가 채 안되는 곳에 함양군청이 있다. 그리고 군청 앞에는 정면 5칸, 측면 2칸의 팔각지붕 건물이 눈에 들어온다. 경상남도 유형문화재 제90호인 학사루(學士樓)다. 학사루는 본래 옛 동헌(東軒)자리였던 함양초등학교 뒤뜰에 있었는데 1979년 현재의 군청 앞으로 이전하였다.

이 누각 역시 최치원의 자취가 묻어 있다. 한림학사(翰林學士)였던 최치원을 기려 누각 이름도 학사루로 지었다고 한다. 최치원은 함양 태수로 재임하면서 누각에 자주 올라 시를 읊었다고 전해진다.

학사루는 임진왜란 때 불타 숙종 18년(1692년)에 중건했다고 하는데, 조선의 관리들이 공무를 보다가 피로해진 마음을 풀기 위해 시도 짓고 글을 쓰던 휴식 공간이었다. 그러니 조선시대 함양 군수로 재직한(1471~1475년) 김종직의 눈에 당연히 뜨일 수밖에 없고, 그는 학사루에 담긴 최치원의 흔적도 익히 알고 있었다.

김종직은 자신의 근무 공간 바로 인근에 있으며 최치원의 자취가 밴 학사루를 매우 아꼈던 듯하다. 그는 학사루 앞에 느티나무 한 그루를 심었다. 병으로 잃은 늦둥이 아들(목아)의 넋을 달래주려는 마음도 담고 있었다.

그 느티나무가 현재 수령 500년 추정의 천연기념물로 지정돼 있다. 높이 22m, 둘레 7.25m에 달하는 이 거대한 느티나무가 학사루의 원 위치를 확인시켜준다는 점에서, 함양 역사를 알려주는 귀중한 나무로 대우받고 있다.

현재의 학사루와는 약 180m 떨어진 함양초등학교 앞뜰에 있는 느티나무로 가보았다. 나무의 수세(樹勢)나 기세(氣勢)가 평범하지 않음을 느꼈다. 현재의 학사루 터에서는 느껴지지 않던 기운이 이곳 느티나무에서는 비범한 기운으로 다가왔다. 터의 기운 때문일까, 아니면 최치원이 남긴 천년의 향기와 김종직의 500년 전 자취가 아직도 남아 있어서일까. 어떻든 함양군민들은 지금도 매년 학사루 느티나무에서 당산제를 지낸다고 한다. 느티나무의 영험함을 믿기 때문일 것이다. 문화재는 원래의 자리에서 이탈하면 그 진가가 떨어진다

▶ 한림학사였던 최치원을 기리는 누각 학사루

는 것을 확인할 수 있는 현장이기도 하다.

학사루는 김종직의 '아픈' 사연이 있는 곳이기도 하다. 김종직이 부관참시 당한 무오사화와 관련된 얘기다. 내용은 이렇다. 1471년 봄 함양군수로 부임해 직무를 수행해오던 김종직은 어느날 경상도 관찰사 신분의 유자광(?~1512년)이 개인적으로 함양을 방문한다는 소식을 들었다.

유자광은 부윤 벼슬을 한 집안의 서자로 태어나 궁궐 문을 지키던 갑사(甲士)로 일하다가 이시애의 반란 때 자청하여 싸움터에 나간 뒤부터 출세의 길을 걸어온 인물이다. 그런데 유자광은 남이 장군 등을 역모로 무고해 그 공으로 군(君)의 신분에까지 오르는 등 아첨과 뇌물로 자신의 신분 상승을 꾀했다.

김종직은 그런 유자광을 경멸하였다. 그래서 관찰사 신분인 유자광과의 만남을 피하기 위해 인근 이은대로 잠시 피신해버렸다. 이때 유자광은 학사루에 올라 시 한 수를 지어 현판으로 걸어놓고 함양을 떠났다. 나중에 김종직은 유자광이 학사루에 현판을 걸었다는

▶ 김종직이 사망한 아들을 그리워하며 심은 느티나무

사실을 알고는 "어찌 이 따위가 여기에 시를 걸 수 있는가"라고 하며 현판을 떼어 불태워버렸다. 이 소식을 들은 유자광도 분을 삼키며 복수의 기회를 노리게 된다.

그리고 마침내 김종직의 제자 김일손이 '조의제문'을 사초에 넣으려는 과정에서 큰 사단이 생긴다. 김종직이 1457년에 지은 '조의제문'은 세조가 단종을 죽이고 왕위를 찬탈한 것을 은근히 비난한 내용이라는 걸 연산군에게 알린 이가 바로 유자광이었다. 김종직으로부터 수모를 당했던 유자광은 임금(연산군)의 선조인 세조를 비방한 김종직을 대역죄로 다스리고 관련자들을 모두 처벌해야 한다는 상소를 올렸다. 결국 피비린내 나는 무오사화가 일어났던 것이다.

야사(野史)처럼 내려오는 이 얘기의 진위가 어디까지인지를 따지기는 힘들다. 분명한 건 유자광이 학사루에 현판을 걸었다면, 김종직은 가만히 두고 보지는 않았을 것이라는 점이다. 구도의 길을 걷는 데 있어서 자신의 사표(師表) 역할을 하는 최치원의 자취가 밴 신성한 공간에서 세속의 때가 잔뜩 묻은 자의 작품을 어찌 내버려둘 수 있겠는가. 최치원과 김종직의 '묘한' 인연이 느껴지는 대목이다.

학사루의 아픈 사연을 뒤로 하고, 김종직이 유자광을 피하기 위해 머물렀다는 이은대(吏隱臺: 함양읍 이은리)로 갔다. 함양읍을 흐르는 위천의 남쪽에서 함양읍 시가지를 바라보며 솟아 있는 곳이다. 김종직은 이곳에 '이은당'이라는 작은 당을 짓고 여가를 이용해 이곳에 자주 들러 시부를 읊었고, 관직에서 물러난 후에도 자주 찾았다고 한다. 후에 함양군민들이 이은대에 김종직을 추모하여 사당을 지었는데 정유재란때 불타 버렸다고 한다. 이은대는 대일항쟁기에는 일본인이 신사참배를 강요하는 장소로 변질됐고, 한국전쟁 이후에는 순국선열과 호국영령을 기리는 충혼탑이 세워졌다.

민생용 차밭과 기우제 지낸 용유담

최치원이 상림을 조성해 백성들의 고초를 덜어준 목민관이었듯이, 김종직 또한 함양 백성들을 돌본 훌륭한 관리였다. 그 대표적인 것 중 하나가 백성을 위해 차밭을 조성했다는 점이다. 그 현장을 찾아가보기로 했다.

함양군청이 있는 함양읍에서 남쪽으로 '오도재'라는 고개를 넘은 뒤 다시 임천강을 따라 동쪽으로 이동했다. 임천 강변 동호마을에 '점필재 김종직 선생 관영 차밭 조성 터'라는 기념비가 있다고 했다.

강변 도로를 따라 조성된 활엽수 길을 이동하다보니 먼저 용유담(龍游潭) 계곡이 반겼다. 함양군 마천면과 휴천면의 경계에 있는 이곳도 김종직의 발자취가 남아 있는 곳이기에 그냥 지나칠 수 없었다. 이곳에는 김종직을 비롯해 김일손, 정여창, 조식 등의 이름이 바위에 새겨져 있는데, 용유담이 '경상우도 사림파'들의 장구소(杖屨所: 지팡이 놓고 신발을 벗어 노니는 장소) 역할, 즉 구심점 역할을 했음을 보여주는 곳이다.

영남 사림파는 크게 경북 출신의 퇴계 이황(1502~1571년)을 대표로 하는 경상좌도 사림과 경남 출신의 남명 조식(1501~1572년)을 대표로 하는 경상우도 사림으로 구분된다. 조식은 학문적으로 김종직-김굉필의 도맥을 이은 인물이다. 흥미롭게도 조식은 김종직의 수토정신을 이어받아 1558년에 지리산을 유람한 후 〈유두류록〉을 남김으로써 조선 선비들의 지리산 유람은 재개하게 된다.

아무튼 이들을 상징적으로 표현하는 말이 바로 '좌안동 우함양'이다. 서울을 기준으로 왼쪽의 안동은 중앙 권력에 진출한 선비들을 많이 배출했고, 오른쪽의 함양은 주로 재야에서 활동하는 기개 높은 선비들로 유명했다. 특히 김종직 계열인 조식과 그 제자들은 도학(道學)과 의리 사상으로 무장해 절대왕정 체제에서도 꺾이는 법 없이 바른 목소리를 내왔던 것이다.

영남 사림의 종조(宗祖)로 받들어지는 김종직이 함양군수로 재직하던 시기에는 유난히 가뭄이 심했다. 그래서 김종직은 이곳 용유담에서 닷새 동안 머물면서 기우제를 지냈다고 한다. 그는 바위 밑에서 잠을 자는 등 노숙을 마다하지 않았다. 가뭄이 들어 고통받는 백성들을 조금이나마 위로해주고자 하는 애민 정신 때문이었다. 그가

▶ 김종직이 기우제를 지낸 용유담 계곡

남긴 시집에는 당시 비를 기원하는 애절한 심정이 5편의 시로 남아 있기도 하다.

사실 지리산 천왕봉이 올려다 보이는 용유담은 엄천강을 대표하는 절경지이자 용신(龍神)이 머무는 신령스러운 곳으로 통한다. 이곳에서는 아홉 마리 용이 살았다는 전설답게 자맥질하는 용을 연상시키는 경관, 바위마다 새겨진 다양한 모습의 포트 홀, 와류 현상에 의해 발생하는 여울목의 폭포 같은 물소리 등 이국적이고 환상적인 장면이 연출된다.

《어우야담(於于野談)》의 저자로 유명한 유몽인(1559~1623년)은 용유동 계곡 바위에 새겨진 '용유동천(龍流洞天)' 글씨처럼 이곳을 용이 사는 별천지로 보았다.

> "승려들은 허탄한 이야기를 숭상하여, 돌이 깨진 곳을 용이 할퀸 자국이라 하고, 돌이 둥그렇게 움푹 팬 곳을 용이 서린 곳이라 하고, 바위 안에 휑하니 찢긴 곳을 용이 뚫고 지나간 곳이라 한다. 무지한 백성은 모두 이런 말을 믿어서 이곳에 오면 자기도 모르게 땅에 머리를 조아리고 절을 한다. 선비된 자들도 '용은 돌을 보지 못하므로, 변화에 의해서 그렇게 된 것'이라고 한다. 나 또한 직접 눈으로 그 놀라운 형상을 보고서 신령스러운 존재가 여기에 머물고 있으리라 생각하였다."
>
> 〈유두류산록(遊頭流山錄)〉

유몽인은 용유담에 대한 승려들의 허탄한 소리와 머리를 조아리는 무지한 백성들을 비웃으면서도 이곳에서 자신이 겪은 신비한 체험도 소개했다. 그는 용유담의 신령스러움을 시험하기 위해 종이에 시 한 수를 써서 못에 던졌다. 그랬더니 얼마 지나지 않아 벼랑의 굴 안에서 연기 같지만 연기가 아닌 기운이 스멀스멀 피어올랐고, 겹겹의 봉우리와 푸르른 산 사이에서 우르르 쾅쾅 우레가 치고 번쩍번쩍 섬광이 번득이며 금세 일어났다가 금세 멈추었고, 잠시 후 은실 같은 빗줄기가 떨어지더니 새알만큼 큰 우박이 일시에 퍼붓는 현상을 겪었다. 장난스레 한 행동 때문에 동행한 이들이 얼굴이 새파랗게 질려 허물어진 사당 안으로 뛰어들어가 피하는 등 소란이 생겼다는 것이다.

아무튼 신비적 성소나 명당은 사람들을 불러 모으기 마련이다. 용유담은 지금도 매년 정초면 사업번창과 승진을 기원하는 이들이 몰려든다고 한다.

용유담 계곡에서 빠져나와 강을 따라 동쪽으로 약 8km 가니 김종직이 조성한 관영 차밭이 나타났다. 백성들이 가뭄으로 힘겨운 나날을 보낼 때 김종직이 직접 기우제를 지냈던 곳인 엄천사 터(휴천면 남호리) 인근에 자리잡고 있었다. 김종직의 문집인 《점필재시집》에는 이때 얘기가 구체적으로 기록돼 있다.

"나라에 바칠 차(茶)가 우리 군에서는 나지 않는데도 해마다 백성들에게 이를 부과하였다. 백성들은 차를 바치기 위해 전라도에서 값을 치르고 사왔다. 대략 쌀 한 말을 주고 차 한 홉을 얻었다. 내가 처음 이 고을에 부임했을 때(1471년) 이러한 폐단을 알고는 백성들에게 부과하지 않았다. 관가에서 자체로 여기저기 구걸하여 대신 납부했다."

▶ 김종직이 조성한 관영 차밭 조성 터. 바로 인근에 엄천사가 있었다.

김종직은 관가에서 직접 차 공납을 납부해주는 것에 그치지 않고 아예 차밭을 일구기에 이른다. 그가 일찍이 읽었던《삼국사기》에서 '신라 때 당(唐)나라에서 차씨[茶種]를 얻어와 지리산에 심게 했다'는 구절이 생각났기 때문이다. 실제로《삼국사기》에는 828년(흥덕왕 3년) 당나라에 사신으로 갔던 김대렴이 차나무를 가져와서 지리산에 심었다는 얘기가 실려 있다.

김종직은 지리산자락에 위치한 함양에도 신라 때 심은 종자가 있을 것으로 확신하고 수시로 고을 사람들을 만나 차 관련 얘기를 나누고 이곳저곳으로 차나무를 뒤져보도록 했다. 마침내 엄천사 북쪽 대숲에서 두어 그루의 차나무를 발견해냈다. 김종직은 차나무가 자라고 있는 땅 소유자에게 보상한 뒤 관영(官營)차밭을 조성했다. 그리고 몇 년 뒤 차밭이 무성해질 즈음에는 백성들이 차 공납을 걱정하지 않아도 되리라는 감회에 젖어 다시(茶詩)를 읊조렸다.

'신령한 차 받들어 성군께 축수(祝壽)코자 하는데/ 신라 때 남긴 차 종자

오랫동안 못 찾다가/ 지금에야 두류산 아래서 구하게 되었으니/ 우리 백성 조금은 편케 되어 기쁘네.'

고려의 학풍 계승한 성리학자

함양군수 시절 김종직은 민생을 위해서라면 주위의 시선 따위는 의식하지 않았다. 그는 가뭄으로 백성들이 고통을 받을 때 용유담과 엄천사 등지에서 직접 기우제를 지냈다. 기우제는 오랜 가뭄이 들면 각종 의식을 통해 비가 내리기를 기원하는 민간 신앙 중 하나다. 김종직은 그 자신이 지방 수령으로 재직하면서 성리학적 의례(儀禮)에 앞장섰으면서도 전통 민간 신앙을 무시하지 않았다.

심지어 그는 〈유두류록〉에서 기우제가 효험이 있다는 점도 기록했다.

"지리산 중봉의 마암(馬巖)에는 맑고 시원한 샘물이 있는데 가뭄이 들 경우 사람들로 하여금 이 바위에 올라가 발을 구르며 빙빙 돌게 하면 반드시 천둥과 비를 불러온다고 하였다. 나도 지난해(1471년)와 올해(1472년) 여름 사람을 보내 시험해보니 자못 효험이 있었다."

이처럼 그는 성리학자이면서도 타 종교와 민간 풍속에 대해서도 열린 자세를 취하고 있었던 것이다. 김종직의 최치원 수토 행보, 우리 역사와 문화와 전통에 대한 열린 태도 등을 통해 그가 호흡 수련 등 선도(仙道)를 익힌 인물이라고 평가하는 시각도 있다. 이런 주장은 우리나라의 기 수련단체인 연정원과 국선도 등에서 제기되고 있다.

여기에는 김종직과 관련한 기이한 일화도 작용하고 있는 듯하다. 무오사화로 고향인 밀양에서 김종직의 시신이 부관참시된 후 어디선가 호랑이가 나타나 시신을 지키며 몇날 며칠을 슬피 울었다. 사람들이 김종직의 시신을 거두어 다른 곳으로 이장한 후에도 호랑이가 따라와 무덤을 지키다가 결국 그 옆에서 죽었다. 마을 사람들은 이를 가엽게 여겨 김종직의 묘 옆에 호랑이 무덤을 따로 만들어 주었다. 호랑이 묘를 만들어준 후 이상하게도 마을에는 창궐하던 도둑과 질병이 사라졌는데, 호랑이가 마을의 수호신이 됐다고 전해진다. 그 후 세월이 지나 김종직은 중종이 즉위한 뒤 죄가 풀렸고, 숙종 때는 영의정으로 추증됐다.

현재 김종직의 묘는 그가 생장하고 별세한 밀양 추원재(追遠齋: 부북면 제대리)에서 뒤쪽으로 약 200여m 떨어진 산자락에 있다. 지금도 그의 묘 옆에는 호랑이 설화를 기록해둔 '인망호폐(人亡虎斃: 사람을 따라 죽은 호랑이)' 비석이 남아 있다. 그의 사후 역시 예사롭지 않음을 느끼게 해주는 장소인 것이다.

그런데 김종직의 특이한 행보는 그의 이력에서 살펴보는 게 합리적일 듯하다. 김종직의 본관은 선산, 1431년(세종 13년) 경남 밀양에서 태어났다. 그의 아버지는 조선 태종때 문과에 급제하고 성균관 사예(司藝) 벼슬 등을 지낸 김숙자(1389~1456년)이다. 김숙자는 고려조

▶ 김종직의 묘와 그의 묘 옆에 있는 '인망호폐' 비

에서 활동했던 야은 길재(1353~1419년)의 학통을 이어받은 인물이다.

목은 이색, 포은 정몽주, 양촌 권근의 문인이기도 한 길재는 이성계의 역성혁명에 반대해 고향 선산(현재 구미시)으로 내려와 최초로 사학을 열어 제자들을 교육하고 있었다. 바로 이때 김숙자가 길재의 문인이 됐다고 한다. 김숙자는 10여 세 때부터 길재에게서 《소학(小學)》과 유교 경서를 배웠고, 또 윤상(尹祥)으로부터는 주역을 배워 역학에 정통하였다. 이처럼 김숙자는 학문적으로 길재와 윤상 두 사람의 영향을 직접 받았고, 그는 이들의 학문과 사상을 아들 종직으로 하여금 계승케 했다. 이것이 후에 사림파에 의해 확립된 이색 → 정몽주 → 길재 → 김숙자 → 김종직으로 이어지는 계보다.

사실 고려말의 유학자들은 조선 중기 이후부터 완고해지고 독선적으로 변하기 시작한 성리학자들과는 달리 학문적으로 열린 자세를 취하고 있었다. 김종직도 이러한 고려의 학풍을 이어받고 있었던 것이다.

▶ 김종직의 생가인 추원재

　김종직의 이같은 면모는 후에 골수 유학자들로부터 비판을 받기도 했다. 퇴계 이황은 "점필재(김종직)는 학문하는 사람은 아니었다"고 잘라 말했고, 허균 같은 이는 "왕권 세력의 불순하고 비유교적인 혹은 비민본적인 정치 구도에 야합한 인물"이라며 신랄한 비판을 가했다.

　그러나 김종직은 성리학자로서의 자세도 포기하지 않았다. 그는 5년간 함양군수를 지내면서 최치원처럼 목민관으로서의 역할도 훌륭히 수행했지만, 밤에는 인재 양성 교육에도 심혈을 기울였다. 김종직이 함양에서 유생들을 가르친다는 소식이 전해지자 이곳저곳에서 선비들이 찾아와 제자가 될 것을 자청했다. 정여창, 김굉필, 유효인, 한백원, 조위 등이 김종직의 제자된 것도 바로 이때였던 것이다.

김일손, 지리산 둘레길을 걷다

지리산에서 단약(丹藥)을 찾다

스승 김종직이 간 길이면 따라하기를 즐겨했던 김일손은 최치원으로 상징되는 신선 세계를 수토하느라 지리산 일대를 샅샅이 훑고 다녔다. 스승의 참 의도는 그 제자들에 의해 구체적으로 펼쳐지기도 한다. 그런 점에서 김일손의 행적은 스승 김종직이 진정으로 추구했던 세계를 이해하는 데 있어서 중요한 단서가 된다.

김일손은 자신의 지리산 유람록인 〈두류기행록(頭流紀行錄)〉에서 노골적으로 여행 의도를 밝혔다.

"내가 처음 진주의 학관(學官: 향교에서 학생들을 가르치는 선생)이 되기를 원했던 것은 부모님을 봉양하는 데 편하기 때문이었다. 그러나 구루(句漏: 중국 광서성에 있는 산으로, 갈홍이 신선술을 수련한 곳)의 수령이 되었던 갈치천(葛稚川: 갈홍)도 일찍이 단사(丹砂: 신선술을 닦는 데 쓰이는 약재)에 마음에 없었던 것이 아니었다. 두류산은 진주 경내에 있다. 진주에 도착하고 나서 매일같이 두 짝의 나막신을 준비하였으니, 두류산의 운무(雲霧)와 원학(猿鶴)이 모두 나의 단사이기 때문이다."

〈두류기행록〉

김일손은 중국의 도교서인 《포박자》의 저자 갈홍(317~419년)의 일화를 끄집어내며 그렇게 자신의 속내를 내비쳤다. 갈홍은 선약(仙藥) 재료로 쓰이는 단사(丹砂)가 많이 나는 구루 지역에서 수령이 되기를 원했는데, 그곳에서 단사를 복용하면서 신선술을 익히려고 했었다. 마찬가지로 김일손 자신 역시 진주에 살면서 '두류산의 단사'에 뜻을 두고 있었다고 말했다. 지리산에서 신선술을 닦고 싶다는 은유적 표현이었다.

물론 두 사람 사이에 차이는 있다. 중국인인 갈홍은 단사라는 약물에 의지해 신선술을 닦으려고 했지만 김일손은 그럴 필요가 없었다. '지리산의 단사'는 물리적인 약재가 아니라, 지리산의 자연(운무와 원학) 그 자체였기 때문이다. 지리산의 영험한 기운은 굳이 값비싼 단사 같은 물질을 복용하지 않더라도 신선술을 닦는 데 있어서 최고의 영지(靈地)였던 것이다. 그러니 지리산에 머물면 비싼 비용을 들이지 않고 신선술을 익힐 수 있다는 게 김일손의 속내였다.

그는 지리산 천왕봉을 오르기 전, 지리산 북쪽 함양에서 출발해 스승의 발자취가 담긴 용유담과 엄천사 일대를 둘러본 후, 본격적으로 지리산 동쪽의 산청을 거쳐 남쪽의 하동 쪽을 답사했다. 지금으로 치면 지리산 둘레길을 걸었던 것이다. 그 길을 직접 따라가 보자.

단구성(단성)과 단속사, 신선 세상 속으로

김일손은 동쪽 산청군에 이르러 단(丹)으로 상징되는 신선 세상을 본격적으로 찾았다. 그는 단성(丹城: 현재 산청군 단성면)에서 투숙하면서 이곳을 '단구성(丹丘城)'이란 이름으로 바꾸어 불렀다. 단구성은 밤낮없이 항상 밝기만 한, 신선들이 사는 세상을 가리킨다.

또 단성에서 20리(약 8km) 길을 걸어 단속사를 찾아갔다. 최치원이 이곳에서 한동안 머물렀다고 하는 절이기 때문이다. 그는 단속사 입구에서 '광제암문(廣濟嵒門: 단성면 청계리 503)'이란 글씨가 새겨진 바위도 찾아냈다. 김일손은 최치원의 친필로 전해지는 이 글자를 보고서 "글자의 획이 힘차고 예스럽다"고 평가했다.

그런데 광제암문 글자는 최치원의 친필 여부를 두고 당시에도 논란이 있었던 듯하다. 김일손보다 먼저 단속사 일대를 방문한 남효온은 〈지리산일과〉에서 단속사 경내 동북쪽 모퉁이에 최치원이 독서하던 방이 있다고 기록하면서도 "광제암문은 누가 쓴 것인지 모르겠다"고 말한 바 있다. 또 대일항쟁기인 1919년에 발행된 《조선금석총람》에는 이 글자가 '서기 995년(고려 성종 14년) 단속사의 혜○ 스님이 쓰고 효선 스님이 음각하여 새긴 것'으로 밝혀졌다고 전한다. 이 때문에 최치원이 새긴 글 주변에다 고려 때 승려가 추가로 글귀를 새겼다는 등 여러 견해가 제기되고 있는 것이다.

김일손은 단속사 입구임을 알리는 '광제암문' 바위를 지나 감나무, 밤나무 등이 빽빽한 산길을 거쳐 '지리산 단속사'라는 현판이 붙은 단속사 경내로 들어갔다.

김일손은 이곳 승려로부터 절의 내력을 들었다. 승려는 "신라의 신하 유순(이순의 오기)이 녹봉을 사양하고 불가에 귀의해 이 절을 창건하였기 때문에 '단속(斷續)'이라 이름하였습니다. 임금의 초상(효성왕과 경덕왕)을 그렸는데, 그 사실을 기록한 현판이 남아 있습니다." 하고 말했다(《두류기행록》).

단속사를 창건한 신라 사람 이순은 독특한 내력을 지닌 인물이다. 《삼국유사》에서는 이순을 '고승전' 항목으로 분류한 뒤 피은(避隱)의 대표자로 소개하고 있다. 이에 의하면 신라 경덕왕 때 직장(直長) 벼슬을 하던 이순(혹은 이준)이 나이 50이 되면 출가하겠다고 발원했고, 50세가 되던 무자년(748년)에 작은 절을 대찰로 개창해서 단속사라고 이름을 지었고, 출가한 지 20년만인 768년에 사망했다고 전한다. 이순은 비록 공굉장로(孔宏長老)라는 법명과 함께 머리를 깎은 승려 신분으로 있었지만, 실상은 우리나라 신선들의 족보를 밝힌 《청학집》 등에서는 선가의 도를 이어받은 인물로 묘사하고 있다. 즉 신선술을 닦았던 인물이었다.

이곳을 찾았던 최치원은 이런 절의 내막을 알고 있었던 듯하다. 자신보다 불과 100여 년 전의 선도 수행 선배가 수행하던 터인 단속

▶ 단속사 입구에 새겨진 광제암문(廣濟嵒門) 글씨

사를 일부러 찾아가 한동안 머물렀던 것이다. 사실 선도 수행자는 아무데서나 수련을 하지 않는다는 게 불문율이다. 최치원이 선도 수행지로 이곳을 선택한 것은 그만한 배경과 인연이 닿았기 때문일 것이다.

아무튼 김일손은 최치원이 머물렀던 법당인 '치원당(致遠堂)'을 휘휘 둘러보고는 자리를 떴다. 현재 김종직의 제자들이 둘러보던 단속사(산청군 단성면 운리)는 없어졌고, 삼층석탑과 당간지주 등만이 옛 절터임을 알려주고 있다.

신흥사의 기이한 목격담

김일손은 지리산 동쪽의 단속사 일대를 둘러본 후 다시 여정을 시작했다. 지리산 남쪽 묵계사(하동군 청암면 묵계리)를 거쳐 중산리 방면에서 지리산 최고봉인 천왕봉을 둘러본 후 신흥사(하동군 화개면 신흥리)로 내려왔다. 현재는 없어진 절이지만, 김일손 당시에는 절 앞에 맑은 못과 널찍한 바위가 있어 경치가 매우 빼어났다.

김일손은 이곳에서 승려 요장로(了長老)로부터 신선 최치원과 관련한 희한한 얘기를 듣고서는 기록으로 장황하게 남겼다.

"근세에 퇴은 스님이 신흥사에 살고 있었다. 어느 날 자신의 문도에게 '손님이 오실 것이니 깨끗이 소제하고 기다리거라'하고 말했다. 잠시 후 한 사람이 엮은 등넝쿨로 가슴걸이와 고삐를 한 백마를 타고 재빨리 건

▶ 산청 단속사지의 동·서 삼층석탑

너오는데, 외나무다리를 마치 평지인 듯 밟으니 사람들이 모두 깜짝 놀랐다. 절에 도착하자 스님이 방으로 맞아들여 밤새 이야기를 나누었는데, 무슨 말인지 알아들을 수 없었다고 한다. 다음날 아침 그가 작별하고 떠나려 하자, 절에서 공부하고 있던 강씨 성의 젊은이가 그 기이한 손님을 신비롭게 여겨 말의 재갈을 잡고 따라가려 했다. 그 사람이 채찍을 휘두르며 떠나는 바람에 소매에서 책 한 권이 떨어졌는데, 젊은이가 황급히 그 책을 주웠다. 그 사람은 '내 잘못으로 속세의 하찮은 사람에게 넘겨주고 말았구나. 소중히 여겨 잘 감춰두고 세상에 보이지 말라'고 하였다. 그리고선 말이 끝나자마자 급히 떠나 다시 외나무다리를 지나가버렸다. 강씨 성의 젊은이는 지금 백발 노인이지만 아직도 진양 땅에 살고 있다. 그 사실을 아는 사람들이 그 책을 보여달라고 해도 절대로 보여주지 않는다고 한다. 그 손님은 최고운(치원)인데 죽지 않고 청학동에 살아 있다고 한다."

〈두류기행록〉

내용인 즉, 신라시대의 최치원이 신선이 된 후 조선시대의 속세에 나타났다는 것이다. 김일손은 "승려의 말이 비록 터무니없는 이야기지만 그래도 기록해둘 만하다"고 했다. 그리고 동행했던 정여창과 함께 최치원이 말을 타고 건너갔다는 외나무다리를 건너보려 했으나 몇 걸음 내딛자마자 정신이 아찔해져서 떨어질 뻔했다.

쌍계사에서 만난 '마음의 스승'

김일손은 연이어 최치원을 또 만난다. 그는 신흥사에서 더 남쪽으로 내려와 쌍계사 입구에서 석문(石門)을 발견했다. 쌍계사 일주문보다 400m 정도 앞에 있는 두 개의 자연석이다. 약 5m쯤 떨어진 두 개의 바위는 마치 수문장처럼 양 옆으로 마주보고 있는 형태다. 이 바위에서 최치원이 쓴 '쌍계석문(雙磎石門)'이라고 씌어진 고졸(古拙)한 한문 글씨를 찾아냈다. 정면에서 바라볼 때 왼편 타원형 바위에 '쌍계'란 글자가 음각돼 있고, 오른편 마름모꼴 바위에는 '석문'이라는 나머지 글자가 음각돼 있다.

김일손은 쌍계석문 글자와 단속사에서 보았던 '광제암문' 글자를 비교 평가했다. 쌍계석문 글자의 크기가 광제암문보다 훨씬 크지만, 글씨체는 그보다 못하여 아동이 습자(習字)한 것과 같다고 하였다.

김일손은 석문을 지나 일주문을 통과한 뒤 법당 앞에 세워진 오래된 비석에서도 최치원을 만난다. 바로 '쌍계사진감선사대공탑비'

▶ 쌍계사 입구임을 알리는 쌍계석문. 왼쪽 바위에 '쌍계(雙磎)', 오른쪽 바위에 '석문(石門)'이라는 한자가 새겨져 있다.

다. 귀부(龜趺: 거북 모양으로 새긴 받침돌)와 이수(螭首: 용 모양으로 새긴 비석 윗부분)가 달린 고색창연한 비석이다. 김일손은 비석 전액(篆額)에 '쌍계사 고진감선사비'라고 새겨진 아홉 글자와, 비석 끝 부분에 '신(臣) 최치원이 교서를 받들어 짓다'라는 글귀를 찾아낸다. 그러니까 이 비석문은 887년 신라 왕의 명령을 받들어 최치원이 직접 문장을 짓고 쓴 글이다.

김일손은 이 비석에 대해 감회가 남달랐다. 인물은 태어났다가 사라지지만 비석은 몇 백 년의 세월이 흘러도 썩지 않고 그대로 있음을 보고 탄식했다. 그는 이끼 긴 비석을 어루만지며 "고운(최치원)이 산수 사이에 노닐던 그 마음이 백세 뒤의 내 마음에 와닿는다(《두류기행록》)"고 소회를 남겼다.

또 고운이 자신과 같은 시대에 태어났더라면 반드시 중요한 자리에 앉아 나라를 빛내는 문필을 잡고서 태평성대를 찬란하게 표현했을 것이며, 자신 또한 그의 문하에서 붓과 벼루를 받들고 가르침

▶ 최치원이 직접 지은 진감선사탑비문

을 받았을 것이라고까지 말했다. 김일손은 최치원을 마음의 스승으로 받들고 있었던 것이다.

남효온, 거문고 신선을 만나다

청학동을 찾다

김일손보다 2년 앞서 지리산 쌍계사를 찾았던 남효온은 아예 쌍계사 일대를 수토한 후 이곳이 신선들이 사는 이상향인 청학동(靑鶴洞)이라고 단정했다. 청학동은 조선 식자층 사이에서 '도인들이 사는 이상향'으로 묘사되는 신비스런 곳이었고, 도인들이면 누구나 그리워하는 세계이기도 했다. 여기서 청학은 신선이 타고 다니는 새로, 곧 청학이 신선임을 의미한다.

남효온은 또 쌍계사 곳곳에 여러 흔적을 남긴 최치원이 신선급 반열에 올라 청학동에서 살고 있다고 여긴 것 같다. 실제로 쌍계사 일대에서 최치원과 신선이 연관되는 흔적은 많이 남아 있다.

▶ 쌍계사의 청학루. 이곳이 신선 세계임을 알리는 상징물이다.

　　남효온은 쌍계사 경내 팔영루(八詠樓) 옛터가 최치원이 거처하던 방이었다고 하고, 김종직의 제자인 홍유손과 양준도 이곳 쌍계사에서 공부하였다고 전한다. 또 최치원이 진감선사대공탑비문의 글을 지은 곳으로 알려진 환학대(喚鶴臺)와 하늘에서 쏟아지는 불일폭포를 감상하며 노닌 완폭대(翫瀑臺) 바위 등은 최치원과 신선을 이어주는 무대 장치다.

　　커다란 바위인 환학대는 쌍계사에서 불일폭포 쪽으로 약 1.2km 떨어진 곳에 있는데, 최치원이 속세를 떠나 청학동을 찾아다닐 때, 이곳에서 학을 불러 타고 다녔다는 것이다. 이는 신선이 청학을 타고 다닌다는 이상향의 세계를 최치원에게 투영시킨 얘기일 것이다. 서너 명의 어른들이 너끈히 앉을 정도의 바위 위에는 최치원이 쓴 '환학대' 글자가 있었다고 하는데 지금은 마모돼 알아보기가 힘들다.

　　또 불일폭포와 불일암 사이에 있는 완폭대 역시 최치원의 자취가 배어 있다. 이 바위 위에서 최치원은 불일폭포를 구경하고서는 완폭대라고 이름을 지었다고 한다.

쌍계사 위쪽의 불일암 근처에 있는 청학연(靑鶴淵)도 그런 곳이다. 남효온은 최치원이 일찍이 이곳에서 노닐었다는 점, 못의 이름마저 '청학'이란 점 등을 꼽으며 쌍계사 일대가 청학동이 틀림없다고 주장했다. 남효온은 최치원을 신선으로 묘사하는 시를 남기기도 했다.

'고운(최치원)은 머물지 않고 가버리고/ 청학은 어찌하여 돌아오지 않는가./ 인물은 예나 지금이나 다르지 않으니/ 가도(중국 당나라 때의 시인)의 시처럼 청한하도다.'

〈지리산일과〉

사실 남효온의 스승 김종직도 최치원을 이미 신선의 경지에 오른 이로 상정하고 있었다. 김종직은 '고운(최치원)은 세상에 은둔한 나그네였지만 온 세상에 큰 명성 들려졌네. 두건과 신을 매미 허물 벗듯 했고 풍채는 학의 무리에 섞였다(《점필재시집》 제14권)'고 묘사하며, 두건과 신발을 남겨둔 채 속세를 떠나 선학(仙鶴: 신선)이 된 그를 간절히 그리워했다.

칠불사의 거문고 타는 신선

조선의 선비들은 거문고를 성정(性情)을 닦는 수양의 한 수단이

자 외롭게 도를 닦는 이의 동반자로 여기고 가까이했다. 남효온이 그러했다. 그는 무거운 거문고를 짊어지고 지리산 천왕봉까지 올랐을 정도로 거문고를 사랑했다.

당연히 남효온은 거문고의 명인 옥보고가 수련한 지리산 운상원, 즉 지금의 칠불사를 찾았다. 그는 여기서 승려들의 스승인 형수좌(泂首坐)로부터 이 절의 내력을 자세히 듣게 된다.

"절의 본래 이름은 운상원이다. 신라 진평왕 때에 사찬(沙飡) 김공영(金恭永)의 아들로 이름이 옥보고(玉寶高)라는 사람이 있었다. 거문고를 메고 지리산 운상원에 들어가서 50여 년 동안 거문고로 마음을 닦으며 30곡을 작곡하여 매일 연주하였다. 경덕왕(景德王)이 거리의 정자에서 달을 구경하고 꽃을 감상하다가 홀연히 거문고 소리를 들었다. 왕이 문복(聞福)이라고 불리는 악사(樂師) 안장(安長)과 견복(見福)이라고 불리는 악사 청장(請長)에게 '이것은 무슨 소리인가?'하고 물으니, 두 사람이 말하기를 '이는 인간 세상에서 들을 수 있는 소리가 아니니, 바로 옥보선인(玉寶仙人)이 거문고를 타는 소리입니다'고 하였다. 왕이 7일 동안 재계하자, 옥보고가 왕 앞에 이르러 30곡을 연주하였다. 왕이 크게 기뻐하고 안장과 청장으로 하여금 익혀서 악부(樂府)에 전하게 하였다. 또 그가 거처하던 절에 큰 가람을 세우니, 37개 국(國)이 모두 이 절을 으뜸으로 여겨 원당(願堂)을 삼았다."

〈지리산일과〉

남효온은 칠불사 승려로부터 옥보고의 거문고 수련을 들었다.

옥보고가 상원곡(上院曲), 중원곡(中院曲), 하원곡(下院曲), 남해곡(南海曲) 등 거문고 가락 30곡을 지어 연주하니 검은 학이 와서 춤을 추었다고 한다. 거문고를 현학금(玄鶴琴) 혹은 현금(玄琴)이라고 부르게 된 연유다.

실제로 옥보고는 단순한 음악인이 아니라 신선술을 닦은 선인(仙人)이었다. 그는 단속사의 승려인 이순으로부터 선맥을 이어받은 인물로 기록되고 있다. 조선 왕조의 《세종실록지리지》에서는 옥보고가 지리산 운상원에서 거문고 신곡을 짓고 선도를 얻어 승천했다고 전하고 있다.

또 거문고는 선도를 닦는 상징적인 악기였다. 김부식의 《삼국사기》에서는 《금조》의 기록을 빌려 "복희씨가 금(琴)을 만들어 수신(修身) 수양(修養)하여 하늘이 내려준 천성을 회복하였다"고 전하고 있다. 거문고로 도를 닦았다는 뜻이다. 김부식은 또 《금조》를 계속 인용하면서 거문고의 생김새 자체가 우주를 상징한다고 보았다.

"금(琴)의 길이는 3자6치6푼이니 366일을 상징하였고, 넓이는 6치이니 육합(六合)을 상징하였으며, 판 위를 지(池: 연못이니 공평함을 의미한다)라 하고, 판 밑을 빈(濱: 복종을 의미한다)이라 하였으며, 앞이 넓고 뒤가 좁은 것은 사람의 존귀와 비천을 표시함이요, 위가 둥글고 아래가 모난 것은 하늘과 땅을 모방한 것이며, 다섯줄은 오행(五行)을 상징한 것이요, 큰 줄은 임금이고 10줄은 신하를 나타내는데 문왕(文王)과 무왕(武王)이 두 줄을 더 첨가하였다."

《삼국사기》권32, 잡지

▶ 칠불사의 운상선원. 옥보고가 거문고 수련을 한 곳으로 전해진다. 현재는 스님들의 참선방으로 운영되고 있다.

김부식은 줄이 7개인 칠현금에 대해서는 《풍속통(風俗通)》의 기록을 빌려 "금의 길이는 4자 5치이니, 이는 사계절과 오행(五行)을 모방한 것이요, 7줄은 칠성(七星)을 모방한 것"이라고 소개했다. 사실 동양권에서 우주의 율려(律呂)를 표현해내는 음악은 도(道)와 연결되는 것으로 받아들여졌다. 그래서 음악을 통해서도 도를 추구할 수 있다는 사고가 자연스럽게 생성될 수 있었다.

　　현재 남효온이 방문했던 칠불사 운상원(현재 운상선원)과 옥보대(玉寶臺)는 일반인들의 방문이 어렵다. 스님들의 전용 수행 공간으로 사용되고 있기 때문이다.

　　칠불사 주지스님으로부터 어렵게 허락을 구해 옥보대(玉寶臺)를 잠시 둘러볼 수 있었다. 옥보대는 운상선원 혹은 대웅전 뒤편 숲길 사이에 난, 100여 평 남짓 평평한 자리일 것으로 추정되고 있다. 터의 기운이 범상치 않은 곳이다.

수토의 원형, 풍류를 찾아서

김종직과 제자들은 왜 최치원을 수토했을까

학문 뿐 아니라 심신수양에 관심이 많았던 김종직과 제자들이 지리산의 최치원 흔적에서 찾아내고자 했던 것은 무엇이었을까. 단지 최치원이 유학자 신분으로 신선의 경지에 올랐다는 점 때문에 삶의 롤 모델로 삼았던 걸까.

신선은 신령스런 존재인 신(神) 또는 범인들과는 다른 세상에서 살아가는 존재인 선(仙) 등을 가리키는 표현이다. 신선은 일상적인 인간의 한계를 극복하고, 현재의 세계를 초월한 존재들이다. 즉 생로병사라는 인간의 시간적 한계를 극복해 불로불사(不老不死)와 장생불사(長生不死)를 이룬 존재들이다. 또 공간적 한계를 극복해 우화등

선(羽化登仙)과 승천(昇天)이라는 기적적인 장면을 보여주는 이들이기도 하다.

이를테면 《장자(莊子)》에 나오는 막고야산(邈姑射山)의 신인이 그런 존재다. 이 신인은 아무리 시간이 흘러도 얼음이나 눈처럼 흰 피부에 처녀처럼 부드러운 몸매를 유지하고 있으며, 구름의 정기를 타고 비룡(飛龍)을 부리며 세상 밖에까지 나가 노니는 존재다. 또 오곡(五穀) 대신 자연의 바람과 이슬을 취하기 때문에 먹고사는 생존 문제에서도 완전히 해방돼 있다. 그러니 지구상에 사는 인간이라면 누구나 꿈꿀 수밖에 없는 최상의 존재들인 셈이다. 이처럼 신선은 인간의 상상력이 극대화된, 혹은 종교적 이상으로 표현된 존재이다.

그렇지만 김종직과 그 제자들은 최치원이 단순히 신선체(神仙體)로 변한 존재였기 때문에 찾아다닌 것으로 보기에는 무언가 아쉬움이 남는다. 실제이든 전설이든, 우리 역사에서 신선이 된 존재는 최치원 말고도 많다. 그러니 신선 최치원보다는 최치원이 추구했던 그 '무엇'이 김종직과 그 제자들로 하여금 수토하게 만든 원동력으로 작용하지는 않았을까.

난랑비서와 선도(仙道)

역사에서 최치원은 그리 간단치 않은 인물로 평가된다. 최치원은 유교, 불교, 선교 모두에서 중요시 여겼던 인물이다. 최치원이 신라의 화랑 난랑(鸞郞)을 추모하기 위해 쓴 비석문인 〈난랑비서(鸞郞碑

序)〉의 글귀 때문이기도 하다.

"우리나라에 현묘한 도가 있으니, 풍류(風流)라고 한다. 가르침을 베푼 연원은 선사(仙史)에 상세히 실려 있거니와, 실로 유·불·도 3교를 포함하고 있어서 접하는 온 생명을 저절로 감화시킨다. 집에서는 부모에게 효도하고 밖에서는 나라에 충성을 하니 공자의 교지(敎旨)와 같고, 매사에 무위(無爲)로 대하고 말없이 가르침을 실행하는 것은 노자의 종지(宗旨)와 같고, 악한 일을 짓지 않고 선한 일을 받들어 행하는 것은 석가의 교화(敎化)와 같다(崔致遠鸞郞碑序曰, 國有玄妙之道, 曰風流, 設敎之源, 備詳仙史, 實乃包含三敎, 接化羣生, 且如入則孝於家, 出則忠於國, 魯司寇之旨也, 處無爲之事, 行不言之敎, 周柱史之宗也, 諸惡莫作, 諸善奉行, 竺乾太子之化也)."

《삼국사기》〈신라본기〉

76자로 이뤄진 짧은 글이지만 그 내용만큼은 충격적이다. 최치원은 우리나라에는 일찌감치 유교와 불교와 도교의 가르침을 모두 갖추고 있는 현묘한 도, 즉 '풍류도'가 존재하고 있었음을 밝혔다. 최치원이 활동했던 9세기 훨씬 이전인 고대부터 한국에 '풍류'라고 불리는 고도의 철학과 사상 체계를 가진 '현묘지도(玄妙之道)'가 존재했다는 게 놀라울 따름이다. 게다가 이 풍류도가 중생을 교화하는 종교적 기능까지 수행한다고 하지 않는가.

최치원은 또 풍류도가 선인(仙人)들의 역사를 기록한《선사(仙史)》에 자세히 실려 있다고 밝혔다. 이는 풍류도가 아주 오래 전부터 우리나라에 존재해왔고, 노자와 장자 등 중국 도교(道敎)와 구별되는 독특한 신선사상이라는 의미이다. 한국에 자생적인 선도(仙道)가 있었음을 뜻하기도 한다.

한편으로 최치원은 선도인 풍류도를 화랑인 '난랑'을 위한 글에서 밝혀 놓았다. 이는 신라의 화랑도와 선도(풍류도)가 깊은 관계가 있었기 때문이라고 해석할 수 있다. 실제로 《화랑세기》 필사본에 의하면 화랑을 선도(仙徒: 신선을 추구하는 무리)라고 규정지었다. 선도들의 원래 소임은 신궁(神宮: 신을 모시는 제단)을 받들고 하늘에 대제(大祭)를 행하며 천신(天神)을 받드는 일이었으며, 그 선도의 풍습을 이은 사람들이 곧 화랑이라는 것이다.

통일신라의 최치원이 밝힌 풍류도는 고려시대에도 익히 알려졌던 것 같다. 고려 제18대 의종(재위 1146~1170년)은 팔관회를 개최하면서 이렇게 교지(敎旨)를 내렸다.

> "선풍(仙風)을 준수하고 숭상하라. 옛날 신라에서는 선풍이 크게 행해졌다. 이로 인해 천룡팔부(天龍八部: 불법을 수호하는 신장들)가 모두 기뻐하고 백성과 만물이 편안했다. 그러므로 조상 대대로 그 선풍을 숭상해온지 오래 됐다."
>
> 《고려사》 18권, 세가18 의종2

의종은 신라의 선풍을 거론하면서 팔관회를 통해 옛 선풍을 다시 일으키도록 지시했다. 양반가 중에서 재산이 풍족한 자들을 미리 골라 선가(仙家)로 삼은 뒤, 그들로 하여금 옛 선풍대로 팔관회를 치러 사람과 하늘을 감동시키게 하라고 명령을 내렸다.

또 《고려사》 열전(列傳) '민적'편에는 "얼굴과 머리카락이 아름다운 남자는 승려든 속세 사람이든 모두 받들어서 선랑(仙郎)이라고 불렀다. 따르는 무리의 숫자가 어떤 경우에는 1000명이나 100명에 이르기도 하였는데, 그 풍속은 신라 때부터 비롯된 것이다"고 기록했다. 여기에 등장하는 '민적'이라는 사람이 눈썹이 그림과 같고 풍채가 빼어나고 아름다웠는데, 충렬왕이 소문을 듣고서는 궁중으로 불러들여 '국선(國仙)'이라고 지목했다. 국선이 된 민적은 이후 관리로 등용됐는데, 마치 신라 화랑도의 전통을 연상케 하는 대목이다.

최치원이 설파한 우리의 '현묘지도', 즉 풍류도는 구체적으로 무엇을 실천했을까. 이는 풍류도를 닦던 신라 화랑들에게서 단서를 찾아볼 수 있다.

> "(화랑들은) 혹은 도의(道義)로써 서로 연마하고, 혹은 노래와 음악으로써 서로 즐거움을 나누며, 명산과 대천을 돌아다녀 멀리 가보지 아니한 곳이 없었다"
>
> 《삼국사기》〈신라본기〉 진흥왕 37년 조

다시 말해 신라 화랑들은 심신을 수양하면서 도의를 닦고[상마도의(相磨道義)], 명산과 대천을 찾아다니며 천지에 제사를 드리고[유오산수(遊娛山水)], 노래와 악기와 춤으로 즐기는[상열가악(相悅歌樂)] 행위를 했다.

여기서 화랑들이 즐긴 음악과 춤은 단순히 즐기는 행위가 아니

▶ 화랑들의 순례지이자 수련처이기도 했던 제천 점말동굴. 암벽에는 신라 화랑들이 이곳에 왔음을 알리는 행적이 새겨져 있다.

라, 소리와 몸짓을 이용하는 선도 수련의 한 방편이기도 했다. 또한 음악과 춤은 천지 신령에게 제사를 지낼 때 신을 초청하거나, 제사 분위기를 고조시키는 역할을 했다. 즉 화랑들이 필수적으로 갖추어야 하는 덕목이었던 것이다.

결론적으로 풍류도의 덕목들은 조선의 김종직이 했던 '수토' 행위와도 맥락이 이어진다. 어찌 보면 풍류도의 실천 덕목들이 '수토'의 원형적인 모습이라고 할 수 있다.

한편으로 풍류도의 존재를 처음으로 밝힌 최치원은 당시 세계 최고의 선진국으로 자부하는 당나라에서 유학과 공직 생활까지 했으면서도 우리나라에 대한 자존 의식이 강했다.

그는 자신이 유학했던 중국 당나라를 '서토(西土)' 혹은 '서국(西國)'으로 부르면서, 자신의 조국을 서국에 대비해 동국(東國)이라고 지칭했다. 그는 자주 '인방(仁方), 동토(東土), 동인(東人)이라는 용어를 쓰며 주체적이고 독특한 민족의식을 드러냈다. 이는 중국과 독립적으로 존재하는 자국 신라의 문화와 전통에 대한 자각과 자존 의식을 표현한 것이다. 그가 맹목적으로 중국 문화를 추종하는 사대주의 지식인이 아니었음을 말해준다.

결국 12세 어린나이에 당나라에 유학 가서 18세에 고시(考試)에 합격한 천재, 글로써 '황소의 난'을 제압할 정도로 탁월한 문장가, 당나라 황제로부터 그 능력을 인정받아 자금어대(紫金魚袋: 황제가 정5품 이상의 관료에게 하사하는 붉은 주머니)까지 받은 관료, 유학자이면서도 불교와 도교 등에 해박해 한 가지 틀에 매이지 않는 자유로운 지식인, 우리 문화에 대한 자긍심과 주체의식이 남달랐던 동국인(東國人), 말년엔 가야산으로 들어가 선도 수련을 익혀 최고 경지에 오른 신선! 그런 최치원을 김종직과 그 제자들이 그리워한 것은 지극히 당연한 일일 것이다. 그리고 이들은 최치원이 '풍류'를 찾아냈던 것처럼, 당대 조선 사회에서 최치원을 통해 '풍류와 수토'의 진정한 의미를 밝히고 실천하려 하지는 않았을까. 또 바로 이것이야말로 영남 사림파들이 추구했던 선비 정신은 아닐까.

2부

국토를 노래한 수토사들

1장

고대의 신선들이 머문 곳

01 중국 유학파 최치원은 어떻게 신선이 됐나?

02 청학동 삼성궁: 동방 선도의 시조 환인 진인

03 속초 영랑호: 영랑과 '마한의 신녀' 보덕

04 경주 월성: 왜 출신의 선인 표공

05 김해 초현대: 가야 출신 칠점산의 참시선인

06 함안 아라가야: 문무(文武)를 겸비한 물계자

07 경주 남산: 대세와 구칠, 바다로 나가다

08 구례 사도촌: 풍수를 배운 도선국사

09 가야 신선도의 성지

중국 유학파 최치원은
어떻게 신선이 됐나?

중국에서 도교를 접하다

최치원은 언제부터 우리 선도에 관심을 가지게 됐을까. 선도를 닦는 데 도움을 준 스승 같은 존재가 있었을까. 그리고 구체적으로 어떤 방법을 통해 신선이 되었을까. …

일반적으로 선도에서는 기록이나 흔적을 남기지 않는 전통이 있다. 신선의 책은 글자가 없다는 '선서무문(仙書無文)'과 신선의 말은 문장이 없다는 '선어무사(仙語無詞)'라는 표현이 바로 그것이다. 신선이 되는 법도 주로 스승과 제자 사이에서만 구전(口傳)으로 이어진다. 우리나라에서 선도, 혹은 풍류도가 구체적인 모습이 잘 드러나지 않았던 것도 오랜 세월 이어져온 이런 전통과 무관치 않다.

다만 최치원은 학문을 닦은 유학자였기에 자신의 생각을 문장이나 시로 표현하곤 했다. 그가 당나라에서 빈공과에 합격한 후 관료 생활을 할 당시 기록한 글에 의하면 신선이 되고 싶은 욕망이 있었음을 보여준다.

"신은 몸이 세상의 일에 얽매어 있으나 뜻만은 진리의 세계를 향하고 있습니다. 지극한 도는 깊고 어두워서 형상(形象)을 통해 얻을 수가 없으나, 정성된 마음으로 착실히 간절하게 구하면 반드시 감통(感通)함이 있을 것입니다. 그래서 매양 향을 사르며 수행에 힘쓰고 있으니, 어찌 감히 잠시라도 안일하게 보내겠습니까."

《계원필경집》제15권, 황록재사(黃籙齋詞)

이 글은 최치원이 황록재를 지내면서 올린 재초문(齋醮文)이다. 황록재는 도교의 결재(潔齋) 의식의 하나인데, 천신과 지기와 인귀를 널리 불러 모아 제사를 올리면서 죄를 참회하고 선계에 오르기를 바라는 의미가 담겨 있다고 한다.

이로 보면 최치원은 당나라에서 도교에 관심을 가지고 도교적 행위를 한 것으로 유추된다. 그는 당나라에서 회남절도사인 고변(821~887년)의 종사관(從事官: 비서)으로 일하면서 도교와 인연을 맺었던 듯하다. 최치원이 자신의 이름을 크게 날린 '토황소격문'도 고변의 휘하에 있었을 때 일이다. 당시 발해 출신인 고변은 도교에 심취해 있었고, 그 주변에 도교 도사들이 들끓었던 터라 최치원은 도교를 쉽게 접할 수 있었다.

또 그가 신라로 귀국할 때는 도교 수련술 중 하나인 환반술(還反術)과 내단학(內丹學) 수련서인 '참동계16조구결(參同契十六條口訣)'을 가지고 와 국내에 전했다고 한다. 내단학은 호흡, 의식 집중, 깊은 상념 등 수련을 통해 인체 내의 정(精)·기(氣)·신(神)을 활성화시켜 단(丹)이라는 기 결정체를 만들어내는 수련법을 가리킨다. 이런 이유로 최치원은 중국 도교에서 기원한 신선술을 익혔다고 주장하는 이들도 있다.

심지어 조선 광해군 때인 1610년 한무외가 지은 《해동전도록》에서는 최치원의 선맥이 중국에서 비롯됐다고 기술하고 있다. 이 책에 의하면 신라말 당나라 유학생인 최승우, 김가기, 승려 자혜 등이 함께 종남산에서 종리권이란 도인을 만나 도법(道法)을 전수받아 수련했고, 우리나라로 들어와서는 최치원, 고려의 이명, 조선의 김시습 등에게 전해졌다는 것이다.

그런데 이런 내단학 족보는 허술한 점이 발견돼 도교 연구자들 사이에서는 신뢰받지 못하는 면이 있다. 이를 테면 최승우, 김가기, 승려 자혜 등의 생존 시기 및 입당 시기가 전혀 다른 데다가, 종리권·여동빈으로 상징되는 중국 전진교 종려파의 내단사상이 체제를 갖춰 유행한 시기가 최치원보다 훨씬 후대인 송나라 이후이기 때문이다. 이는 우리나라 선도의 근원을 중국의 수련 도교인 전진교에서 찾으려는 조선시대의 사상적 경향에서 비롯했을 가능성이 크다. 그러니 한국 선도의 본질을 밝히는 데는 한계를 보이고 있는 것이다.

이런 사실을 들지 않더라도 최치원의 행적을 추적해보면 일방적으로 중국 도교를 추종했다고 보기에는 무리가 따른다. 그가 우리나라에 삼교를 포함하는 현묘한 도가 있었다고 공표한 점, 서국(西國)인 당나라와 동일선상에서 신라를 동국(東國)으로 칭하면서 강한 주체의식을 드러냈다는 점 등을 볼 때 중국 도교를 인지하고 있었다 해도 무조건적으로 받아들여 수행하지는 않았던 것으로 보인다.

한국 신선 족보에 등재돼

다시 최치원이 신라로 귀국한 후에 쓴 '난랑비서'로 되돌아가보자. 최치원은 풍류도가 신선들의 역사인 《선사》에 잘 묘사돼 있다고 했다. 현재까지 최치원이 언급한 《선사》에 대해서는 알려진 바가 없다. 다만 후대에 기록된 신선들의 계보, 즉 족보는 있다. 조선시대의 학자이자 시 비평가로 유명한 홍만종(1643~1725년)이 1666년에 지은 《해동이적》에 바로 우리 고유의 신선 족보를 기록하고 있다. 이 책에서는 고조선으로부터 조선시대에 이르기까지 역대의 저명한 선도 수련자 38명을 소개하고 있다.

이에 의하면 먼저 고조선을 개국(開國)한 단군(檀君), 신라를 개국한 박혁거세(朴赫居世), 고구려의 시조인 동명왕(東明王) 등 상고시대의 개국조(開國祖)들을 모두 조선 단학, 즉 선도수련가라고 소개하고 있다.

사실 우리나라 건국 신화에는 중국 도교와는 다른 독특한 신선 사상이 배어 있다. 웅녀(熊女)가 쑥과 마늘로 동굴에서 100일간 수행한 후 인간이 돼 천신인 환웅(桓雄)과 결혼했다는 우리 건국신화는 전

세계 건국신화 중에서도 유례를 찾아볼 수 없는 독특한 스토리이다. 환웅과 웅녀 사이에서 태어난 단군 역시 천여 년 통치 후에 아사달에서 신선이 됐다는 얘기, 고구려 동명왕이 19년간 재임한 후 천선(天仙)이 됐다는 기록은 유교나 불교 등 외래 종교의 사상체계와는 확연히 다르다.

그 자신 선도 수련에 관심이 많았던 홍만종은 건국주들에 이어 신라시대 4선인(仙人)인 영랑(永郎)·술랑(述郎)·남랑(南郎)·안상(安詳), 거문고의 대가 옥보고(玉寶高), 김가기(金可記), 최치원(崔致遠) 등도 신선술을 익힌 인물로 소개했다. 김소이선(金蘇二僊: 김효겸·소가), 대세(大世), 구칠(九柒), 참시(昏始) 등 잘 알려지지 않은 인물들도 선도 수련자들로 소개하고 있다.

이후 고려에서는 강감찬(姜邯贊) 장군이 선도 수련자로 소개돼 있고, 바로 조선으로 넘어간다. 조선의 선도 수련가들로는 김시습(金時習), 홍유손(洪裕孫), 정붕(鄭鵬), 정수곤(丁壽崐), 정희량(鄭希良), 남추(南趎), 지리선인(智異仙人), 서경덕(徐敬德), 정염(鄭磏), 전우치(田禹治), 윤군평(尹君平), 한라선인(漢拏仙人), 남사고(南師古), 박지화(朴枝華), 이지함(李之菡), 한계노승(寒溪老僧), 유형진(柳亨進), 장한웅(張漢雄), 남해선인(南海仙人), 장생(蔣生), 곽재우(郭再祐) 등이 등장한다.

조선시대의 또다른 선도 자료인 《청학집》도 한국 신선들의 계보를 보다 체계적으로 밝히고 있다. 《운학선생사적》으로도 불리는 《청학집》은 한국 고유의 선맥을 증언하는 자료로 일찌감치 주목받은 책이다. 저자인 조여적(16~17세기 경)은 이 책 서문에서 자신이 선도 수련을 하게 된 경위를 밝혀 놓았다.

1588년경 그가 과거에 낙방해 집으로 돌아가던 중에 선가의 인물(운학 이사연)을 만나 스승으로 모시고 60여 년간 선도를 연마하였고, 말년에 자신이 들은 선가(仙家)들의 언행을 기록해 이 책을 쓰게 됐다는 것이다.

도호(道號)가 용잠거사인 조여적은 우리나라 선도의 맥을 크게 본파(本派)와 별파(別派)로 구분해서 보았다. 본파는 태고적 선인인 광성자(廣成子)가 등장하는데, 그 도맥이 명유(明由) → 환인진인(桓仁眞人) → 환웅천황(桓雄天皇) → 단군 → 문박씨(文朴氏) → 영랑(永朗) → 신녀 보덕(寶德) 등으로 이어진다고 했다. 여기서 '마한의 신녀'라는 수식어가 붙은 보덕의 선맥은 다시 이순(李順) → 옥보고(玉寶高)로 이어지는데, 이를 본파에서 나뉜 분파로 보았다.

본맥과는 달리 아예 별도의 선맥도 있었다. 별파는 느닷없이 한반도 남단 신라의 표공(瓢公)을 시작으로 보고 있는데, 참시(昆始)선인 → 물계자(勿稽子) → 대세(大世), 구칠(仇柒) → 원효, 최치원, 승려인 정현 및 현준, 옥룡자(玉龍子), 이명(李茗) 등으로 계승됐다고 한다. 이에 의하면 최치원은 선도 본파가 아닌 별파의 계보를 이은 인물로 등장한다.

우리나라 선도 족보를 기록한 《해동이적》과 《청학집》 모두 최치원을 정식으로 우리 선맥을 이은 선도 수련가로 지목하고 있다는 점이 흥미롭다.

청학동 삼성궁:
동방 선도의 시조 환인 진인

《청학집》의 저자 조여적은 환인 진인이 우리 동방 선도의 시조가 된다고 하였다. 하동군 삼신봉 자락 850m 고지의 '청학동 삼성궁'에는 바로 그 환인 진인을 모신 전각이 있다. 건국전으로 불리는 이곳에는 환인 진인을 중심으로 환웅, 단군의 초상화가 모셔져 있다.

삼성궁은 우리 전통 선도를 이어받았다는 한풀선사가 수련자들과 함께 지은 곳이다. 고조선 시대의 소도를 복원한 일종의 수행 도량인데, 바위와 돌탑들이 주변 풍경과 어울려 신비로움을 자아내 관광지로도 유명하다.

이곳은 선도의 역사가 마고신에서 시작해 환인, 환웅, 단군을 거쳐 이어져 오고 있음을 삼성궁의 건축물을 통해 상징적으로 표현하고 있다. 실제로 조여적은 우리나라 선도의 본맥을 이렇게 풀었다.

▶ 지리산 삼신봉 자락의 삼성궁 건국전에는 환인, 환웅, 단군이 모셔져 있다.

"환인진인은 동방 선파의 조종이고, 환웅천황은 환인의 아들이다. 아버지의 뜻을 이어 풍우와 오곡 등 360여 가지의 일을 주재하여 동방 백성을 교화시키더니 단군이 또 그 업을 이어 교화를 편 지 천년에 구이(九夷)가 함께 받들어 천황으로 모셨다."

또 단군이 아사달에서 신선이 된 후 그 도가 이어진 계보도 상세히 소개돼 있다.

"그 뒤에 문박씨란 분이 있어 아사달에 살았는데 얼굴이 아름답고 눈이 모난 특출한 분으로 단군의 도를 자못 얻었다. 영랑은 향미산 사람이니 나이가 90이 되어도 안색이 어린아이 같았으며 노우관(鷺羽冠: 백로의 깃으로 만든 관)을 쓰고 철죽장을 짚고 산수 사이에 소요하며 마침내 문박의 업을 전하였다. 마한시대의 신녀 보덕이 바람을 타고 다니며 거문고를 안고 노래를 부르니, 그 모습은 가을 물의 부용과 같이 아름다웠다. 이이가 영랑의 도를 이어받은 것이다."

▶ 건국전에 모셔진 환인진인(가운데)

아사달에서 신선이 된 단군의 도맥을 문박이 이어 받았고, 문박의 도는 향미산인 영랑이 이었고, 영랑의 도는 다시 거문고를 잘 타는 신녀 보덕이 이었다는 내용이다.

한편으로 환인에서 문박씨를 거쳐 영랑으로 이어지는 선맥에 대해서는, 《조선도교사》의 저자 이능화가 《백악총설》이란 책을 인용해 더 상세히 풀어놓고 있다. 이에 의하면 환인진인이 선관(仙官)인 대왕(大往)씨에게 《시서(始書)》 1권을 쓰게 했고, 스스로는 《종서(終書)》를 썼다고 한다. 《시서》는 풍우, 오곡, 음식, 연양(鍊養, 수련법)의 법도를 실천하는 것을 말하고 있고, 《종서》는 일월·성신·천지·산천의 이치, 성명(性命)의 근원, 신도(神道)의 오묘한 덕과 가르침을 싣고 있다.

환인진인은 대왕씨로 하여금 이를 널리 알리게 했다. 그리하여 이 글은 문박을 거쳐 을밀 → 영랑 → 안류를 거쳐 보덕에게까지 선맥이 흘러들어갔다고 한다. 그러니까 문박에서 영랑 사이에 '을밀'이라는 선인이 더 있고, 영랑에서 보덕 사이에는 '안류'라는 선인이 더 있는 것이다. 대체로 맥락은 환인시대 때부터 발원한 신선도가 문박을 매개로 하여 고구려, 백제, 신라, 가야 등으로 전해졌음을 의미한다.

속초 영랑호:
영랑과 '마한의 신녀' 보덕

향미산인 영랑은 술랑, 남랑, 안상 등과 함께 신라의 대표적인 화랑으로 꼽힌다. 영랑은 신선술을 익힌 존재였기에, 신선도와 화랑도를 이어주는 중요한 인물이 된다.

신선이자 화랑도의 원조 쯤에 해당하는 영랑은 설화의 형태로 그 흔적이 전해지고 있다. 대체로 한반도 동해를 낀 지역에서 발견된다. 먼저 남북 분단으로 지금은 가볼 수 없는 금강산에는 영랑현, 영랑점, 영랑봉 등의 이름으로 전해지고 있다.

생김새가 용이 누워 있는 것 같은 영랑현은 금강산에서 비로봉 다음으로 높은 곳이다. 김종직의 제자인 남효온이 1485년에 직접 수토한 곳이기도 하다. 남효온은 〈유금강산기(遊金剛山記)〉에서 "영랑현은 선암봉 뒤쪽에 있고, 그 아래에 원통함이 있으며, 서수정봉은 영랑현 서쪽에 있다"며 자세한 위치를 밝혀두었다.

강원도 속초에도 영랑의 흔적은 있다. 바로 영랑호다. 호수 위에 설치된 영랑교 밑의 좁다란 수로를 통해 동해와 연결되는 석호를 가리킨다. 영랑호 설화를 소개한 문헌에 의하면 영랑을 포함한 4선이 이곳에서 함께 등장하고 있다.

> "신라시대 화랑이었던 영랑이 동료인 술랑, 안상, 남석행 등과 금강산에서 수련하고 돌아오는 길에 고성 삼일포에서 3일 동안 놀고 난 후 각자 헤어져 금성(현재 경주)을 향해 가던 중 영랑은 이 호수를 만나게 되었다. 명경(明鏡)같이 잔잔하고 맑은 호수에 빨간 저녁 노을로 한결 웅대하게 부각된 설악산 울산바위, 그리고 웅크리고 앉은 범바위가 그대로 물속에 잠겨있는 것을 보고 그만 그 아름다움에 매료당한 영랑은 금성으로 돌아가는 것도 잊고 오랫동안 머물면서 풍류를 즐겼다. 그때부터 이 호수를 영랑호라 하였다고 전해진다
>
> 〈문헌에 나타난 영랑호〉《속초문화》1988년

속초의 영랑호와 아름다운 경치는 진작에 알려졌던 모양이다. 《신증동국여지승람》에도 영랑호를 '선인 영랑이 놀며 구경하던 암석이 기기묘묘한 곳'이라고 소개하고 있다.

신라 화랑들의 수련장으로도 이용된 영랑호에서 불과 2km 남짓한 거리엔 영금정(靈琴亭)이 있다. 이곳은 영랑과 그의 뒤를 이은 '마한의 신녀' 보덕의 자취가 남아 있는 곳이다.

보덕은 바람을 타고 날아다니거나 거문고를 타고 노래를 불렀

▶ 설악산의 반영(反影)이 아름다운 속초 영랑호

다는 여인이다. 마치 가을날 물에 떠 있는 연꽃 같은 모습이었다고 하므로 매우 아름다웠을 것으로 추정된다. 바로 이 신녀가 영랑의 도를 계승하였다. 《백악총설》에는 영랑과 보덕 사이에 '안류'라는 선인(仙人)이 선맥의 전승자로 끼어 있지만, 신선 설화에서는 영랑과 보덕의 만남이 부각돼 있다.

동명항 근처 해맞이 명소로 유명한 영금정(靈琴亭)으로 가보았다. 영금정은 바다를 내려다보는 바위산을 가리킨다. 지금은 구름다리로 이어지는 암반 위에 '영금정'이라는 현판이 달린 작은 정자가 세워져 있는데, 원래 모습은 아니다. 영금정은 사람의 손으로 만든 정자 이름이 아니라 동명동의 등대 동쪽에 위치한 넓은 암반 지대를 가리켰기 때문이다. '바다 위의 울산바위'처럼 천혜의 아름다움을 간직한 돌산 자체가 바로 영금정이라는 것이다. 바위산 꼭대기의 기암괴석들이 마치 정자처럼 생겼다고 해서 '정(亭)'이라는 이름을 붙였고, 동해의 파도가 날카로운 암벽 사이로 몰아칠 때마다 신비한 거문고 울음 소리를 낸다고 해서 '신령한 거문고'라는 뜻의 '영금(靈琴)'

이란 이름으로 불리게 됐다고 한다.

지금은 안타깝게도 거문고 울음 소리는 들리지 않는다. 대일항쟁기 때 일제가 속초항의 방파제를 짓기 위해 영금정의 바위를 폭파해버렸기 때문이다. 이때 쪼개진 바위들이 저 건너 동해쪽으로 길게 뻗은 방파제 속에 묻혀 있는 것이다.

김정호의 《대동지지》에는 이 바위산의 이름이 비선대(飛仙臺)로 기록돼 있는데, 선녀들이 밤마다 몰래 내려와서 신비한 음악을 즐겼다고 한다. 또 다른 전설로는 영랑과 보덕이 이곳을 거닐었고 연꽃처럼 아름다운 신녀 보덕이 거문고를 켰다고도 한다.

흥미로운 점은 영랑이 주로 다녔던 곳에는 보덕도 함께 등장하는 경우가 많다는 것이다. 금강산에는 영랑의 이름을 딴 영랑봉, 영랑재 등이 있는데, 금강산 만폭동의 보덕굴과 보덕암 등 보덕의 이름을 딴 유적도 바로 인근에서 등장하고 있다. 특히 만폭동 보덕굴 벼랑 끝에 쇠기둥을 세우고 지은 보덕암은 마치 벼랑 끝에 매달린 새 둥지 모양을 하고 있어서, 금강산을 찾는 유람자들의 필수 관광 코스가 됐을 정도로 유명했다.

그런데 환인 진인에서 시작되는 우리나라 선도의 본맥(本脈)은 아쉽게도 신녀 보덕에서 멈추고 만다.

경주 월성:
왜 출신의 선인 표공

우리나라 선도 별파의 처음 인물로 등장하는 이가 바로 표공(瓢公)이다. 최치원으로 이어지는 선맥 계보에서 첫 번째로 언급되는 인물이다. 호공(瓠公)으로도 알려진 이 인물은 출신이 매우 이상하다. 《삼국사기》〈신라본기(新羅本紀)〉에는 신라 건국 초기의 인물로 설정돼 있고 그 집안과 성씨가 자세하게 알려져 있지 않다고 기록돼 있다.

단지 "그는 본래 왜인(倭人)이었고, 처음에 박을 허리에 차고 바다를 건너왔기 때문에 호공(瓠公)이라고 불렀다(瓠公者 未詳其族姓 本倭人 初以瓠繫腰 渡海而來 故稱瓠公)"고 한다. 사실 표공의 '표(瓢)'나 호공의 '호(瓠)' 모두 박을 뜻하는 한자어라서 표공과 호공은 동일 인물로 본다.

왜 출신의 호공은 신라에 들어와 정치 활동을 했다. 《삼국사기》

에 따르면, 호공은 기원전 20년(혁거세 38년) 봄에 신라 사신 자격으로 이웃의 강대국인 마한(馬韓)에 갔다. 마한의 왕은 신라가 공물을 보내지 않음을 꾸짖었으나, 호공은 이에 굴복하지 않고 맞섰다. 호공은 "우리나라는 두 성인(聖人: 박혁거세와 알영부인)이 나오신 이후로 하늘은 온화하고 백성들은 서로 공경하여 창고가 가득합니다. 그래서 지금은 우리를 두려워하지 않는 나라가 없습니다. 그런데도 우리 임금께서는 겸손하시어 저를 보내 예방케 하였으니, 이는 오히려 예가 지나치다고 할 수 있습니다"고 응수했다. 이에 분노한 마한의 왕은 호공을 죽이려 했지만 신하들의 만류로 호공은 무사히 신라로 돌아갈 수 있었다고 전한다.

호공 얘기는 신라 제4대 탈해왕 때에도 전해진다. 탈해는 기원전 19년 진한(辰韓)의 아진포(阿珍浦)에서 살았다. 학문을 닦아 땅의 지리에도 밝았던 탈해는 양산(楊山) 아래에 있는 호공의 집을 보고는 단번에 좋은 집터임을 알아챘다. 호공이 사는 집은 산봉우리 하나가 마치 초승달처럼 생겨서 오래 살만한 곳이었던 것이다. 결국 탈해는 꾀를 써서 호공의 집을 빼앗아버렸는데, 그곳이 훗날 신라의 수도인 경주 월성(月城)의 터가 되었다고 한다. 지금의 반월성 자리다. 이후 57년, 유리왕에게서 왕위를 물려받은 탈해왕은 그 이듬해인 58년에 호공을 대보(大輔)로 삼아 국정을 맡겼다.

여기서 호공은 풍수지리에 빼어난 안목을 가졌던 것으로 추정된다. 호공은 터의 기운을 보고서 경주 김씨 왕조의 시조인 김알지(金閼智)를 찾아내기도 했다.《삼국유사》에 의하면, 호공은 경주 월성

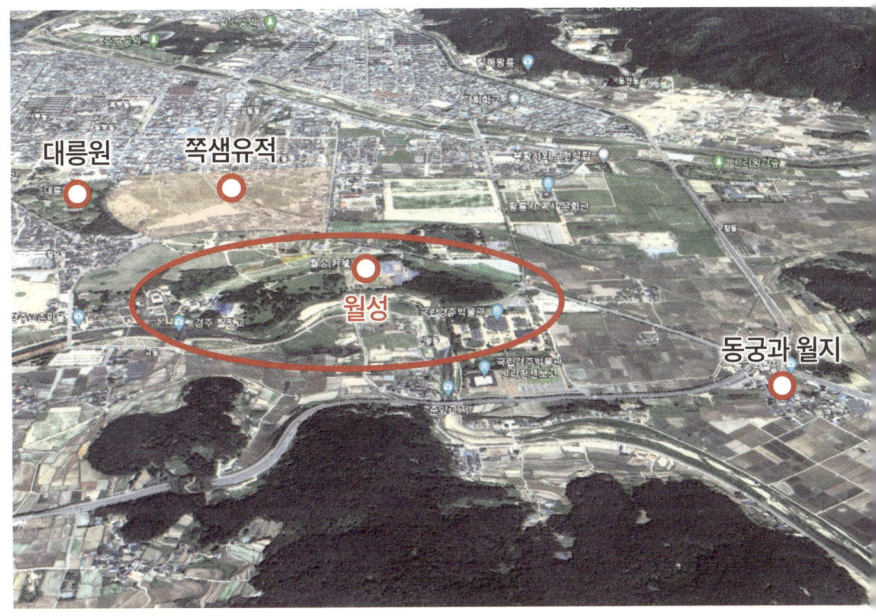

▶ 경주 위성지도. 빨간 동그라미 선 내 초승달 모양이 월성이다(출처 '구글어스').

(금성)에서 서쪽의 서리(西里)를 가다가 크고 밝은 빛이 시림(始林)의 나무에 비추는 것을 보게 된다. 자주빛 구름이 하늘로부터 땅으로 뻗쳐 있는 가운데, 그곳에는 빛을 방출하는 황금 상자가 나무에 걸려 있었고, 또 흰 닭이 나무 밑에서 울고 있는 상스러운 장면을 발견하게 된다. 호공은 탈해왕에게 보고하고는 상자를 열어보니 어린아이가 나왔는데, 그가 바로 김알지였다는 것이다.

한반도와 일본 열도 사이의 바다를 터전으로 살고 있던 왜(倭)라는 집단 출신의 표공(호공)이 어떤 인연으로 우리의 선도를 이어 받았는지는 밝혀져 있지 않다.

《청학집》에 의하면 표공은 "옥(玉)을 다려 먹고 나무를 삶아 옷을 만들어 입었으며, 바람과 구름을 부르기도 하고, 새와 들짐승을 내치거나 부르기도 하였다"고 전한다. 마침내는 설악산으로 들어가 자취를 감추었다고도 한다.

흥미로운 점은 우리나라 선도의 별파로 처음 등장하는 표공이 단군의 중심무대로 추정되는 한반도 북단 쪽이 아니라 남방 문화와 관련되는 남해안에서 등장한다는 것, 또 표공의 도를 이어받는 제자들 또한 출신 내력이 범상치 않다는 것이다.

김해 초현대:
가야 출신 칠점산의 참시선인

《청학집》에 의하면 표공의 선도는 참시(毘始)선인으로 이어지는데, 참시선인의 출신은 가락국(금관가야)과 밀접한 관계가 있었던 듯하다.

"거등왕 때에 참시선인이라는 사람이 있었는데, 칠점산에서 내려오니 그 모습은 대나무같이 맑았고 말소리는 불경 읽는 소리 같았다. 임금을 초현대에서 뵙고, '임금이 자연의 이치로 백성을 다스리면 백성도 저절로 풍속을 이룰 것입니다'하고 말하니 왕이 기뻐하여 큰 소를 잡아 대접했다. 참시선인은 이를 사양하고 풍향(단풍나무)과 도라지를 찾아 먹었다. 이는 곧 표공의 유파이다."

▶ 참시선인이 가락국 거등왕과 만나 노닌 곳으로 전해지는 김해 초현대. 바위에 새겨진 마애불이 거등왕을 가리킨다고도 한다.

　　여기서 등장하는 거등왕은 가락국 시조인 김수로왕과 허왕후 사이에 태어난 장남이자 제2대 왕(재위 199~253년)이다. 또한 참시선인이 머물렀다는 칠점산과 초현대 또한 가락국 경내에 위치하고 있었다.

　　직접적으로 참시선인을 가리키는 기록은 더 이상 보이지 않는다. 다만 그의 자취가 있는 칠점산과 초현대는 지금까지도 그 이름이 전해진다.

　　먼저 그가 머물렀던 칠점산은 현재 부산광역시 강서구 대저동 김해국제공항 내에 있는 산을 가리킨다. 고도가 35m에 불과한 작은 구릉이라고 할 수 있는데도 '산'이라는 이름이 붙어 있다. 한반도 육지에서는 가장 작은 산인 셈이다.

　　칠점산이라는 이름은 원래 7개의 작은 산들이 있었고, 그 모양이 마치 점을 찍어놓은 듯 하다고 해서 붙여졌다고 한다. 이곳은 본디 바다에 있던 갯바위섬이었다. 당시는 낙동강 하구가 모두 바다였고, 김해평야의 대부분도 바다 아래에 잠겨 있었다. 이후 낙동강 삼각주가 형성되기 시작하면서 육지의 산으로 변한 것으로 추정된다.

칠점산은 세월이 흐르면서 인위적인 힘에 의해 산이 무너져 내렸다. 대일항쟁기 때 일제가 낙동강 제방을 축조하고 김해 비행장을 만드는 과정에서 3개 봉우리를 없애 버렸고, 광복 후에도 다시 3개 봉우리가 없어졌다. 지금은 1개 봉우리만 반쯤 허물어진 상태로 남아 겨우 명맥을 유지하고 있다. 그나마 그것도 제대로 감상할 수는 없다. 공항과 공군부대가 칠점산을 가로막아 민간인의 출입을 통제하고 있기 때문이다. 다만 김해공항 담벼락과 칠점천 하천 사이의 '칠점건강장수쉼터'에 세운 칠점산 표지석만이 아쉬움을 달래준다. 일곱 봉우리를 형상화한 표지석에서 담벼락 너머로 보이는 언덕배기 산이 칠점산이다.

요즘 유행하는 AR(증강현실)이나 VR(가상현실)을 활용한 역사 교육 현장처럼 타임머신을 타고 그 당시로 날아가 본다. 참시선인이 살고 있던 그때는 칠점산이 마치 부산의 오륙도처럼 봉우리들이 물 위로 솟아 올라 신비한 장관을 연출해주었을 것이다. 조선후기 문신이자 독립운동가였던 이만도(1842~1910년)는 양산 군수로 지내면서 온전히 남아 있던 칠점산을 방문했는데, "이 산을 바라보니 마치 북두칠성처럼 펼쳐져 있고 그 봉우리가 뾰족뾰족 솟아 매우 아름다워서 확실히 70개 고을을 방어해주는 관문이다"고 평가했다(《향산집》).

이는 칠점산이 풍수적으로 북두칠성의 기운이 서린 신성한 곳임을 드러내는 말이다. 왜 출신의 효공처럼 가야 출신 참시선인에게 서도 터의 중요성이 언급되고 있다는 점도 특이하다.

이 칠점산의 절경을 구경하기 위해 유명 인사들이 나들이하기도 했다. 고려 말기의 학자이자 〈관동별곡〉의 저자인 안축은 칠점산을 보고 '바다 신선의 산'이라고 극찬하는 〈김해 칠점산〉 시를 남겼고, '절의(節義)의 상징'인 포은 정몽주(1337~1392년)는 칠점산 시만 무려 10편 이상 남겼을 정도로 칠점산 예찬론자였다.

이처럼 칠점산은 선인이 살고 있던 곳답게 범상치 않은 기운이 있었던 모양이다. 실제로 광복 전후까지만 해도 칠점산에는 사람들이 식수로 사용하던 우물 및 기우제를 올리던 곳(무지개산)이 있었다. 이곳에서 기우제를 올리면 효험이 있었기 때문이라고 한다. 한편으로 마지막 하나 남은 칠점산에 손을 대면 재앙이 생긴다는 기이한 소문도 군부대에 나돌았는데, 부대 측에서 남은 칠점산을 보존하려고 축대를 쌓고 나무를 심는 등 단장하는 모습을 보여 화제가 됐다고 한다.

칠점산에서 서북쪽으로 10리(약 4km)쯤 떨어진 지점에 초선대(招仙臺: 김해시 안동)가 있다. 초현대(招賢臺)라고도 불리는 이곳 역시 참시선인의 자취가 깃든 곳이다. '대'란 이름이 있다고 해서 정자나 누각이 있을 것으로 짐작할 수 있겠지만, 정작 초선대는 숲과 바위로 이루어진 작은 언덕을 가리킨다. 한때는 이곳 언덕 위에서 칠점산이 보였다고 한다.

'신선을 부르는 곳' 혹은 '현자를 초대하는 곳'이라는 이름으로 불리는 이곳은 가야의 왕과 참시선인이 미팅을 하던 장소였다. 《세종실록·세종지리지》에는 다음과 같은 기사가 눈에 뜨인다.

"세상에 전하기를, 가락국 거등왕이 여기에 올라서 칠점산에 머물러 사는 참시선인을 부르니, 참시선인이 배를 타고 거문고를 안고 와서 서로 놀며 희롱하였다."

거등왕은 이곳으로 참시선인을 초청해 국정을 자문하거나, 때로는 거문고를 타고 바둑을 두는 등 풍류를 즐겼던 모양이다. 그때 왕과 참시선인이 함께 앉았던 연화석(蓮花石)과 바둑을 두었다는 평평한 바위가 남아 있는데, 지금은 '사모정'이라는 이름의 정자가 세워져 방문하는 사람들의 휴식처 역할을 하고 있다.

한편 초선대에는 참시선인을 상징하는 듯한 '금선사(金仙寺)'라는 절이 있고 경내에는 7~8m 크기의 커다란 암석에다가 음각으로 새겨진 불상이 있다. 커다란 눈, 두툼한 입술 등 이국적인 얼굴이고, 양 어깨 아래로는 국화꽃이 두 개씩 수놓아진 비단옷을 걸친 모습이다.

현재 경상남도 유형문화재(제78호)로 지정된 이 불상이 바로 거등왕의 모습이라고 한다. 수로왕의 자손인 김해김씨 집안의 역사서인 《숭선전지(崇善殿誌)》에는 '가락국기'의 내용을 인용하면서 "거등왕이 앉았던 돌을 연화탑(蓮花塔)이라고 하는데, 가운데에 수 십 장 높이의 돌을 우뚝 세우고 왕의 초상화를 그려 놓았다"고 기록해놓았다.

결론적으로 참시선인은 가야국 내에 머물면서 가야의 왕과 친교를 나눌 정도로 가야와 인연이 깊은 인물이었다. 왜(倭) 출신의 표공, 그리고 가야 출신의 참시선인, 이를 선도사적 입장에서는 어떻게 보아야 할 것인가. …

함안 아라가야:
문무(文武)를 겸비한 물계자

《청학집》은 참시선인의 선맥이 물계자(勿稽子)로 이어졌다고 전한다. 물계자는 《삼국사기》와 《삼국유사》에서 모두 언급하고 있는 역사적인 인물이다. 그가 활동한 시기는 신라 내해왕(재위 195~230년) 때다. 참시선인과 거의 동시대를 살아왔던 듯하다.

《삼국사기》는 "물계자의 집안은 대대로 평범하고 한미하였으나, 사람됨이 뜻이 크고 기개가 있어 어려서부터 웅대한 뜻을 품었다"고 전한다.

물계자가 역사에 드러나게 된 것은 아라가야에 의해서다. 아라가야는 가야연맹체 국가 중 하나로 경남 함안에 근거지를 둔 나라였다. 2018년에는 둘레 2.4km 길이의 토성인 왕성지(함안 가야리유적)가 확인되고, 2019년에는 봉황 장식의 금동관, 상형도기 등이 출토돼

아라가야가 매우 발전된 나라였음이 증명된 바 있다.

또 2023년 9월 유네스코 세계문화유산에 등재된 7개 가야고분군 중 하나인 말이산 고분군(함안군 가야읍 도항리·말산리)이 바로 아라가야 사람들의 무덤이다. 말이산 고분군은 왕들의 무덤으로 추정되는 대형 고분 37기가 남북으로 약 2km 이어진 구릉지에 군집된 형태로 조성돼 있어 장관을 이룬다. 봉분이 확인된 180여 기 외에도 1000여 기의 고분이 분포하고 있을 것으로 추정되는 곳이다.

이처럼 화려한 문명을 일구어 나갔던 아라가야는 주변국과 마찰을 빚기도 했다. 대표적인 사건이 209년에 발생한 포상8국(남해안의 8개 섬나라)과의 전쟁이다. 포상8국이 연합해 아라국(가야)을 침범하자 아라국은 신라에 구원을 요청하였던 것이다. 바로 이 싸움에서 신라 장수로 출전한 물계자는 큰 공을 세웠다. 그러나 신라 태자의 미움을 사 전공에 대한 상을 받지 못하였다.

> "어떤 이가 물계자에게 "이 전투의 공은 오직 당신 뿐이다. 그런데 상이 당신에게 미치지 못하고, 태자가 미워하는 것이 자네는 원망스럽지 않은가?"하고 물으니, 물계자는 "임금이 위에 계시는데, 어찌 신하를 원망하겠는가"하고 말했다. 어떤 이는 말하길, "그렇다면 임금에게 아뢰는 것이 좋을 것이다"고 하니, 물계자는 "공을 얻으려고 목숨을 다투고, 몸을 드러내고 다른 사람을 가리는 것은 뜻있는 선비가 할 바가 아니니, 때를 기다릴 뿐이다"하고 말했다.
>
> 《삼국유사》

이후 3년이 지나 골포·칠포·고사포의 세 나라가 신라의 갈화성(지금의 울산)을 침입하였는데, 물계자는 이때도 많은 공을 세웠다. 그러나 물계자는 두 차례 모두 공을 인정받지 못했다. 이후 물계자는 머리를 풀고 거문고를 메고 사이산(斯彝山)으로 들어가 다시는 세상에 나오지 않고 노래를 지으면서 살았다.

이로 보면 물계자는 칼을 잘 다루는 무인(武人)이면서도 음률과 거문고를 잘 다루는 문인(文人)적 소양을 갖추었던 인물인 듯하다. 신라의 화랑들이 산천을 거닐면서 음악과 춤으로 심신을 수양하는 한편으로 칼과 활 등을 다루는 무술을 연마한 장면과도 비슷한 느낌을 준다.

기록에서는 물계자가 신선술을 닦았다는 흔적이 잘 보이지 않는다. 다만 세상을 등지고 거문고를 메고 사이산으로 들어갔다고 하는 대목은 신선의 세계에 발을 디딘 것으로 해석해볼 수 있다.

물계자는 대나무의 곧은 성질을 슬퍼하여 그것에 기탁해 노래를 짓고, 졸졸 흐르는 시냇물 소리에 의지해 거문고를 탔다고 한다. 참시선인이 거문고를 켰던 것처럼 물계자 역시 거문고를 메고 선계(仙界)에서 노닐었던 것이다.

한편 〈영해박씨대동보〉에는 물계자가 물품 파진찬을 가리키는 명칭으로, 아도 갈문왕의 아들이라고 소개하고 있다. 바로 물계자가 영해박씨 시조인 박제상의 직계 조상이라는 주장이다.

경주 남산:
대세와 구칠, 바다로 나가다

기원후 3세기 초반 신라 내해왕 시기에 활동하던 물계자는 시대를 초월해 제자들을 남긴 듯하다. 약 400년 시차가 나는 진평왕(재위 579~632년) 때 대세와 구칠에게 선맥을 전해준 이가 물계자이기 때문이다.

그런데도《청학집》에서는 아무렇지도 않게 물계자의 선맥을 대세와 구칠이 이어받았다고 기술하고 있고, 심지어 신라의 고승 원효대사(617~686년)도 물계자의 선도를 이어받았다고 전한다. 선도가 장생과 불사의 몸을 닦는 수련법이기에 몇 백 년의 시차 정도는 문제될 것이 없다는 투로 말이다.

아무튼《삼국사기》〈신라본기〉에는 '대세(大世)와 구칠(仇柒)이 바다로 가다'는 항목이 있다. 대세는 내물왕 7세손인 이찬 동대(冬臺)의 아들이다. 자질이 매우 뛰어났고 어려서부터 세속을 떠날 뜻이 있었다. 승려 담수(淡水)와 사귀며 놀던 어느 날 말했다.

"이 신라의 산골에 살다가 일생을 마친다면 못(池) 속의 물고기가 바다의 크기를 모르고, 새장 속의 새가 산림(山林)의 드넓음을 모르는 것과 다를 바 있겠는가. 나는 장차 뗏목을 타고 바다를 건너 오·월(吳·越)에 이르러 차차 스승을 찾아 명산에서 도(道)를 구하려고 한다. 만약 평범한 인간에서 벗어나 신선술(神仙術)을 배울 수 있다면, 청명한 허공에서 바람을 타고 훨훨 날 수 있을 터이니 이것이야말로 천하의 기이한 놀이요, 장대한 광경일 것이다. 그대도 나를 따를 수 있겠는가?"

하지만 담수는 이를 따르려 하지 않았다. 이에 대세는 물러나 다시 벗을 구했다. 마침 구칠이라는 사람을 만났다. 그는 성품이 바르고 곧았으며 절조가 남달랐다. 그와 함께 (경주) 남산(南山)의 절에 놀러갔는데, 갑자기 바람이 불고 비가 왔다. 나뭇잎이 떨어져 뜰에 고인 물에 떠다녔다. 대세가 구칠에게 말했다.

"나는 그대와 함께 서쪽으로 유람할 마음이 있다. 지금 각자 나뭇잎 하나씩을 집어 그것을 배로 삼아 누구의 것이 먼저 가고 뒤에 가는지를 보자. 조금 후에 대세의 잎이 앞서므로 대세가 웃으면서 "나는 갈 것이다"고 하니, 구칠이 화를 벌컥 내며 "나 또한 사내 대장부인데 어찌 나만 못 가겠는가"라고 말했다. 대세는 그와 함께 할 수 있음을 알고 은밀하게 자신의 뜻을 말했다. 구칠이 이르기를 "이는 내가 소원하던 바다"

▶ 경주이씨 시조 발상지인 표암에서 바라본 경주시내. 대세와 구칠이 노닐던 경주 남산이 우뚝하게 서 있다.

라고 했다. 드디어 서로 벗삼아 남해(南海)에서 배를 타고 가버렸는데, 뒤에 그들이 간 곳을 알 수 없었다."

《삼국사기》는 진평왕 9년(587년) 7월에 있었던 사건으로 이를 기록하고 있다. 신선술을 익히고 싶어하는 두 사람의 얘기가 장황하게 실린 것 자체가 이상하다 싶을 정도다. 《삼국사기》는 이렇게만 기록해 놓고 더 이상의 언급도 없다.

그런데 이 사건의 주인공인 '대세'는 김대문의 《화랑세기》 필사본에서 다시 등장한다. 《화랑세기》는 화랑의 기원, 초대 위화랑에서 32대 신공까지 역대 화랑의 지도자인 풍월주(風月主)의 행적 등을 기록한 책이다. 김대문이 경덕왕(702~737년) 때 지었다고 전해지는 《화랑세기》는 그 원본이 한국에서는 사라졌고, 대일항쟁기인

1939~1944년 경 박창화(朴昌和)가 일본 궁내성 도서관에서 촉탁으로 근무하면서 《화랑세기》를 발견하고 그대로 필사했다고 한다. 그가 사망한 뒤인 1989년 필사본이 세상에 나왔는데, 필사본에 대한 진위 논쟁이 아직도 있다.

진위 문제를 떠나서 《화랑세기》에서는 대세가 9대 풍월주 '비보랑전'에서 동대공(冬臺公)의 아들로 나타난다. 풍월주 비보랑은 대세가 뛰어난 재주를 보여서 화랑도의 중책을 맡기려고 했다고 한다. 비보랑과 대세는 이종사촌간이었다.

비보랑은 9대 풍월주에서 물러나면서 10대 풍월주인 미생(미실의 남동생)에게 부탁해 대세를 '전방대화랑'이라는 고위직에 앉힌다. 하지만 대세는 곧 쫓겨나고 만다. '유화(柳花)를 탐하고 술을 폭음하며 행동이 거칠다'는 이유였다. 실제로는 미생이 애지중지하는 첩의 남동생(제문랑)이 '전방대화랑' 자리를 차지하기 위해 대세를 쫓아내기 위한 술책을 부렸기 때문이란 게 《화랑세기》의 해석이다. 《화랑세기》는 화랑도에서 쫓겨난 대세의 행보를 이렇게 전한다.

> "대세가 비보랑의 위로를 받아 분발하고 힘써 공부해 신선의 참된 도를 터득하고자 친구인 구칠과 더불어 바다를 건너 서쪽으로 갔다."

한편 '대세와 구칠이 남해에서 배를 타고 갔다'는 구절을 놓고 해석이 분분하다. 대세와 구칠이 중국으로 건너가 신선술을 배우고 싶어했다는 점을 들어 중국 도교를 배우려 했다는 설, 골품제를 중심으로 하는 신라의 국정 운영에 불만을 품고 중국으로 망명했을 것이라는 설, 혹은 중국의 수준 높은 문화를 배우기 위한 유학설 등이 제기되기도 했다.

산에 숨어들어 봄에는 수풀에서 살고 겨울에는 굴속에서 거처했다는 물계자와 바다로 사라진 대세·구칠의 인연은 기록상 어디에서도 보이지 않는다. 대세와 구칠이 바다 건너 중국으로 갔는지, 아니면 배를 타고서 우리나라 남해안 이곳저곳을 떠돌아다녔는지도 알 수 없다. 다만 문과 무에 조예가 깊었던 물계자가 화랑과 관계된 인물이었다면 대세 및 구칠과의 선연(仙緣)도 이어졌을 법하다.

구례 사도촌:
풍수를 배운 도선국사

산속으로 자취를 감춘 물계자는 그 후 몇 백 년이 지나 풍악산(금강산)에서 얼굴을 드러낸다. 《청학집》에서는 이렇게 전한다.

"효공왕 때 옥룡자(玉龍子, 도선국사)가 풍악산에 가서 물계자를 만났는데, 어린아이의 얼굴과 살갗을 가지고 있었다. 배가 불룩한 병을 손에 들고 노래를 하였는데, 나이를 물으니 거의 800세라고 하였다. 이 사람이 곧 칠점(참시선인)의 후예이다."

이 기록으로 보자면 참시선인의 선맥을 이은 물계자는 진짜 신선이 되었던 모양이다. 청학집에 의하면 통일신라 말기의 도선국사(827~898년)는 서교(西敎: 불교)에 몸 담았으면서도 물계자의 선맥을 이어받은 사람으로 기록돼 있다. 도선국사의 도호인 '옥룡자' 이름에서도 이미 선도 냄새가 물씬 풍긴다.

도선이 승려로서 전남 곡성 동리산문의 혜철선사로부터 '무설설(無說說: 말 없는 말) 무법법(無法法: 법 없는 법)'이라는 불교 묘리를 전수받았지만, 선맥은 물계자로부터 이어받은 것이라고 볼 수 있다.

한편으로 도선은 우리나라 풍수설의 비조(鼻祖)로 꼽히고 있고, 장래의 길흉을 예언하는 도참(圖讖)에도 밝았던 인물로 기록되고 있다.

고려를 창건한 태조 왕건의 〈훈요십조〉에는 도선의 풍수 사상이 확실하게 나타나고 있다. 왕건은 "모든 사원은 도선의 의견에 의하여 국내 산천의 좋고 나쁜 것을 가려서 창건한 것이니, 함부로 사원을 짓는다면 지덕(地德)을 훼손시켜 국운이 장구하지 못할 것"이라고 하면서 후손들에게 주의하라고 했다.

태조 왕건이 도선의 풍수를 신뢰하게 된 데는 그만한 배경이 있다. 《고려사》에서는 도선이 왕륭(왕건의 아버지)의 집터를 길지에 선정해준 뒤 삼한을 통일한 인물의 탄생을 예측하였다고 전하고 있다. 그러니까 왕건은 도선국사가 선정해준 집터에서 태어났으며, 도선은 그 아버지 왕륭에게 삼한을 통일하는 천명을 받고 태어날 인물의 이름까지 미리 지어주었다. 그 후 왕건은 17세가 되는 해에 도선으로부터 삼한을 통일할 수 있는 병법, 산천에 제사를 지내 신의 보호 및 천지와 감통하는 능력 등을 전수받았다고 한다.

도선이 이같은 풍수설을 누구로부터 습득했는지는 분명치 않다. 스승 물계자이든 또 다른 인물이든 선도와 관련 있는 이로부터

▶ 도선국사가 풍수지리설을 깨친 곳으로 전해지는 전남 구례군 사성암 일대. 섬진강이 유유히 흐르고 있다.

풍수 지식을 얻었을 것임은 분명하다. 선도는 이 땅의 산수를 논하는 풍수, 미래 예언으로 표현되는 현실 개혁적 도참 사상 등을 '부록'처럼 갖고 있기 때문이다.

도선이 풍수와 인연을 맺은 곳으로 전해지는 장소가 지리산 자락의 구례다. 이곳의 오산(541m) 정상에는 사성암이라고 불리는 화엄사 말사가 있다. 신라의 원효, 의상, 도선, 고려의 진각국사 등 4명의 고승이 수행한 곳이라고 전해진다. 사성암 내에는 '도선굴'이라고 불리는 석벽 동굴도 있다. 도선은 이곳에서 수행하면서 풍수지리설을 깨쳤다고 한다.

도선국사 비문(옥룡사선각국사비)에서는 도선의 풍수 습득 과정을 같이 기록하고 있다.

"처음에 도선이 옥룡사에 있지 않고 지리산에 암자를 짓고 휴식하고 있었다. 어느 날 낯선 사람이 찾아와 계단 아래에서 도선에게 이르기를 '제자는 세상을 떠나 그윽한 곳에서 살아온 지가 벌써 수백 년에 가깝습니다. 저에게는 조그만 비기가 있어서 스님에게 전해드리려고 합니다. 비록 미천한 술수로 여기지 않으시면 다음날 남해의 바닷가에서 전해드리겠습니다. 이것 또한 대보살이 세상을 구제하며 중생을 제도하는 법입니다'고 하며 홀연히 어디론가 사라져 스님이 볼 수 없었다. 후에 그곳에 가니 과연 그 사람을 만났다."

지리산에서 도선과 낯선 이의 만남 사건은 '도선의 꿈'에서 일어난 일이라고 처리한다. 그러니까 도선이 꿈속에서 지리산 산신령의 계시를 받고 풍수를 배우게 됐다는 얘기다.

꿈 속 얘기든 현실 속 실화든, 도선의 풍수 공부는 남해 바다로 이어지는 섬진강변에서 구체적으로 진행된다. 그곳은 섬진강이 흘러나가는 전남 구례현 사도촌(지금은 구례군 마산면 사도리)이다. 지금처럼 교통이 좋지 않았던 옛 시절에는 강변의 모래로 산의 형상 등을 표현해 가면서 풍수를 공부하곤 했었다. 이곳 마을 이름이 모래 지도라는 뜻의 '사도(沙圖)'가 된 것도 이런 사연 때문이다.

과연 도선이 약속 장소로 갔더니 그 사람이 있었다. 그는 모래를 끌어모아 산천의 순역(順逆)과 형세(形勢)를 만들어 보여주었다. 도선이 돌아다보니 그 사람은 이미 떠나고 없었다. 쌓은 모래의 형세를 보고 도선이 비기를 기록하고, 이후 풍수지리에 활연 관통하게 됐다.

도선이 만난 지리산의 낯선 이는 전남 광양의 옥룡사 도선국사 탑비에서 '이인(異人)'으로 나타나고, 그 이인이 지리산 천왕봉의 성모신이라는 또다른 얘기도 전해진다. 《동문선》에 소개된 박전지(朴全之: 고려 제찰사)의 '영봉산 용암사 중창기'에 이같은 내용이 실려 있다.

"옛날에 개국 조사(祖師) 도선이, 지리산 주인 성모천왕(聖母天王)으로부터 '만일 세 개의 암자를 창립하면 삼한(三韓)이 합하여 한 나라가 되고 전쟁이 저절로 종식될 것이다'고 한 비밀스러운 부탁을 받아 세 개의 암자를 창건하였다. 곧 지금의 선암사(仙岩寺)·운암사(雲岩寺)와 이 절(용암사)이 그것이다. 그러므로 이 절이 국가에 대하여 큰 보탬이 되는 것은 고금 사람이 함께 아는 일이다. 그러나 창건한 연대가 멀어지고 또 주

▶ 한 관광객이 사성암 내 도선굴 입구를 들여다보고 있다.

지가 일정하지 않으므로, 지붕이 허물어지고 상설(象設)이 퇴색되고 대장(大藏)이 썩고 무너져 장차 모두 없어지게 되었다."

지리산 이인으로 천왕봉의 성모신이 등장하는 게 이채롭다. 지리산 이인이 밝힌 세 개의 암자는 순천 조계산의 선암사, 광양 백계산의 운암사, 진주 영봉산의 용암사를 가리킨다. 1100여 년이 지난 오늘날 3암사는 어떻게 됐을까. 선암사와 운암사는 아직도 절이 건재하고 있지만, 용암사는 흔적도 없이 사라지고 말았다. 절이 있던 곳으로 추정되는 터는 용암마을과 넓은 밭으로 변해 버렸다. 도선국사에 의한 '삼암사 비보'가 깨져버려 오늘날 한반도가 남과 북으로 갈라진 것일까?

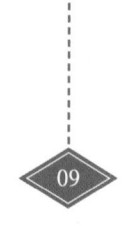

가야 신선도의 성지

왜 가야 땅인가?

한국의 신선 도맥을 살펴보면 선도의 별파가 대체로 한반도 남부 지방을 주무대로 삼고 있음을 알 수 있다. 즉 왜 출신의 표공, 가락국 출신의 참시선인, 신라 출신으로 아라가야를 침범해온 포상팔국과 전쟁을 치러 공을 세운 물계자, 그리고 배를 타고서 남해 바다로 사라졌다는 대세와 구칠 등은 모두 옛 가야 영역에서 주로 활동을 했다는 공통점이 있다. 그리고 대세·구칠의 선도를 이어받은 최치원도 가야권역인 한반도 남부 지방을 주 활동 무대로 삼았다. 신선 도맥을 소개한《청학집》에서는 최치원의 행적을 이렇게 묘사하고 있다.

"문장이 정민하여 여러 사람들 가운데 탁월하였다. 12세에 당나라에 들어갔다가 28세에 동국(東國)으로 돌아와 승려인 정현, 현준과 함께 도우(道友)가 되었다. 그가 지나온 곳은 경주의 남산, 강주(지금의 영천)의 빙산, 합주(지금의 합천)의 청량산, 지리산의 쌍계사로 모두 경치가 좋은 곳이다. 만년에는 가야산으로 들어가 나오지 않았다. 이것은 대세·구칠의 남겨진 풍도(風道)를 이은 것이다."

최치원이 대세와 구칠의 풍도(風道)를 이어받은 이 구절로 인해 최치원 역시 신선술을 닦은 인물로 묘사되곤 한다. 최치원은 주로 지리산과 가야산 일대를 오가며 신선술을 닦았다. 지리산과 가야산 일대는 예로부터 가야인들의 숨결과 문화가 진하게 남아 있는 곳이다.

다시 지리산으로 눈을 돌려보자. 지리산의 가야 문화를 진하게 느껴볼 수 있는 곳이 칠불사다. 일찌감치 남효온이 수토한 바 있는 칠불사는 지리산 토끼봉(1533m)의 해발고도 830m 지점에 있는 사찰이다.

남효온은 이곳에서 '거문고 신선'인 옥보고를 찾았지만, 사실상 신선의 맥은 그 이전으로 훨씬 거슬러 올라간다.

칠불사는 가락국 김수로왕과 허왕후 사이에서 태어난 일곱 왕자가 이곳에서 암자를 짓고 수행하다가 2년 만에 성불했다는 전설을 가지고 있다. 그 일곱 왕자를 성불시킨 이가 인도 아유타국에서 허왕후와 함께 온 보옥선사(장유화상)다.

▶ 성불한 가야 7왕자를 묘사한 불화. 칠불사 대웅전에 모셔져 있다.

칠불사의 '칠불'은 외삼촌인 보옥선사(장유화상)를 따라 출가한 가락국의 일곱 왕자가 이곳에서 수행하다가 기원후 103년 8월 보름에 모두 성불했다고 붙여진 이름이다. 이런 창건 설화 때문인지 칠불사 본전인 대웅전 오른쪽 벽에 대형 칠불이 모셔져 있다. 이곳에서 성불한 일곱 왕자를 형상화한 불상이라고 한다. 이들의 이름은 금왕광불(金王光佛), 금왕당불(金王幢佛), 금왕상불(金王相佛), 금왕행불(金王行佛), 금왕향불(金王香佛), 금왕성불(金王性佛), 금왕공불(金王空佛)이라고 전한다.

칠불사는 일찌감치 도선국사가 지목했던 기도처이기도 했다. 도선국사가 저술했다고 알려진 〈옥룡작결(玉龍作訣)〉에는 "하동에서 북쪽으로 100리를 가면 와우형(臥牛形: 소가 누워있는 형국)의 명당이 있다. 이곳에 집을 지으면 부(富)로는 중국의 석숭(石崇)보다 못하지 않고, 백자천손(百子千孫)이 번창할 터이며, 기도처로는 무수인(無數人: 셀 수 없을 만큼 많은 사람)이 득도할 곳이다. 집터로는 지리산 칠불사가 제일이다"고 기록돼 있다.

실제로 칠불사는 역대로 저명한 선사 및 도인들이 많이 나왔다. 가야 7왕자의 득도 이후, 신라시대에는 거문고 신선 옥보고, 아자방(亞字房)을 만들었다는 담공선사를 배출했고, 고려시대에는 정명선사를, 조선시대에는 추월, 서산, 부휴, 인허, 월송, 무가, 백암, 금담, 대은, 초의 선사 등을 배출했다고 전해진다.

칠불사 경내에 있는 '영지(影池)'는 부처가 된 일곱 왕자의 그림자가 나타났다는 연못이다. 내용은 이러하다. 수로왕 부부가 출가한

▶ 칠불사의 영지

　일곱 왕자를 만나기 위해 칠불사에 갔다. 보옥선사는 "왕자들은 이미 출가하여 수도하는 몸이라 결코 상면할 수 없다. 꼭 보고 싶으면 절 밑에 연못을 만들어 물 속을 보면 된다"고 말했다. 보옥선사의 말에 따라 수로왕 부부는 연못을 만들었다. 그리고 연못을 보니 과연 일곱 왕자들의 그림자가 나타났다. 이 후 연못에 '그림자 영(影)'이라는 이름을 붙여 영지라고 부르게 됐다.

　칠불사 인근 범왕(凡王)마을과 대비(大妃)마을도 가야와 연결된다. '범왕'이라는 이름은 수로왕이 7왕자를 만나기 위해 임시 궁궐을 짓고 머무른 데에서 비롯됐다고 한다. 범왕마을은 예부터 지리산 기슭 하늘 아래 가장 높은 곳에 있는 마을이라고 불릴 정도로 고지대에 자리잡고 있었다. 또 지리산 아랫자락인 화개면 정금리 '대비'마을은 허왕후가 아들을 만나기 위해 머물렀다는 데에서 비롯됐다고 한다.

한편으로 칠불사 옥보대라는 이름도 이곳에서 거문고 수련을 한 옥보고라는 설 대신, 7왕자 성불과 관련된 것이라고 보는 주장도 있다. 장유화상 즉, 보옥선사가 일곱 왕자를 데리고 와서 공부를 시킨 곳이라고 해서 후대 사람들이 '보옥(寶玉)'이라는 이름의 앞뒤를 바꿔 옥보대라고 했다는 '신선한' 주장이다.

이 점은 1938년에 칠불사를 찾았던 사학자이자 시조시인인 이은상(1903~1982년)도 느꼈던 모양이다. 그는 '지리산 탐험기(옥보고의 운상원)'에서 칠불사 관련 각 문헌에서 등장하는 특이점을 소개해놓았다.

먼저《가락국 수로왕사적고》에는 7왕자가 보옥선사를 따라 입산 수도한 것을 두고서 불교가 아닌 선도를 닦은 것이라고 기록돼 있다는 점이다. 불교적 호칭인 보옥선사(寶玉禪師)를 '보옥선(寶玉仙)'이라고 하여 신선(神仙)으로 표현했고, 7왕자가 성불한 것을 두고서도 '학도승선(學道乘仙)'이라고 하여 '도를 배워 신선의 경지에 올랐다'고 표현했다는 것이다.

다음으로《진양지》의 기록에서는 옥적(玉笛: 옥피리)을 부는 신선인 옥부선인(玉浮仙人)이 등장한다. 신라왕이 옥피리 소리를 따라와 칠불암(당시는 금륜사)까지 왔는데, 데리고 온 7왕자들이 신선과 노닐면서 성불하였고, 신라왕은 스스로 범왕(梵王)이 됐다고 한다. 그리고 조선 후기의 승려 연담유일(1720~1799)이 기록한 '칠불암 상량문'에는 신라 7왕자 성불 사건을 신문왕 때 일로 기록하고 있다. 이런 문헌들을 검토한 후 이은상이 내린 결론은 이러하다.

"《삼국사기》의 '옥보고'는 신라의 현금가(玄琴家)요, 《수로왕사적고》의

'보옥선'은 허씨 왕후의 동생이요,《진양지》의 '옥부선인'은 옥적 불던 신라인이요, 〈칠불암상량문〉의 '옥부'는 신라 신문왕대의 옥적 대가다. 그러니 옥보고, 보옥선, 옥부선인, 보옥선사 등이 혹은 이름이 와전돼 뒤집어지고 혹은 선사, 선인이 혼용되었을 따름이요 동일인임은 의심할 것이 없다. 그리고 옥적가로, 현금가로, 도가로, 불가로 나타나 있으나 역시 이것도 한 사람이 그를 다 겸전하였던 인물임을 알 수 있다."

이은상은 바로 그 한 인물이 보옥선사로 등장하는 가락국 사람이라고 단정했다. 보옥선사가 옥보고요 옥부선이라는 주장이다. 지리산 일대가 가락국 판도에 들어가 있었다는 점도 그의 주장을 뒷받침한다. 설령 신라 시대에 등장하는 거문고의 명인 옥보고가 보옥선사와 별도의 인물이라고 쳐도 그 역시 가야금의 악성 우륵과 마찬가지로 신라에 귀화한 가락국 출신일지도 모를 일이다.

칠불사 수토를 마치고 내려오면서 이곳은 가야의 신선도와 절대적으로 연관이 되는 지역임을 확인할 수 있었다. 지리산을 중심으로 동쪽의 산청에는 가야의 마지막 왕인 구형왕의 피라미드형 무덤도 있고, 북쪽의 함양에는 구형왕대에 쌓았다는 추성도 있다. 이에 따라 지리산은 역대 가야 왕실이 수시로 들락거린 산이었으며, 칠불사는 그 중심무대였음을 유추해 볼 수 있다.

대가야를 주목한 최치원

최치원은 가야와 매우 인연이 깊은 인물이다. 885년 당나라에서 신라로 돌아온 이후 최치원은 경주 중앙 정부에서 잠시 일하고는 정읍, 서산, 함양에서 태수직(오늘날의 군수직)을 짧은 기간 지냈다. 대체로 그의 활동 반경을 보면 귀국한 이후 지리산과 가야산 일대를 포함하는 옛 가야 영역에서 삶의 대부분을 보냈다. 특히 최치원이 가족을 데리고 은둔하러 들어간 가야산은 대가야인들에게는 신성한 산이었다.

최치원은 가야산으로 은거하러 가기 전에도 함양 태수 시절 여러 차례 외삼촌인 현준대사와 희랑대사, 승훈 등 해인사 승려들과 각별한 인연을 맺고 있었다. 또 해인사에서 은거할 때는 유명 승려들에 대한 전기를 많이 집필했다. 그가 지은 〈석이정전(釋利貞傳)〉(현존하지 않음)은 해인사 창건의 주역 중 한 사람인 이정의 전기다. 그런데 최치원은 이정을 대가야 왕족의 후손이라고 하면서, 대가야와 가야산의 관계를 살짝 언급했다. 《신증동국여지승람》 고령현 조(條)에서는 〈석이정전〉을 인용해 다음과 같이 기록하고 있다.

> "최치원의 〈석이정전〉에는 가야산신 정견모주(正見母主)가 천신 이비가지(夷毗訶之)와 감응하여 대가야왕 뇌질주일(惱窒朱日), 금관국왕 뇌질청예(惱窒靑裔) 두 사람을 낳았다. 뇌질주일은 이진아시왕의 별칭이고, 뇌질청예는 수로왕의 별칭이다."

금관가야의 수로왕 건국 신화는 익히 알려져 있었지만, 구전으로 전해오던 대가야의 시조 신화는 최치원의 이 기록 덕분에 오늘날까지 전해질 수 있었다. 최치원의 기록에 의하면 여신(女神)인 가야산 산신이 하늘에서 내려온 천신(天神)을 만나 왕을 낳았다는 대가야의 건국 스토리다.

산신과 천신이 만난 장소도 설정돼 있다. 바로 가야산 만물상 끝자락에 있는 '상아덤'이다. '상아'는 달에 산다는 여신을 가리키고 '덤'은 바위를 가리키니, 상아덤은 '여신이 사는 바위'를 의미한다. 몇 십 년 전만 해도 상아덤이 보이는 경북 성주쪽 가야산 기슭에서는 매년 정월 보름날, 여신 정견모주를 향해 마을의 풍요와 평화를 기원하는 산신제를 지내왔다고 한다. 산신제를 지내던 자연석 제단은 지금도 남아 있다.

대가야의 건국 시조 스토리는 마치 신라에서 선도산 성모(聖母)가 신라의 건국 시조 박혁거세를 낳았다는 이야기와도 비슷하다. 신라나 가야 모두 산신, 특히 지모신(地母神)인 여성 산신을 숭배했다는 공통점이 엿보인다. 그러니 산신이 주재하는 가야산은 대가야의 모체이자 뿌리가 되는 '신성한 산'이 될 수밖에 없다.

한편으로 첫째 아들(뇌질주일, 이진아시)이 대가야왕이 되고, 둘째 아들(뇌질청예)이 금관가야 왕이 된 것으로 설정함으로써 가야연맹체 나라 중 대가야가 적통임을 은근히 내세우고 있는 것도 특징이다. 대가야는 이진아시왕으로부터 도설지왕에 이르기까지 16세 520년간 이어져 내려왔는데, 신라 진흥왕에 의해 멸망했다.

대가야의 흔적은 경남 합천군 해인사에도 남아 있다. 팔만대장

▶ 해인사 국사단의 탱화. 오른쪽 여성이 대가야의 여신인 정견모주이고, 옆의 두 동자는 아들인 뇌질주일, 뇌질청예이다.

경을 보관하고 있어서 법보사찰로 이름난 해인사 경내에는 국사단(局司壇)이란 이름의 작은 전각이 있다. 일주문과 봉황문을 거쳐 해탈문으로 들어서기 직전 오른쪽 협소한 공간에 자리잡고 있다 보니, 경내의 웅장한 전각에만 눈길을 주다 보면 그냥 지나치기 쉽다.

국사단을 소개하는 안내판은 해인사가 위치한 가야산을 관장하는 수호신이자 토지신인 국사대신(局司大神)을 모신 곳으로 소개하고 있다. 국사단 내부에는 우아하면서 기품 있는 한 여성과 두 아들을 묘사한 탱화가 중앙에 모셔져 있다. 바로 대가야의 으뜸 여신인 정견모주와 뇌질주일·뇌질청예 두 아들이다. 두 명의 왕을 배출한 여성 산신이다 보니 대우도 남다른 듯하다. 보통 산신각이 뒤편에 배치되는 여느 사찰과는 달리 이곳 국사단은 앞쪽에 세워졌다.

해인사 측은 '국사대신은 인간 세상을 손바닥 보듯 하면서 신비스런 현풍(玄風)을 떨쳐 해인사에 재앙을 없애고 복을 내린다. 가람을 수호하는 신을 모셨기 때문에 도량 입구에 배치돼 있다'고 설명하고 있다. 즉 국사대신인 정견모주는 가야산 산신이자 해인사 보호신으로 설정돼 있는 셈이다.

한편 '신증동국여지승람' 합천군 조(條)에는 해인사 경내에 이미 정견모주를 모시는 사당인 '정견천왕사(正見天王祠)'가 있었다고 전한다. 통일신라시대인 802년 해인사가 창건될 때 대가야 출신의 순응과 이정이 가야의 시조가 되는 여신을 모시는 사당을 함께 모셨을 수도 있고, 해인사 이전부터 이 터가 가야산신을 모시는 신성한 공간이었을 가능성이 매우 높다.

최치원이 해인사를 찾았을 때도 정견모주를 모신 사당을 보았을 것이다. 해인사측의 설명대로 정견모주가 '신비한 현풍(玄風)'을 펼쳤다고 한다면, 신선과 연관이 있는 여성으로 추정해볼 수 있을 것이다. 최치원은 또 다른 전기인 〈석순응전〉에서는 "해인사 서쪽 산의 두 시내물이 합치는 곳에 거덕사라는 절이 있는데, 옛 대가야국 태자 월광(月光)이 인연을 맺은 곳"이라고 묘사하기도 했다.

해인사에서 대가야 신화를 공부한 후 대가야의 터전으로 알려진 고령군 지산동 고분군(대가야읍 지산리)으로 발걸음을 옮겼다. 가야산의 한 줄기가 동남쪽으로 뻗어내려 미숭산을 지나 고령읍의 진산인 주산(이산, 310m)까지 이어지는 곳이다. 이곳 지산동 고분군은 지맥(地脈) 뿐 아니라 가야산의 영험한 기운까지 느껴지는 곳이다.

1500여 년 전 고령은 대가야의 도읍지였고 지산리의 주산은 대가야 왕과 귀족들의 무덤터였다. 주산의 능선 2.4km를 따라 정상부에서 아래 자락까지 포도송이처럼 들어선 고분은 무려 700여 기에 이른다. 능선과 고분이 절묘한 조화를 이뤄 절로 탄성이 나올 정도로 아름다운 곳이다.

유네스코 세계유산으로 등재된 지산동 고분군은 특이하게도 산 정상으로 올라갈수록 무덤의 크기가 커진다. 마치 산 위의 산 같은 느낌을 준다. 산 중턱이나 평지에 조성한 백제나 신라의 고분과는 사뭇 다르다. 게다가 9부 능선이 길게 이어지는 곳은 명당 에너지인 혈(穴)이 맺기 어려운 과맥처(過脈處)라고 해서 중국 풍수에서도 매우 꺼려한다.

그런데 가야의 고분 입지를 한국식 풍수로 보면 달라진다. 규모가 큰 왕릉급 고분 모두가 하늘의 기운인 천기(天氣)가 하강하는 명혈 터 곳곳에 자리하고 있다. 대가야인들이 천제를 지냈을 것으로 여겨지는 명당도 눈에 띈다. 하늘 에너지를 중요시한 우리 고유 풍수를 증거하는 현장이 바로 이곳인 것이다.

야자나무 매트로 깔아놓은 고분 길을 천천히 거닐었다. 우람하거나 아담한 크기의 봉분들이 마치 자연물처럼 정겹게 다가온다. 곳곳에 산재한 명당 혈 기운 덕분에 겨울임에도 불구하고 포근한 기운이 신체를 감싸주는 듯했다. 실제로 이곳 고분군은 산이 높지 않은데다가 곳곳에 쉬어갈 수 있는 벤치가 적절히 배치돼 있어서 지역민들의 공원이자 산책로로 애용되고 있다.

평화롭고도 운치 있는 외관과 달리 이곳 고분에서 출토된 부장물은 세상을 깜짝 놀라게 했다. 44호분(지름 25×27m, 높이 6m)은 순장자만 무려 40여 명이 나와 우리나라에서 최초로 확인된 최대 규모 순

▶ 고령 지산동 고분군. 산 능선을 따라 고분들이 들어선 모습이 이색적이다.

장무덤으로 확인됐다. 지산동 고분 입구에 있는 대가야왕릉전시관에서는 발굴 당시 44호분 내부의 모습을 실제 그대로 재현해 놓고 있다. 관람객들은 고분 속으로 들어가 무덤의 구조와 축조 방식, 주인공과 순장자들의 매장 모습, 부장품의 종류와 성격 등을 직접 볼 수 있다.

한편 지산동 고분군의 하위 고분군으로 분류되는 연조리 고분군(대가야읍 중화리)에서 최근 제의 시설이 확인되기도 했다. 아랫단은 원형, 윗단은 정사각형 형태인 제단은 천원지방(天圓地方: 하늘은 둥글고 땅은 네모짐) 우주관에서 비롯된 것으로 해석된다. 학계에서는 신라가 소를 잡아 큰 제사를 지냈다는 신라비(新羅碑)의 기록으로 볼 때 대가야에서도 국가 차원의 제사가 있었을 것으로 추정한다. 이는 천신(天神) 혹은 신선 개념의 도가 대가야에 존재했음을 암시해준다.

최치원, 가야식 'K-선도' 완성하다

최치원은 대가야를 면밀히 수토하면서 본격적으로 선도 수련에 임했던 것으로 추정된다. 그는 일단 외삼촌(형으로 보는 설도 있음)이자 해인사 승려인 현준(玄俊)으로부터 신선술을 배우게 된다. 음양, 복서, 기문둔갑 등 술수학을 다룬 책인 《승문연회(乘門衍會)》에는 최치원이 신선술을 익히게 된 과정도 자세히 설명하고 있다.

"세상의 일이 뒤집혀지고 간사한 무리들의 참소가 많아짐을 보았다. 참소하는 자들은 (최치원의) 인품과 재주를 질투하고 시기하여 허탄한 이야기를 지어냈다. '최 아무개는 금돼지 새끼'라고 하면서 사방으로 다니며 비방했다. 선생은 이처럼 폄훼를 당하자 세상이 장차 어지러워질 것임을 알아차리고 마침내 산에 들어가 화를 피하려는 결심을 했다. 마침 가야산 해인사 승려인 현준은 선생의 외숙(外叔)이 되는데 시해(尸解)의 묘결을 터득했다는 말을 들었다. 이에 세상의 미련을 떨치고 현준을 방문하였다. 현준은 난간에 기대어 서서 크게 웃으며 말했다. '오는 길이 더디도다, 오는 길이 더디도다! 어찌 암컷 학이 수탉의 무리 속에서 오랫동안 짝하고 있을 수 있겠는가! 욕을 보았구나, 욕을 보았구나!' 선생은 그 말이 옳다고 여겨 산에 들어가 살면서 도를 배웠다. 시해의 묘결을 익히자 기문(奇門)의 팔진(八陣)과 육도(六韜)의 술법을 가소롭게 여기게 됐다."

최치원이 부패하고 무능한 신라 관료 사회를 견뎌내지 못하고 가야산에 들어와 신선술의 하나인 시해법을 익히게 됐다는 내용이다.

당시 현준이 최치원에게 전해준 신선술은 '보사유인지술(步捨遊引之術)'이었는데, 중국 도교의 금단파(金丹派) 수련법 계열로 알려져 있다. 여기서 보(步)는 하늘의 북두칠성 기운의 흐름에 맞춰 걸어나감을, 사(捨)는 육체인 몸을 버려둠을, 유(遊)는 육체에서 빠져나온 혼이 자유자재로 떠돌고 다님을, 인(引)은 그 혼을 다시 몸 안으로 끌어들임을 말한다. 쉽게 풀이하면 육체에서 혼이 빠져나와 자유자재의 경지에서 천지를 노닌 다음 다시 돌아와 육체와 합치되는 것을 가리킨다. 이를 테면 도사가 죽을 때 매미 허물을 벗듯이 몸을 남기고 영혼이 떠나는[우화등선(羽化登仙)] '시해술(尸解術)'의 일종이라고 할 수 있을 것이다.

그런데 최치원은 중국의 도교 수련법에만 의지하지 않았다. 그 결정적인 증거가 최치원이 남긴 '가야보인법(伽倻步引法)'이라는 선도 수련지다. 가야보인법은 이규경(1788~1856년)의 《오주연문장전산고(五洲衍文長箋散稿)》란 책에서 처음 언급됐다. 현재 가야보인법의 구체적 내용은 찾아볼 길이 없으나, 이름부터가 우리나라의 '가야'를 가리키고 있어서 흥미롭다.

최치원의 '가야보인법'은 매우 독특한 것으로 알려진다. 이는 가야금 12줄 음률에 맞추어서 천상의 북두칠성 별자리 기운에 감응하는 보법(步法)을 행하는 수련을 가리킨다. 선도 수련 용어로 '보강답두(步罡踏斗)'라고 한다. 이는 움직이며 행하는 수련법이기에 흔히 '동공(動功) 수련'으로 분류되기도 한다.

최치원의 가야금 선도 수련과 관련해 흥미로운 얘기도 전해진다. 우리나라 술법서 중 하나인 《승문연회(乘門演會)》에서는 최치원이 12줄 가야금인 '십이현금(十二絃琴)'을 제작한 주인공이라고 밝히고 있다.

> "(해인사)현준은 이미 신선이 되어 떠났고 고운(최치원) 또한 뒤따라 몸을 벗고 떠나려고 하던 차에 의균이 이에 말했다. '엎드려 바라옵건대 선생께옵서 신선의 흔적을 하나라도 남기시어 인간 세상의 추억거리로 삼게 하소서.' 고운은 그 마음을 불쌍하게 생각하고 그 말이 옳다고 여겨 말했다. '내가 새로 고친 보인법의 줄 모양(行形)이 현금(玄琴)의 줄과 같아서 12현금을 만들어 전하니 인간 세상에 널리 전해져 사람들로 하여금 이 세상이 다할 때까지 즐거움을 누리게 하라.' 드디어 의균과 더불어 해인사 뒤쪽 골짜기 가야산 산 속으로 깊이 들어가 12현금을 만들어 전하였다. 지금 기방(箕邦)의 풍속에 가야금을 탄주하는 것이 바로 이것이다. 속명에 '가야곡' 또는 '가얏고'라고 한다."

　　12줄 가야금이 490년 경 대가야국 가실왕 시기에 나온 것이 아니라 최치원이 개량한 것이라는 주장이다. 즉 최치원은 후대를 위해 12줄 가야금으로 수련하는 K-선도 수련법을 창안해냈다는 것이다.

　　그런데 최치원은 왜 이런 수련법에 대해 '가야'라는 이름을 붙였을까. 그가 만년에 가야산에서 기거했기 때문에 지명을 따온 이름일까, 아니면 그의 수련법이 지리산과 가야산을 무대로 존재했던 옛 가야의 신선술을 밑바탕에 깔고 있었기 때문일까. 그도 아니면 최치원의 신선술이 가야금 12줄과 관련 있기에 악기 이름을 딴 것일까? 어찌됐던 최치원이 자신이 개발한 신선술을 '가야보인법'이라고 이름지은 것은 한국 고유의 선도인 '현묘지도(玄妙之道)'처럼 동국(우리나라)의 신선술임을 강조하려 한 것이라는 것이 분명해 보인다. 최치원의 선맥은 혹 가야 계통의 신선술과도 매우 밀접히 닿아 있는 것이다.

이와 관련해 안동준 한국도교문화학회 회장(경상대 명예교수)이 2022년 5월 '증산도 후천 선(仙)문화 국제학술대회'에서 '한국 신선사상의 맥'을 주제로 한 강연이 주목을 끌고 있다. 안 교수는 강연회에서 최치원의 가야보인법에 대해 이렇게 말했다.

> "가야보인법은 최치원이 중국에서 유전(遺傳)하는 보강답두법을 참고해 신라에서 복원해낸 한국 고유의 선술이다. 신라 승려 현준이 익힌 보인술은 원래 고조선의 선맥과 닿아 있는 요동 지역에서 중원으로 흘러들어간 신선술인데, 최치원이 이를 다시 신라인의 특성에 맞는 신선술로 재편한 것으로 간주할 수 있다. 또 민간에 널리 알려진 홍길동전이나 전우치전의 도술도 최치원의 가야보인법에 연원을 둔 한국 고유의 선맥과 그 흐름을 같이 한다."

안 교수가 지적한 것처럼 최치원은 우리나라 선도와 중국 도교의 접합점에 서 있는 인물이다. 최치원은 당나라에서 돌아올 때 중국 내단학 계열의 수련서 '참동계십육조구결(參同契十六條口訣)'을 가지고 들어와 국내에 알린 인물인 동시에, 당시엔 비주류라고 할 수 있는 우리 고유의 선도술인 가야보인법을 창안해내 한국 선도를 공식 역사의 무대로 끌어올린 인물이기도 하다.

김종직과 제자들, 지리산에서 가야산으로

최치원은 가야산에서 최종적으로 신선이 됐다. 그런 가야산을 김종직과 그 제자들이 그냥 넘어갈 리는 없을 것이다. 당연히 이들도 가야산 수토 여행에 나섰다. 이는 조선 선조 때의 학자 정구가 남긴 〈유가야산록(遊伽倻山錄)〉에서 "가야산 내원사에 점필재(김종직의 호), 한훤당(김굉필의 호), 탁영(김일손의 호) 등 여러 선생의 시가 새겨져 있었으나 읽을 수 없을 정도로 마모돼 있다"고 한 기록에서도 확인된다. 내원사에는 저 멀리 남서쪽의 지리산도 보였다고 한다. 그런데 내원사는 조선 후기에 이미 폐사돼 버려 현재로서는 김종직 문인들의 글씨를 확인하기가 어려운 상태다.

특히 김일손은 1489년 지리산 수토 여행을 한 후 바로 다음해인 1490년 5월 가야산으로 떠나는 열정을 보였다. 그가 남긴 〈조현당기(釣賢堂記)〉에는 가야산을 수토하러 가는 목적이 분명히 드러난다.

"나는 어릴 때부터 지나치리만큼 산천을 좋아하였지만 장년이 되어서야 영남 지역을 유람할 수 있었다. 신라 말기의 문창후 최치원이 당나라에서 돌아와 실의에 빠져 아름다운 산수를 찾아다닌 곳이 한두 장소가 아니었지만, 그가 작고한 곳이 바로 가야산이어서 이 산에는 반드시

▶ 가야산 해인사

경치가 매우 기이하고 뛰어나서 신선과 은사(隱士)들이 머물렀을 것이라고 늘 생각해왔다. 문창후가 떠난 후에도 또한 반드시 고인(高人)과 도사(道士)들이 그 산중에서 은거하며 혹 그 이름을 드러내지 않고 있을 것이다. 그래서 한번 유람을 가서 그런 사람에 대해 물어보려 했다."

한마디로 최치원처럼 신선술을 닦는 도인들을 찾아보려고 가야산 수토를 생각하게 됐다는 내용이다. 이윽고 김일손은 동문인 김굉필과 함께 가야산 여행에 나서게 된다. 김굉필은 일찌감치 가야산 내원사에서 공부를 한 적이 있다. 가야산 일대 지리에 밝았던 덕분에 김일손에게 가야산 동반 여행을 약속했던 것이다.

"행장을 갖추고 대유(김굉필)를 찾아 길을 나섰다. 수재 이회(李迴)와 함께 다리를 따라 무릉동을 건너서 홍류동에 들어가고 치원대를 지나쳐 해인사에 도착하였다."

〈조현당기(釣賢堂記)〉

김일손의 가야산 수토여행은 요즘의 해인사 탐방 코스와 큰 차이가 없었다. 홍류동 계곡 입구쪽 무지개다리처럼 생긴 무릉교(수재를 입어 지금은 사라졌고, 출렁다리 근처로 추정됨)를 거쳐 홍류동(紅流洞)으로 진입했다. 해인사 골짜기를 예부터 홍류동이라고 불렀다. 봄에는 꽃으로, 가을에는 단풍으로 계곡물을 붉게 물들인다고 해서 '홍류동'이라는 이름을 얻었다고 한다. 워낙 아름다운 경치여서 가야산의 여러 골짜기 중에서도 으뜸으로 꼽히는 곳이다. 일찍이 김종직도 이 경치에 반해 "아홉굽이 나는 물결 성난 우레처럼 부딪치는데, 무수히 떨어진 꽃잎 물결 따라 오네"라고 시를 읊었다.

김종직이 노래한 홍류동 계곡은 대체로 홍류동 초입인 무릉교에서부터 '법보종찰 가야산 해인사'라는 현판이 걸린 홍류문을 거쳐 길상암까지 이어지는 구간을 가리키는 것으로 보인다. 이곳이 바로 옛 문인들이 즐겨 거닌 홍류동 옛길이다.

현재 이 계곡 길은 관광객들의 산책 코스로 개발한 '해인사(가야산) 소리길'에 포함돼 있다. 전체 소리길은 대장경테마파크에서 시작해 무릉교(현재 출렁다리) - 홍류동 매표소 - 홍류문 - 농산정 - 길상암 - 영산교 - 성보박물관 - 일주문 - 해인사까지 이어지는 8.4km(도보로 약 3시간 30분) 거리다. 홍류동 옛길은 최치원의 흔적이 남아 있어 '과거로 여행하는 구간'으로 인기가 높다고 한다. 대표적인 것으로 농산정(籠山亭)과 치원대(致遠臺)를 꼽을 수 있다. 물론 김일손 일행이 당연히 거쳐간 코스다.

홍류정이라고도 불리는 농산정은 최치원이 글을 읽고 바둑을 두며 즐긴 공간이라고 전해진다. 농산정의 정확한 건립 연대는 알 수 없다고 하는데, 조선 전기부터 문인들의 각종 문집에 등장하고 있는 것으로 보아 역사가 오래된 것은 분명하다.

또 농산정 아래 너럭바위는 최치원이 자신의 시를 새긴 곳이라고 해서 치원대로 불린다. 그 유명한 '제가야산독서당'이라는 시가 새겨져 있다.

'겹겹의 바위를 미친 듯 달려 첩첩의 봉우리를 울려대니/ 사람의 말소리를 지척에서도 분간하기 어렵구나/ 늘 시비하는 소리가 귀에 닿을까 꺼려서/짐짓 흐르는 물로 온 산을 에워쌌다네.'

최치원은 가야산에서 은둔한 후, 홍류동 계곡의 물 소리로 세상의 소리가 자신의 귀에 들리지 않기를 바라는 마음으로 이같은 시를 지었다. 시가 새겨진 바위를 제시석(題詩石)이라고도 부른다. 김종직은 이곳을 지나면서 최치원의 시 운율에 맞춰 이렇게 답시(答詩)를 달았다.

'맑은 시의 번득임은 푸른 산을 쏘았는데/먹의 남은 흔적은 바위에 희미하다/세상에 전하는 건 단지 신선 되어 떠났다는 것 뿐/어찌 알겠나, 저 빈 산에 말 갈기 날리는 것을.'

최치원이 바위에 새긴 시가 세월이 흘러 희미해진 것을 안타까워하면서도 신선이 된 최치원이 산속 어딘가에서 말을 타고 다닐 것이라고 상상하는 장면이다. 김종직이나 그 제자들이 가야산에서 최치원을 그리워하는 마음을 느끼게 해준다. 현재 이곳에는 '고운최선생둔세지'라는 비석이 세워져 있다.

한편 해인사 대적광전 서쪽 언덕에 있는 학사대(學士臺) 터는 최치원의 신선술 얘기가 전해져 내려온다. 학사대는 최치원이 한림학사(翰林學士)라는 관직을 지냈기 때문에 붙여진 이름으로, 최치원이 정자를 짓고 은거하던 곳으로 전해진다. 이곳에서는 해인사 경내가 한눈에 들어온다. 그래서 옛 사람들도 이곳에 올라 해인사 경내를 굽어보곤 했다.

최치원이 학사대에서 가야금을 연주하니 인근의 학들이 날아와 연주 소리를 들었다고 한다. 어떻든 최치원은 이곳에서 머물다 신선이 돼 떠났다.

학사대 한가운데에 높이 30m 가량, 나무 밑동 둘레만 6.6m에 달하는 거대한 전나무는 최치원의 전설을 전해준다. 최치원이 만년을 보내다 어느날 "지금부터 나는 이곳을 떠날 것이다. 이 지팡이를 꽂고 갈 것이니 만약 싹이 터서 잘 자란다면 내가 살아 있는 것이니 공부에 전념하라"고 제자들에게 말한 뒤, 홍제암 뒤 진대밭골로 사라져버렸다고 한다. 그후 최치원은 신선이 됐고, 학사대를 떠나며 꽂아둔 지팡이가 전나무가 됐다는 것이다.

그런데 지금의 전나무 수령은 300년을 넘지 않는 것으로 추정하고 있다. 1000여 년 전의 최치원과는 큰 시차가 생긴다. 전나무는 단순히 전설에 불과한 걸까. 이에 대해 조선 후기의 문신이자 학자인 최흥원(崔興遠, 1705~1786년)이 자신의 시문집인 《백불암집·유가야산록》에 남긴 글이 답을 준다. 그는 1757년 해인사를 둘러본 후 다음과 같이 기록했다.

"최치원 선생이 직접 심은 소나무(전나무의 오기)가 말라버려 등걸만 남았다. 마침 2월이고 비가 와 나무 심기에 좋아서 노비를 시켜 4그루의 나무를 그 곁에 심게 했다."

18세기 중엽에도 최치원의 전나무가 있었음을 확인할 수 있는 대목이다. 그러나 지금의 전나무는 최치원이 심은 나무의 후계목 정도로 추정할 수 있을 것 같다.

이제 최치원에 대한 김종직과 그 제자들의 수토 행위에 대해 결론을 내릴 때다. 김종직 당시는 사림파들이 자기 정체성을 확보해나가는 시기였다. 고려말 이후 들여온 유교 성리학은 그 자체로 도학(道學)이자 수양학이긴 했지만, 우리 겨레의 정체성을 다져 나가기에는 태생적 한계가 있었다. 그렇다고 고려에서 경험한 불교에 의지할 수도 없었다.

결국 우리 선도에서 답을 찾아야 했다. 이들 중 일부는 남몰래 선도 수련을 하면서 그 답을 최치원에서 찾아내고자 했다. 최치원이야말로 유학자이면서 한국 선도의 우뚝 선 기둥이었기 때문이다. 결국 최치원은 한국 고유 선도에 내재한 '현묘지도(玄妙之道)'의 풍류 정신을 실천적으로 계승한 선인(仙人)이었다. 신라에 의한 삼국통일 이후 잠시 방만해진 우리 겨레의 정체성을 다시 한번 다져나갔던 인물이었던 것이다.

2장

고려·조선의 수토사들

01 신선국 고려를 증언한 송나라 사신

02 선풍(仙風)을 찾은 이규보

03 최치원을 수토한 이색

04 역사를 수토한 선도 수행자 남효온

05 김시습이 밝힌 복본(複本)주의

06 숨겨진 도인 김종직

07 임진왜란 대비한 조식의 혜안

08 홍의장군 곽재우, 도술에 심취

09 수토사 자처한 임금 정조

10 현묘지도의 부활 주창한 수운 최제우

11 참동학 선포한 증산 강일순

12 단군을 스승으로 내세운 독립운동가 나철

신선국 고려를 증언한 송나라 사신

한반도가 신선도 및 신선의 땅이라는 시각은 외국인들 사이에서 더 부각됐다. 최치원이 29세 때 신라로 돌아올 당시 중국 문인인 고운(顧雲: ?~894년)은 "세 마리 자라가 떠받힌 봉래산이 있는 신선세계로 돌아간다"고 최치원을 떠나보내는 시를 읊었다. 신라가 있는 한반도가 봉래산이 존재하는 선계라는 의미다.

최근 한국 선도 연구자들 사이에서는 중국 도교의 발상지가 만리장성 이남의 중원이 아니라 그 이북의 요동 지역에서 출현했다는 학설이 설득력 있게 제기되고 있다. 이에 의하면 중국의 신선 사상은 발해만 연안의 삼신산(三神山) 전설에서 기원하고 있으며, 전국시대 말기에 이르러서야 연(燕)나라와 제(齊)나라 등을 통해 중국 각지로 번져나갔다는 것이다. 따라서 중국 중원에서는 전국시대(BC 403년

~BC 221년) 이전에는 신선사상이란 게 존재하지 않았다는 게 학계의 통설이다.

이후 진(秦)·한(漢)시대에는 불노장생의 상징인 '삼신산'이 해동에 있다고 해서 진나라 시황이나 한나라 무제가 불로초를 구하기 위해 바다 밖을 샅샅이 뒤지기도 했다. 즉 불노장생지술의 중심지가 중원이 아니었다는 뜻이다.

이러한 시각은 대일항쟁기 국학자인 자산 안확(1884~1946년)이 남긴 글('동광' 제7호, 1926년 발행)에서도 확인된다. 1920년대 어법에다 한문체로 쓴 글이어서 내용을 그대로 옮기기가 쉽지 않은데, 안확의 자손이기도 한 안동준 교수의 풀이에 의하면 대략 다음과 같다.

"중국 중원에서 신선을 사모했는데, 요양 지방 근처를 표준으로 삼아 신선을 갈구했다. 요양 지방에는 신선 도술가가 많았다. 그 신선 사상이 하나는 동조선(東朝鮮: 한반도 남쪽)으로 들어가 본조선(本朝鮮: 고조선)의 수천년 문학사상을 이루었고, 다른 하나는 고조선이 멸망한 후 중국으로 들어가 서조선족(西朝鮮族: 중국으로 진출한 한겨레)이 됐다.

중원으로 진출한 서조선족은 몹시 날쳐 중국 한족(漢族)과 각축하였다. 중원의 전 영토를 빼앗지 못하였지만 사상적으로 한족 땅을 통괄했다. 그 신선 사상이 상하에 퍼져 누구든지 미치지 않은 이가 없었다. 진시황, 한무제 같은 이도 선도(仙道)에 미쳐 허둥거렸으며, 일반 문사와 시인들도 선(仙)의 최면에 빠져 국가도 돌아보지 않고 가족도 돌아보지 않고 오직 산수의 낙(樂)에 주저앉았다. 아무 일 없이 한가로이 놀기를 위주로 하였으니, 이 어찌 서조선족의 형체 없는 성공이라고 하지 않을 수 있겠는가."

　재차 해석하자면 이렇다. 요동반도를 중심으로 고조선 시대부터 존재했던 신선 사상은 고조선이 망한 후 하나는 한반도쪽으로 내려갔고 다른 하나는 중국 중원으로 진출했다. 한반도로 내려간 신선 사상은 고조선 원류의 것이 그대로 이어진 반면, 중국으로 들어간 서조선의 신선 사상은 중국 한족과 치열하게 다툰 끝에 단약을 먹어 불노장생을 꿈꾸는 등의 허탕한 술로 변질됐다. 이에 따라 중국 황제에서부터 학자, 시인들도 신선이 된다는 최면에 빠져 나라를 돌보지 않게 됐다. 이 모두 중국으로 진출한 서조선족의 깊은 계책에서 비롯된 것이다.

　안확의 글에 대해 사실 여부를 따지는 것은 전문가들의 몫이겠으나, 신선술의 원류인 중국 도교가 한국 선도에 영향을 주었다는 주장을 민망하게 만드는 내용이다.

　한반도가 신선의 땅이라는 시각은 중국 송나라때 지식인 사회에서도 인지되고 있었다. 고려를 방문한 송나라 사신 서긍이 남긴 《고려도경》에서도 당시 고려 땅과 사람들을 선도와 연계시켜 기록하고 있다. 서긍은 1123년 고려에 와서 한 달여 간 머물면서 보고 들은 것을 글과 그림으로 기록했는데, 이 중 고려인들의 신선 사상에 대해서는 다음과 같이 묘사했다.

"고려는 땅이 동해에 접해 있어서 도산(道山), 선도(仙島)와는 멀리 떨어져 있지 않았으니, 장생불사하는 가르침을 사모할 줄 모르는 백성들이 없었다."

고려는 도산, 선도로 불리는 신선의 고장과 아주 가까워 본래부터 백성들이 장생불사의 신선술을 좋아했다는 것이다. 또《고려도경》은 "장가들지 않은 귀한 집의 자제들을 '선랑(仙郎)'이라 한다. 비단 옷을 입고 검은 건을 썼다"고 기록하고 있는데, 마치 신라 화랑이나 고구려 조의선인을 연상시키는 대목이다. 서긍은 또한 고려 사람들의 풍속에 대해서도 언급하고 있다.

"고려는 본래 귀신을 두려워하여 신봉하고, 음양(陰陽)에 얽매여서 병이 들어도 약을 먹지 않는다. 아버지와 아들 사이 같이 아주 가까운 친척이라도 서로 보지 않고 저주와 압승(壓勝: 사악한 기운을 눌러 힘을 못 쓰게 하는 방술)을 알 뿐이다."

서긍의 이 기록은 문명이 덜 개화된 고려 사람들의 풍속을 비웃는 듯한 느낌마저 준다. 그는 이런 풍속이 고구려에서 전해진 것으로 보았다. 그는 고구려 역사서를 근거로 들어 "고구려 사람들은 풍속이 음란해 저녁이 되면 으레 남녀가 무리지어 노래를 부르며 즐기고 귀신, 사직, 영성(靈星: 농사를 주관하는 별로 천전성이라고도 함)에 제사지내기를 좋아한다"고 기록했다. 그리고 고구려에서는 매년 10월에 제천대회인 동맹(東盟)을 개최했는데, 고려에서도 10월 보름날 팔관재를 성대하게 개최한다고 했다.

서긍은 한국인들이 천손(天孫)의 후예라는 자부심으로 살아가는 민족임을 잘 몰랐다. 하늘에 제사를 지내며 축제를 즐기는 낯선 풍속을 잘 이해하지 못했던 것이다. 사실 고구려의 제천의식은 신라 화랑들의 천제 의식과 본질적으로 다르지 않았고, 고려에서도 이어진 신선도의 선풍(仙風)이었다.

선풍(仙風)을 찾은 이규보

선도의 본향으로 자부하는 우리 국토에 대한 애정은 고려 때부터 급속도로 나타났다. 고려 무신정권 시절 대표적 명문장가인 백운 이규보(1168~1241년)는 "신라 고국(古國)은 모두가 선풍(仙風)"이라고 하여 옛 신라 화랑도, 즉 선도의 존재를 익히 알고 있었다. 이규보는 또 신라의 선풍은 중국 어디에서도 듣지도 보지도 못했던 독특한 문화라는 점을 이해하고 있었다.

"선풍(仙風)은 멀리로는 주(周)나라, 한(漢)나라 때도 들을 수 없었고, 가까이로는 당(唐)나라, 송(宋)나라 때에도 보지 못했다. 나라 안에 사랑(四郞: 영랑, 술랑, 안랑, 남상)인 참 신선이 있어서 옥(玉)과도 같고, 만고에 전하는 명성은 생황처럼 울렸다.…"

《동국이상국집》권9 고율시(古律詩)

이규보는 장편 서사시인 〈동명왕편(東明王篇)〉 서문에서도 우리나라는 신선의 나라답게 신비하고도 이적(異蹟)이 많이 있다고 기록했다.

"지난 계축년(1193년, 명종 23) 4월에 《구삼국사(舊三國史)》를 얻어 동명왕본기(東明王本紀)를 보니 그 신이(神異)한 사적이 세상에서 얘기하는 것보다 더했다. 그러나 처음에는 믿지 못하고 귀(鬼)나 환(幻)으로만 생각하였는데, 세 번 반복하여 읽어서 점점 그 근원에 들어가니, 환(幻)이 아니고 성(聖)이며, 귀(鬼)가 아니고 신(神)이었다. 하물며 국사(國史)는 사실 그대로 쓴 글이니 어찌 허탄한 것을 전하였으랴. … 그러므로 시를 지어 기록하여 우리나라가 본래 성인(聖人)의 나라라는 것을 천하에 알리고자 하는 것이다."

《동국이상국집》 권3 〈동명왕편〉

이규보는 〈동명왕편〉을 지은 이유에 대해 우리나라가 본래 '성인이 사는 고장(聖人之都)'임을 천하 사람들에게 알려주는 것이라고 밝혔다. 우리나라가 성인이 살고 있는 신성한 땅이라는 자부심이 짙게 깔려 있는 내용이다.

최치원을 수토한 이색

고려의 최치원

고려 문인들의 '신선 땅'에 대한 관심은 고려 말까지도 계속 이어졌다. 이규보의 뒤에 나타난 가정 이곡(1298~1351년)은 원나라 간섭기인 1332년 원의 과거 시험에 합격해 국사원(國史院) 검열관을 지내는 등 중국에서 활동하다가 귀국한 후에 아름다운 조국 땅을 노래했다. 그는 최초의 금강산 유람록이라고 할 수 있는 《동유기(東遊記)》를 남겼는데, 여기서 신선이 사는 삼신산 중 하나인 금강산을 찬미했다.

이곡의 아들인 목은 이색(1328~1396년)도 신선에 대해 줄기찬 관심을 가졌다. 이색은 김종직에게는 스승의 스승, 즉 사조(師祖) 뻘에 해당하는 인물이다. 영남 사림파들은 목은 이색, 포은 정몽주에서 야은 길재 → 김숙자 → 김종직으로 이어지는 맥을 자신들의 도학 연원으로 꼽고 있기 때문이다. 즉 이색은 조선 성리학의 뿌리와 같은 인물들을 키워낸 스승인 셈이다. 이색은 사실 김종직이 지리산을 오르기 훨씬 이전에 이미 지리산을 다녀갔다.

'높은 산 걸어 올라 꼭대기까지 이르니/ 곤륜산을 찾을 수 있구나/ 푸른 돌 긴 사다리 타고 도리천을 오르니/ 침침한 하늘에 뭇 신선들이 날아다니네.'

'산고가(山高歌)'

이색은 지리산을 곤륜산, 도리천이라고 부르면서 선계(仙界)로 묘사했다. 그는 "신선이 표피(豹皮: 표범 가죽)로 방석을 깔아놓은 곳"이 지리산이라고 표현할 정도였다. 흥미롭게도 신라 말 최치원이 선대의 신선들을 만나기 위해 지리산을 찾았던 것처럼, 고려 말 이색은 신선이 된 최치원을 그리워했다. 그는 비오는 가을밤 "옛사람께서는 아직 죽지 않으셨네. 천년토록 그 풍류를 상상케 하시니"하면서 최치원의 풍류도(신선)를 시 '회고(懷古)'로 읊었다.

이색은 최치원을 '천년학(千年鶴)'에 비유하면서, 그 누구도 최치원의 경지를 따라가지 못할 것이라고 말했다. 그래서 자신도 속절없이 최치원이 남긴 유집(遺集)과 《계원필경》만 읽고 있다고 밝혔다. 또 그는 당장 가야산으로 달려가 최치원을 찾지 못하는 자신의 신세를 한탄하기도 했다.

"남쪽으로 가는 흰 구름 그림자 너울너울/ 하늘 끝에 있을 가야산 더욱
묘연도 해라/ 구름을 따라가고 싶어도 날 수가 없네/ 언제나 금대에서
유선을 찾아뵐거나."

《목은시고》권29, '백운(白雲)'

한국전통문화대학교 최영성 교수는 최치원과 이색에 대해 흥미로운 연구 결과를 내놓았다. 최교수는 두 사람은 여러 측면에서 공통점이 발견된다고 했다.

"첫째, 문학사와 사상사에서 차지하는 위치가 각각 신라 말기와 고려 말기를 대표할 정도로 우뚝하다. 둘째, 유학(또는 성리학)을 주된 학문으로 하면서도 유·불·도 삼교를 겸섭하는 학문 성향을 보였다. '삼교회통(三敎會通: 유교 불교 도교의 융화)'의 관점에서 비슷한 측면이 있다. 셋째, 중국에 유학해 과거에 급제한 경험이 있고, 또 그곳에서 체류하면서 국제적 감각을 익혔다. 넷째, 문명을 지향하는 문명의식, 민족의 주체성을 강조하는 동인(東人)의식이 하나로 결부돼 있다. 다섯째, 우리나라 상고대의 도맥(道脈)을 전수한 전도자로서의 위치에 있다."

최영성, '목은 이색의 역사의식과 민족사상'

결국 김종직과 그 제자들이 오랫동안 수토한 '신선 최치원'은 그들의 사조 뻘인 목은 이색이 자신의 삶의 좌표로 삼은 장본인이었다는 얘기다. 한편으로 최영성 교수가 이색을 두고서 비록 신선의 반열에 오르지 못했지만 최치원처럼 '상고대의 도맥을 전수한 전도자'

로 위치 설정을 해놓은 것도 흥미롭다. 과연 이색은 어떤 식으로 우리나라 도맥의 전도자 역할을 했다는 걸까.

참성단에서 단군을 찾다

고려가 세계제국인 원나라의 간섭을 받던 시기에 활동한 이색은 우리 역사와 문화에 대한 자존과 주체의식을 가지고 있었다. 이른바 최치원이 표방했던 '동인(東人)' 의식이었다.

이색은 27세 때인 1354년, 아버지가 있던 원나라에서 고려로 돌아오게 되는데, 요동의 파사부(婆娑府: 지금의 중국 요령성 단동시 동북쪽)를 지나면서 확고한 역사의식을 보였다.

"내 지금 길게 읊으며 요동벌을 지나노니, 구불구불 산길이 그 몇 리나 될런고. 갑자기 두어 집에서 닭과 개 짖는 소리 들려오고, 길에서 검문하는 자는 다 늙은 병사들일세. 압록강 동쪽 언덕부턴 바로 우리 땅으로, 푸른 산 흰 물결이 서로 교태를 부리네. 동한(東韓: 고려)은 인수(仁壽: 어진 이가 오래 산다는 뜻으로 불로장수를 의미)의 군자국으로서, 당요(唐堯: 요임금)의 무진년에 처음 시조가 탄생하였네. 면면히 이어온 역사 하상(夏商: 하나라와 상나라) 시대에도 중국에 굴복하지 않았고, 기자가 작위를 받은 이후 사도(師道)가 새로워졌네. 홍범구주가 정연하게 천하를 비추었으니, 당시에 친히 배운 사람은 그 누구였던고. 파사부의 사람들은 말소리도 유별하여, 지척간의 풍기(風氣)가 호월(胡越)과 같고, 아! 세상 변천은 나

날이 말세로 치달아, 버들꽃 바람따라 어지러이 눈날리듯 하네.'

《목은시고》

이색은 우리나라가 불로장생의 군자국이며, 그 시조는 중국 요임금이 나라를 다스린 지 25년째인 무진년(BC 2333년)에 나라를 건국한 단군임을 시에서 분명히 밝혀 놓았다.

이색은 1358년(공민왕 7년) 가을, 공민왕의 개혁정치가 적극 추진되고 있었을 때 강화도 마니산 참성단을 찾았다. 원나라와의 관계를 청산하고 뿌리 의식의 상징인 참성단에서 천제(天祭)를 지냄으로써 정치 개혁과 고려 중흥을 성공시키려는 의지가 담긴 행사였다.

그는 새벽녘에 천제를 지내려고 참성단에 올라갔다. 정상에서는 상서로운 구름 기운이 흐르고 있고, 휘파람처럼 들리는 바람 소리가 바위로 이뤄진 계곡 사이로 메아리치듯 진동하는 참성단 길은 웅장함 그 자체였다. 이색은 긴 바람에 의지해 정상의 요대(瑤臺: 제단)에 오른 다음 향을 피우고 고려의 태평을 기원하는 제사를 지냈다.

그는 참성단 참배 후 "이 단이 하늘에서 이룬 것 아니라면 누가 쌓았는지 모르겠다"고도 노래했다. 단군에서 기원하는 고려 역사의 유구함과 그 계통이 하늘과 연결돼 있음을 의미하는 것이다(《목은시고》제4권 '마니산 기행').

단군의 성지인 강화도 마니산은 예부터 신령스런 산으로 통했다. 이색은 마니산을 자동(紫洞), 즉 신선이 사는 곳이라고 규정했다. 또 참성단을 만장현단(萬丈玄壇)이라고 해서 하늘에 제사를 지내는 천단(天壇)이라고 규정했다. 곧 단군을 신인(神人)이자 신선으로 보았다

▶ 강화도 마니산 참성단

는 의미다.

〈천부경〉을 공부하다

이색은 최치원이 발견했다고 하는 〈천부경(天符經)〉을 공부하기도 했다. 〈천부경〉은 고조선 시대에 단군의 자손들을 교육시키기 위해 전해 내려오는 '하늘에 부합하는 경전', 즉 우주의 비밀을 담고 있는 경전을 가리킨다. 최치원은 녹도문자(鹿圖文字)로 된 〈천부경〉 81자를 태백산에서 발견한 뒤, 이를 한문으로 번역해 묘향산에 새겨두었다고 전해진다. 후에 묘향산 석벽에 새겨진 〈천부경〉을 20세기 초에 계연수(?~1920)가 발견해 세상에 공개했다고 하는데, 이 때문에 〈천부경〉이 위서(僞書)라는 논란도 빚어지고 있다.

그런데 이런 〈천부경〉을 고려 말 이색이 공부했다는 게 최영성 교수의 주장이다. 이색은 시로 다음과 같이 표현했다.

"비밀스러운 책 처음 나왔을 땐 귀신도 놀랐겠지/ 세상 사람들 모두 의심하는데 누가 분명히 밝힐까/ 〈독단〉, 〈천부경〉 내용과도 부합하니/ 뭇 관원이 태양을 받드느라 패옥 소리가 난다."

《목은시고》 권5, '호종백악산유작(扈從白嶽山有作)'

이색은 '비서(秘書: 비밀스러운 책)'가 세상에 공개되자 자신 외에는 풀 사람이 없음을 은근히 자랑한다. 그러면서 이 비서의 내용이 중국 후한 때 인물 채옹(蔡邕, 133 192)이 지은 〈독단〉과 〈천부경〉의 내용과도 부합한다는 것이다. 〈독단〉에서는 하늘을 아버지로, 땅을 어머니로 하는 부천모지(父天母地) 사상에서 '천자(天子: 하늘의 아들)'라는 말이 나왔고, 이는 동이족의 호칭이라고 규정하고 있다. 즉 우리는 천손(天孫)민족이라는 뜻이다.

또 이색은 〈독단〉의 내용처럼 〈천부경〉도 동이족의 천손 사상이 담겨 있음을 시에서 밝히고 있으니, 이색 당시에 〈천부경〉이 이미 존재하고 있음을 증명하는 셈이다. 실제로 2000년에 이색과 같은 시기에 활동했던 농은 민안부(1328~1401년)가 남긴 문집인 《농은유집(農隱遺集)》에서 '갑골문으로 쓰여진 천부경'이 발견돼 학계의 주목을 끌기도 했다.

이색은 스스로도 천자, 즉 천손임을 매우 자부했다. 그는 취중(醉中)에 지은 '취중가(醉中歌)'라는 시에서 자신을 '선생'이라 칭하면서 이렇게 노래했다.

"선생은 손이 있어서 월굴로 가서 탐색하고, 선생은 발이 있어서 하늘 대궐을 따라 가네. 선생은 바로 천제의 자손이시라. 생각과 행동이 속세의 범인과는 완전히 달랐네."

이색 자신은 천손으로서 곤륜산의 신선 세상인 월굴과 하늘 궁전로 출입할 수 있음을 노래했다. 신선의 경지에 오른 것 같은 호탕함이 느껴지는 시다.

풍수를 연구하다

이색은 이 땅의 지리에 대해서도 깊이 공부했다. 이 역시 그의 시에서 나타난다. 그는 자신이 모시던 공민왕으로부터 기한을 정해 비서(秘書)를 살펴보라는 명을 받았는데, 그 비서는 옥룡자 도선국사가 지은 풍수 도참서였다. 이색은 자은사(慈恩寺)라는 절에서 오랫동안 도선의 비서를 살펴본 후 이렇게 감상을 남겼다.

"광대한 온 세상이 한 하늘을 함께 이고 있는데, 뭇 용이 꿈틀꿈틀 나타났다 숨었다 하네. 동으로 달려와서는 예부터 정신(精神)이 다 모였으니, 우리 강토를 받들어 억만년을 누리리라."

풍수에서는 땅의 기운이 흐르는 곳을 용맥(龍脈)이라고 표현하므로, 이색이 표현한 '뭇 용'은 여러 용맥을 가리킨다. 그 중 한 용맥이 해동(海東)의 땅으로 흘러왔는데, 이 용맥이 범상치 않게도 천하의 정기를 다 품고 있어서 우리 땅의 운수가 영원히 번성할 것이라는 얘기다.

이색이 풍수 공부를 하게 된 것은 공민왕의 개혁 정책과도 관련이 있다. 공민왕은 새로운 수도에서 새롭게 나라를 경영하려고 했다. 1360년 7월 공민왕은 백악(白岳)으로 행차해 도읍을 옮길 자리를 살펴보았다. 공민왕이 천도지(遷都地)로 지목한 곳이 바로 백악산 지역이었고, 당시 이를 '신경(新京)'이라고 했다. 지금의 경복궁 일대인 이곳에는 이미 왕이 임시로 거처하는 행궁(行宮)까지 있었다.

공민왕이 지목한 백악산 자락 즉 서울은 이미 도선국사가 남긴 풍수도참서 〈도선기〉에서 이미 수도 터로 예견된 곳이었다. 공민왕 이전인 숙종때 김위제는 〈도선기〉의 내용을 인용해 "고려의 땅에는 3경(京)이 있으니 송악(개성)은 중경(中京)이 되고, 목멱양(서울)은 남경(南京)이 되고, 평양은 서경(西京)이다. 임금이 매년 11~2월은 중경에, 3~6월은 남경에, 7~10월은 서경에 머무르면 36개국이 조공을 바칠 것"이라고 말한 바 있다. 또 공민왕 때 왕사(王師)로 활동한 승려 보우 역시 도선의 비기를 빌려 "한양에 도읍하면 36국이 조공할 것"이라고 하면서 공민왕에게 한양 천도를 건의했다.

공민왕은 이에 혹했다. 남경으로 천도하면 전 세계 36개국이 조공하는 천자국이 된다는 말에 천도를 위해 적극적으로 움직였다. 이색 역시 공민왕의 천도 계획에 맞춰 지리서를 연구하고 현지를 답사하는 등 협조했다. 그러나 공민왕이 사망한 뒤로는 천도는 물거품이 되고, 도선국사의 비기도 잊히기 시작했다. 그러나 분명한 건 우리 나라 땅이 전 세계로부터 주목받을 수 있는 정기가 뭉쳐진 신령스런 땅이라는 점을 이색은 자각하고 있었다는 점이다.

이로부터 이색은 김종직에게 있어서 '수토'라는 개념을 불러일으킨 스승이었다. 이색은 단군에서 기원되는 우리 역사와 문화에 대해 깊은 성찰을 한 수토사, 선도를 통해서 자기 완성을 꾀하려는 구도자적 수토사, 신령스런 땅과 산천 정기에 대한 깊은 관심을 가진 국토 수토사, 그리하여 더 나은 세상으로 나아가려는 진취적 수토사 등의 면모를 다 갖추고 있었기 때문이다.

역사를 수토한 선도 수행자 남효온

백제에서 교훈을 찾다

남효온은 김종직의 제자들 중 전국의 명산과 명승지를 찾아다니는 수토를 가장 많이 한 인물로 꼽힌다. 1485년 4월에 금강산을 유람한 후 〈유금강산기〉를 남겼고, 그 해 9월에는 개경(지금의 개성)을 유람한 뒤 〈송도록〉을 지은 바 있다. 그리고 2년 후인 1487년 9월에 지리산을 유람하고 〈유천왕봉기〉를 지었다. 그는 신라 화랑도의 무리들이 그러했던 것처럼 국토 순례라는 전형적인 수토사의 행보를 밟았다.

남효온은 지극한 즐거움을 찾기 위해서 산수를 유람한다고 자신의 글인 〈득지락부(得至樂賦)〉에서 밝힌 바 있다. 그는 산수를 유람하다가 절경을 보면 즐거워하고, 뜻이 맞는 벗을 만나 담소를 나누는 기쁨을 찾기도 하고, 역사적 사건과 관련된 의미 있는 장소에서 고사(故事)를 들으면서 교훈을 삼기도 했다.

그의 수토 행위를 구체적으로 살펴보자. 그는 금강산에서 절경을 보며 즐거워하는 한편으로 신라 풍류도와 관련된 화랑들의 흔적을 찾았다. 금강산에서 보덕굴, 영랑현 등을 구경하고 산이 동해바다로 이어지는 사선정, 삼일포 등지에서 화랑들을 수토했다.

그는 바위산이 뱀처럼 구불구불한 모양으로 바다로 들어가는 끄트머리에 자리 잡은 사선정(四仙亭)에 올라 푸른 바다와 어우러지는 총석정의 기기묘묘한 절경을 감상했다. 사선정은 신라 4선(영랑, 술랑, 남랑, 안상)을 추모하기 위해 고려 때 세워진 정자인데 지금은 북한 영역이라 가볼 수 없다. 현재 북한에 있는 사선정은 대일항쟁기 때 일제의 의해 무너진 것을 1960년대에 다시 지은 것이라고 한다.

남효온은 우리 역사에 대해서도 강한 관심을 보였다. 1491년 사위 이총과 함께 백제의 마지막 도읍지인 부여를 유람하며 지은 시 〈부여회고〉에 잘 표현돼 있다. 남효온은 부여 낙화암을 방문한 자리에서 이렇게 노래했다.

> '강물 따라 말 달려서 나라의 도읍을 세우고/ 동명성왕의 후손들이 이곳에서 나라를 경영했지. 천년 이어온 왕업이 하루 아침에 다하여/ 삼백 명의 후궁들이 일제히 목숨 잃었구나.'

《삼국사기》에 의하면 동명성왕의 아들인 온조가 기원전 18년

경 고구려 유민들을 이끌고 내려와 한강 위례성에 백제를 세운 이후로 그 후손들이 웅진(공주)과 사비(부여)로 천도하면서 나라를 경영했다. 그러다 660년 나당연합군의 침공으로 의자왕은 붙잡히고, 의자왕의 후궁들은 절개를 지키기 위해 모두 부소산 낙화암에서 백마강으로 투신해 꽃처럼 산화하였다고 전한다.

그런데 남효온은 "삼천 명의 궁녀가 낙화암으로 뛰어들었다"는 전설은 사실이 아닌 것으로 본 듯하다. 300명의 후궁으로 수정해 기술한 것이다. 부여 백마강이 흐르는 낙화암에 가보면 남효온의 기술이 그럴 듯해 보인다. 남효온의 시각을 따라 부소산 뒤쪽 낙화암과 고란사가 잘 보이는 곳에서 살펴보았다. 어디서도 3000명의 여인이 떨어질 만한 공간은 찾을 수 없었다.

사실 백마강이 흐르는 부소산 뒤쪽은 슬픈 백제를 상징하는 곳이다. 1940년대 가수 남인수가 불러 공전의 히트를 친 '한 많은 백마강'은 낙화암에서 뛰어내린 삼천궁녀와 고란사의 사무치는 종소리를 애절하게 표현하고 있다. 그런데 이 감상적인 노래는 백제의 역사를 왜곡시킨 것이다. 정찬국 부여문화원장은 "낙화암은 나당연합군에 쫓긴 백제 왕족과 궁인들이 잡혀서 치욕을 당하느니 절개를 지키기 위해 스스로 죽음을 택한 장소였다"며 "사서 어디에도 등장하지 않는 삼천궁녀는 의자왕을 폄훼하는 과장된 표현"이라고 말했다.

아이러니컬하게도 백제의 3000 궁녀 투신설은 남효온과 동시대의 인물인 김흔의 시에서 처음 나온다. 김흔은 시적 감흥을 고취시키기 위해 의자왕 후궁을 3000명으로 과장해 표현했던 것이다. 반면 남효온은 시를 쓰면서도 객관적 시각으로 역사를 바라보았다.

남효온은 이어 당나라 소정방과 신라 김유신이 이끄는 나당연합군에 의해 백제가 함락된 후 의자왕으로부터 항복을 받아내는 항복연(降伏宴)에 대해서 이렇게 노래했다.

> "600년 백제 왕업 가을 달이 찬 듯하니, 당나라 군사 북소리가 밤에 울려 퍼졌네. 백마강 어귀에서 청의 입고 술 돌렸으니, 백관들의 통곡 소리 차마 들을 수 있으랴."

《삼국사기》에 의하면 660년 7월 의자왕과 태자 효는 백마강 어귀에서 항복식을 했다. 소정방과 김유신은 당상(堂上)에 앉아 있고, 의자왕은 당하에서 청의(靑衣)를 입고서 술잔에 술을 따라 소정방에게 올리는 치욕적인 행사였다. 이때 함께 항복한 백제 재상들은 포복한 채 나라를 잃은 치욕으로 눈물을 삼켜야 했다.

남효온은 의자왕이 당나라로 붙잡혀갈 당시 백마강 어귀에서 벌어진 항복연이라는 특징적 행사를 통해 백제의 비극적 몰락을 압축적으로 표현했다. 이로써 망국의 군주 의자왕은 승자에 의해 방탕과 무능한 지도자의 대명사로 낙인찍혔다. 또 왕이 포로 신세로 이역만리 떠나게 한 백제의 신하들에 대해서도 책임이 있다는 듯 차가운 시선으로 묘사했다. 백제 왕이 청의를 입고서 소정방에게 술 올리는 모습을 묵묵히 보기만 한 백제 재상들은 "낙화암에 떨어진 혼백에게 부끄럽다 하리라"고 질타하기도 했다.

이처럼 남효온의 시는 동시대 문인들이 백제의 유허지인 부여

▶ 사비백제 시대에 조성된 연못. 궁남지로 불리는 이 연못은 신라의 안압지보다 40여 년 앞선 국내 최고(最古)의 연못으로 사비백제의 화려했던 시절을 보여준다.

를 찾아 인간사 덧없음을 노래하는 감상적 회고시를 남긴 것과는 차원이 다르다. 백제를 철저히 수토해 그 역사 속에서 교훈과 미래를 위한 방책을 찾아보려고 했다.

그가 백제 멸망에 관심을 보인 데는 당시의 조선 상황을 염두에 둔 것이기도 했다. 남효온은 세조의 쿠데타에 동조해 공신 작위를 받은 이들이 권력과 경제력까지 장악해 국정 농단을 일삼고 있는 현실을 우려했고, 이들에 의해서 백제 멸망의 전철까지 밟게 될 수 있다고도 보았다.

남효온은 25세인 1478년, 백면서생의 신분으로 소릉(昭陵: 단종 생모인 현덕왕후의 능호)의 복위를 주장하는 상소를 성종에게 올렸었다. 이는 직설적으로 성종의 할아버지인 세조(수양대군)를 비판하는 것이었다. 세조는 단종을 폐위시키고 왕위를 찬탈할 때 단종의 어머니인 소릉의 능호도 함께 박탈한 바 있다. 그러니 소릉 복위를 주장하는 건 바로 세조를 부정하는 엄청난 사건이었다. 조정 대신 중 그 누구도 감히 입에 올리지 못하는 일을 25세 백면서생이 들고 나온 이후, 남효온의 용기와 절의(節義)가 세상에 널리 알려졌다. 조선이 국교로 받든 성리학의 의리(義理)론에 따른 남효온의 행동은 정당한 것이었다. 물론 이 일로 인해 남효온 본인은 권력 중앙으로부터 강한 배척을 받게 된다.

남효온은 자신의 상소가 기각되자 불의한 정권에서는 관직에 나아가지 않겠다는 다짐으로 과거를 포기했다. 어머니의 소원으로 어쩔 수 없이 27세(1480년)에 진사에 급제하긴 하였으나 관직에는 뜻이 없었다. 그는 이후 서울 근교에서 사족(士族)들과 사귀며 스스로를 '죽림칠현'이라고 부르는 등 시대의 불의에 타협하지 않는 비판적 지식인 그룹을 이끌기도 했다.

소릉 복위와 현실 모순을 혁파하는 상소를 올렸던 남효온은 백제 멸망 순간까지 충언을 멈추지 않았던 성충(成忠)을 머리에 떠올렸던 것 같다. 남효온은 "성충이 옥중에서도 글 한 번 올렸으니, 백발의 일편단심은 늙어서도 넉넉했네. 동문에 눈 매달고 끝내 감지 못하더니, 마침내 가무를 즐기던 사람들 죽는 것을 보겠구나"고 노래했던 것이다.

남효온은 백제의 멸망사에 그치지 않고, 오히려 백제 부흥운동을 관심을 두었다. 남효온은 백제 부흥을 위해 최후의 보루인 임존성에서 끝까지 항거했던 지수신, 복신 등을 거론하며 그 역시 당대에 국난을 당하면 이들과 같은 행동을 하겠다고 결의를 다졌다. 남효온의 바로 이런 모습이 '역사 수토'를 하는 진정한 의미라고 할 수 있을 것이다.

비밀리에 선도 수련을 익히다

남효온의 역사 수토는 그의 선도 수련과도 관련이 깊다. 우리 선도를 익히다보면 자연스레 우리 땅, 우리 역사에 대한 관심이 생기기 때문이다.

남효온은 스스로를 《황정경(黃庭經)》을 잘못 읽어 하늘에서 귀양온 신하라고 자처했다. 그는 "《황정경》 잘못 읽고 하늘의 벌을 받아 인간 세상에 귀양온 지 어언 사십년. 머리 가득 백발이니 돌아갈 날 가까워, 황공(黃公)의 주막에서 산왕(山王)과 이별하네"(《추강집》 권3, 〈감흥(感興)〉)라고 밝혔다.

《황정경》은 선도 수련의 핵심적 경전 중 하나다. 이를테면 호흡을 조절하며 타액을 삼키는 등의 방법으로 정(精)과 기(氣)와 신(神)을 길러 몸을 양생하거나 신선의 몸으로 만드는 것을 가리킨다.

그는 선도 수행에서 일정한 경지에도 오른 듯하다. 그가 남긴 〈수향기(睡鄕記)〉라는 글에서는 자신이 닦은 선도 수행의 한 면모를 보여주기도 했다. '수향'은 잠이 들었을 때의 상태를 하나의 실재하는 공간마냥 상정한 것으로, 신선 세계를 상징한다. 남효온은 수향에 대해 이렇게 소개했다.

"낮잠이 머리를 어지럽게 하고 졸음이 눈앞을 가리어 순식간에 오고갈 수 있는 곳이 수향(睡鄉)이다. 수향을 관찰해보니 참으로 아름답고 즐겁고 평화로웠다. 사람이 이 경지에 들어가면 정신이 혼혼(昏昏)하고 황홀해져서 그 끝을 알지 못한다. 맑고 깨끗함이 충만해 온갖 근심이 사라지고, 어디든 자유로이 노닐게 된다."

《추강집》권4, 〈수향기〉

한마디로 수향은 '잠'을 수련의 매개체로 삼아 이상향의 세계를 체험하며 도를 닦는 것을 의미한다. 이는 도가 혹은 선가에서 전해 내려오는 수련법인 '수면공(睡眠功)'에 해당한다. 일찍이 수면공의 대가는 중국 송나라때 진단(陳摶)이 유명했다. '잠자는 신선' 즉 수선(睡仙)으로 불린 진단은 한 번 수면공에 들어가면 수백 여일간 일어나지 않았다고 한다.

남효온은 수련이 일정한 경지에 오른 후에는 유도(儒道)나 선도(仙道)는 근본적으로 동일한 이치를 가지고 있다고 보았다.

"하늘과 땅 사이에는 이치가 하나일 뿐이니, 신선이 비록 신비스럽다지만 이치 밖의 사물이 아닐 걸세. 나는 처음에는 밖에서 찾아 이를 얻지 못했지만, 이제 몸에 돌이켜서 바야흐로 알았다오. 그 가르침은 주공(周公) 공자(孔子)와 다르지 않고, 그 오묘함은 복희의 역경(易經)과 서로 같구려."

《추강집》권1, 〈약호부(藥壺賦)〉

신선의 가르침이 유가의 가르침과 다르지 않다고 밝힌 점은 당시 유학자 신분으로서는 매우 파격적인 발언이었다. 남효온의 이러한 생각은 당시 사람들에게 공감대를 얻지 못했다. 그는 세상 사람들에게 쓸모없는 사람이라고 조소를 받았다고 스스로 밝히기도 했다. 남효온은 연산군 때 갑자사화로 부관참시를 당하면서 유학 지상주의에 빠진 사관으로부터 "진실로 우리 도(道)의 죄인"이라고 낙인 찍히기도 했다. 그러나 그의 스승 김종직만은 그의 생각과 진가를 알아보고 제자로 거두었던 것이다.

김시습이 밝힌 복본(複本)주의

《징심록》의 마고신, 역사에 등장하다

〈금오신화〉의 저자로 유명한 청한자(淸寒子) 김시습은 조선 선도 족보에서 빠짐없이 등장하는 인물이다. 《해동전도록》에서는 중국 전진교의 전설적인 도사 종리권의 도맥이 조선의 김시습으로 이어졌다고 기록하고 있다. 김시습이 중국식 수련 도교를 이어받았다는 기록은 허균의 〈남궁선생전〉에서도 보인다. 김시습이 중국의 도교에 영향을 받았다는 기록은 이외에도 적지 않게 보이나, 기록이 진실의 전부만은 아닌 듯하다.

김시습의 선도 인연은 어릴 때부터 있었던 듯하다. 그는 5살 때 문장을 엮을 줄 아는 등 신동으로 불렸다. 세종 임금이 김시습을 승정원에 불러들여 시를 짓게 하고서는 크게 기특하게 여겨 그 아버지에게 "이 아이를 잘 기르라. 내가 장차 크게 쓰리라"고 말했을 정도다.

이렇듯 총명했던 김시습은 이웃한 영해 박씨 집안의 눈에 띄었다. 신라 눌지왕 때 재상으로 유명한 박제상(363~419년)의 후손인 영해 박씨는 대대로 선도와 깊은 관계가 있는 가문이었다. 이 가문의 종가쪽 후손들은 선조 박제상이 지은 《징심록》을 필사하는 방식으로 대대로 보관해오고 있었다. 선가(仙家)의 서적으로 분류되는 《징심록》은 박제상이 보문전 태학사(太學士)로 재직할 당시 왕실에서 열람한 자료들과 집안에 내려오는 자료 등을 종합해 저술한 선도 역사류로 총 3교(上敎, 中敎, 下敎) 15지(誌)로 구성돼 있었다.

김시습은 단종 때 형조참판을 지낸 박제상의 후손 박효손(1428~1459년)으로부터 《징심록》을 구해 읽어보고 그 유래와 내용을 자세히 기록한 〈징침록추기〉를 썼다. 김시습은 《징심록》을 열람한 후 우리 역사의 오래됨에 깜짝 놀라고 만다. 《징심록》은 천지 창세 신화 같은, 당시로서는 듣도 보도 못한 내용을 담고 있었기 때문이다.

그도 그럴 것이 《징심록》은 태초에 마고의 천지창조 이야기부터 끄집어내고 있었다. 요약해보자면 우주 율려(律呂)의 주관자인 마고는 창조의 여신으로서 지구에서 생명을 창조하기 시작한다.

여신 마고는 지상에서 가장 높은 곳인 마고성(麻姑城)에서 궁희(穹姬)와 소희(巢姬)라는 두 여신을 낳았고, 이 두 딸에서 황궁씨, 백소씨, 청궁씨, 흑소씨 등 인류의 시조들이 탄생한다. 이들은 천인(天人)의

지위를 가지고 조화롭게 살아간다. 몇 대를 거치면서 자손도 번져나가 3000여 명에 이르게 된다. 그런데 어느 날 백소씨의 일족인 지소씨가 평소에 먹고 지내던 지유(地乳)를 먹지 않고 대신 포도를 먹었다가 5미(味)의 맛에 취해버린다. 결국 다른 생명을 취함으로써 마고성에서 부여한 천성(天性)을 잃게 되고 수명마저 줄어들어 성에서 쫓겨나게 된다.

이에 장자격인 황궁씨가 사태에 대한 책임을 지고 마고신에게 나아가 복본(複本: 근본을 회복함)을 서약한 후, 모든 이들로 하여금 4파로 나누어 마고성을 떠나게 한다. 이때 황궁씨는 천산주(天山州: 동북아로 추정)로 갔다. 황궁씨에게서 유인씨, 환인씨 등 자손이 번져나간다. 황궁씨에서 뻗어나온 후손들은 언젠가는 마고성으로 복본하겠다는 마음으로 늘 수행에 힘쓰는 삶을 살아간다. …

이게 《징심록》에 소개된 천지창조 및 황궁씨 - 유인씨 - 환인씨로 이어지는 우리 민족의 탄생 비화다. '사람들로 하여금 반드시 본래의 천성을 되찾게 하겠다'는 복본의 서약이 황궁씨의 후예들에게 주어진 사명이라는 얘기다. 《징심록》에 의하면 복본은 사람의 본래 품성을 회복하는 것을 의미하며, 철저한 수행을 통해 가능하다고 보고 있다. 그리고 본래 품성을 회복한 사람들은 이상향인 마고성 시대로 회향할 수 있다는 것이다.

김시습은 《징심록》에 기록된 내용을 보고서 "비단 한 문중에 전해진 것만이 아니요, 공(박제상)이 보문전(왕실도서관) 이찬으로 재직하던 10년 사이에 반드시 그 상세한 것을 얻었을 것"이라고 추론했다.

아쉽게도 《징심록》 원본은 전해지지 않고 있다. 《징심록》 관련

원본은 영해박씨 후손인 박재익(1895~1969년, 박제상의 55세손으로 대일항쟁기에 동아일보 기자를 지냄)씨가 6·25전쟁으로 피난 올 당시 북한에 남겨 놓았다가 남북이 분단되는 바람에 찾을 수 없는 상태다. 다만 박재익 씨가 동아일보 잡지에 연재할 목적으로 일부 번역했던 기억을 되살려 부분 복원해낸 게 《요정징심록연의(要正澄心錄演義)》다. 이 책은 《징심록》 15지중 상교(上敎) 1지에 해당하는 '부도지' 및 김시습이 쓴 '징심록추기', 이 자료를 복원해내기까지 저간의 사정을 밝힌 박재익의 '후기'로 구성돼 있다. 오늘날은 통칭 《부도지》로 알려져 있다. 바로 이런 필사 내력 때문에 강단학계로부터 공식 인정을 받지 못하고 있지만, 선도를 연구하는 이들에게는 매우 중요한 자료로 사용되고 있다. 김시습은 《징심록》에서 우리 선도의 원형도 찾아낸다.

"《징심록》의 기록이 멀리는 태고(太古)의 일에 관계하고, 넓게는 우주의 일에 관여하여 그 광대함은 실로 말할 수가 없다. 우리 '동방(東方) 창도(創都: 개국)'의 역사와 '하토(夏土: 중국) 변이(變異: 변질되고 달라짐)'의 기록은 사람으로 하여금 참으로 숙연하게 한다. 통칭 그윽한 의미가 선도(仙道: 도교)와 불법(佛法)과 비슷하나 같지 아니하다. 당시 신라에는 잠시도 선·유·불이 침투해오지 않았으니 이는 고사(古史)에 근거한 것이 분명하다. 그 '신시(神市) 왕래(往來)의 설'과 '유호씨(有戶氏) 전교(傳敎)의 일'이 진실이니 고금천하의 모든 법이 모두 여기에서 나와 잘못 전해져 버린 것이다. 그러므로 이 책의 다름이 유불(儒佛)의 세계에 용납되지 아니하며, 또 제왕(帝王)의 영토에서 배척당한 것이 당연하다."

김시습이 토로한 이 말 역시 당대 조선사회를 뒤흔들어놓을 파천황 같은 발언이다. 우선 김시습은 신라에는 중국 유교나 도교, 서역의 불교가 침투해오지 않은 태고 시절부터 전해져 내려온 우리 도가 있었음을 전한다. 그것은 선도(도교)와 불법과 비슷하나 같지 않다고 했다. 김시습은 이를 천웅도(天雄道)라고 표현했는데, 최치원이 밝힌 '현묘지도'와도 상통한다. 천웅도는 한마디로 '마고성으로의 복본'을 위한 수행의 도이다. 마고성이 부여한 인간의 천성(天性)을 되찾음으로써 근본으로 돌아가 하늘과 사람이 하나가 되는 조화로운 삶을 살아가자는 것이다.

그런데 태고 시절부터 전해져 내려오던 우리의 도가 '신시왕래설'과 '유호씨 전교의 일' 등을 거치면서 계통을 달리하거나 변이됐다고 한다. 우선 《징심록》에 전하는 '신시왕래 설'은 대강 이러하다.

> "환웅씨가 처음으로 배를 타고 사해(四海)를 순방하여 궁실(宮室) 주거 화식(火食) 등을 가르쳤으며, 돌아와서는 언어와 문자를 익히고, 역수(曆數) 의약(醫藥) 천문(天文) 지리(地理) 등을 정하여 가르치니 이때부터 학문하는 풍조가 일어났다."

즉 단군이 나라를 다스리던 고조선 이전의 시기인 신시(神市)시대에 환웅씨가 등장해 세계 곳곳에 문명과 도를 전파했다는 것이다. 이는 《삼국유사》에서 "천제(天帝)의 아들 환웅이 신시를 베풀어 홍익인간(弘益人間), 재세이화(在世理化)하였다"는 글귀를 연상케 한다. 이때에 이르러 우리 고유의 선도가 세상으로 펼쳐지게 됐음을 의미한다.

그런데 이러한 문명 전파 과정에서 중국에서 사단이 발생한다. 《징심록》에서는 이를 '유호씨 전교의 일'로 표현했다. 압축하면 다음과 같다.

"고조선 초기 중국 중원에서 요(堯)임금이 고조선 정책에 반하는 이론을 세우고 반란을 도모하자 단군 왕검은 요를 다스리기 위해 유호씨를 파견했다. 유호씨는 거처를 옮겨가면서 요, 순(舜), 우(禹), 계(啓)로 이어지는 중원의 패자들을 교화하는 역할을 했다. 먼저 유호씨의 아들 유순(有舜)이 요에 협조하자 순을 벌하였고, 다시 우가 고조선에 반대하는 정책을 펴면서 유호씨를 공격해오자 이를 막고 교화했다. 다시 우의 아들 계가 대군을 이끌고 공격해오자 유호씨는 중원은 교화가 어렵다고 생각하고 서남지역으로 무리를 이끌고 떠나갔다."

중국측에서 태평성대로 치는 '요순'시대가 《징심록》에서는 고조선에 반기를 든 중국의 반란으로 묘사되고 있다. 이와 함께 신시시대의 도가 중국에 들어가서는 결국 변질돼 버렸다는 것이다. 김시습은 《징심록》이 이러한 내용을 싣고 있으니 중국은 물론 중원으로부터 불교와 유교를 도입한 우리나라 후대 왕조로부터도 경계의 대상이 될 수밖에 없었다고 밝혔다.

박제상 가문의 선도와 복본

김시습은 《징심록》의 저자인 박제상의 족보에 대해 이렇게 밝혔다. 박제상의 5대조가 파사왕이고, 할아버지는 아도공(阿道公), 아버지는 물품공(物品公)이라고 했다. 아도공은 124세까지 살았고, 물품공 역시 117세까지 살았으며, 후대에도 이 집안에서는 백세까지 산 사람이 많이 있었다고 하면서, 이는 혹 옛날 천웅도(天雄道: 환웅의 도)의 전수자이기 때문이 아닌가 하고 추측한다. 실제로 영해박씨 집안에서는 박제상의 아버지인 물품공이 한국 선도사에 등장하는 물계자라고 주장하고 있음은 앞에서도 살펴본 바 있다.

어쩌면 《삼국사기》 기록처럼 신라가 대륙에 있던 고조선 유민들에 의해 세워진 나라임을 감안해보면, 신라 왕실로 고조선의 선도 또한 흘러들어갔을 수도 있을 것이다.

신라에 나타난 선도 수련이 '천웅도'이든 현묘지도인 '풍류'이든 우리 고유의 도라면, 그 최종의 목적은 《징심록》에 언급된 것처럼 '마고성의 뜻에 맞는 나라'인 '부도(符都)'를 건설하는 것에 있다고 할 것이다. 또 마고성의 후예들 역시 부도의 나라인 마고성에 어울리는 천성 혹은 심성을 갖추는 수행을 해야 한다는 것이다.

김시습의 〈징심록추기〉에는 부도를 실천하려 한 박제상의 노력도 소개하고 있다. 박제상은 자신이 모시던 눌지왕이 고구려에 볼모로 붙잡혀 간 동생 복호와 왜에 있는 동생 미사흔을 늘 염려해 정사에 힘쓰기가 어려운 걸 보고 스스로 나섰다. 그는 고구려 왕을 찾아가 '부도의 일'을 꺼내며 "한 뿌리의 후예로서 어찌 이런 일이 있을 수 있습니까"하고 담판했다. 이 말에 복호는 신라로 돌아오게 됐다. 고구려, 백제, 신라가 모두 한 뿌리에서 나왔고 부도의 사명을 띠고 있는데, 어찌 형제를 잡아두느냐는 말이 고구려 왕의 마음을 움직였던 것이다.

 이어 신라로 돌아온 박제상은 그의 집 문 안에도 들어가지 않고 곧바로 왜국(倭國)으로 출국했다. 미사흔을 데려오기 위해서였다. 박제상의 부인 김씨가 이 소식을 듣고 쫓아갔으나, 박제상은 이미 배를 타고서 손을 흔들어 작별했다. 박제상은 왜에 들어갔으나 왜 왕이 자신의 말을 받아들이지 않을 것임을 알고, 거짓으로 신라 임금을 배반하고 귀화하였다고 말했다. 그리고 2년 남짓 머물러 있으면서 뱃놀이를 즐기다가 하루는 미사흔에게 몰래 귀국할 것을 권했다. 미사흔은 박제상에게 함께 돌아가자고 했으나 박제상은 "공자께서 귀국하시면 일은 성공한 것입니다. 두 사람이 모두 온전하기를 바라다가 어찌 일을 위태롭게 만들겠습니까"하고 말했다. 마침내 울면서 작별한 박제상은 뱃놀이를 계속 하면서 왜인들의 의심을 사지 않도록 했다. 미사흔이 멀리 갔을 때쯤 박제상은 관사로 돌아왔는데, 왜 임금이 비로소 속은 것을 알고 분노했다. 그러자 박제상은 '부도의 일'을 끄집어내면서 옛날의 정의를 수호할 것을 권했다. 그러나 왜의 임금이 완강히 거절하며, 자신 스스로가 동해(東海)의 주인이라고 말했다. 왜 왕은 박제상을 협박하며 "신하라 칭하라"고 말했다. 박제상은 이에 웃으면서 "나는 귀화자가 아니요, 계림(鷄林, 신라)의 신하"라고 고집했다. 결국 박제상이 뜻을 굽히지 않자, 왜 임금은 목도(木島)에서 그를 태워 죽였다. 박제상은 죽음을 대하기를 마치 눈이 녹는 것과 같이 했는데, 재가 되어버린 몸이 정기로 변해 천추에 절의(節義)를 세웠다(《징심록추기》).

사실 고조선의 후예인 고구려 백제 신라 가야 왜에 대해서는 선가에서 전해 내려오는 구전이 있다. 한 뿌리에서 나온 이들 국가는 각기 맡은 사명이 있다는 것이다. 북방 지역의 고구려는 낙랑과 음양의 짝을 이뤄 대륙을 통해 침범해오는 적들로부터 '장춘불로지곡'인 한반도를 수호하는 역할을 맡았고, 백제는 왜와 짝을 이뤄 바다를 무대로 삼아 제국을 경영하고 백성을 풍요롭게 살도록 하는 역할을 맡았으며, 신라는 가야와 짝이 돼 태고적부터 이어오는 겨레의 사명과 정신을 수호하고 지켜내는 사제(司祭) 역할을 맡았다는 것이다. 이때 신라의 정신문화는 가야의 정신문화를 자양분으로 삼아 발전했다고 한다. 그러나 세월이 흘러갈수록 각 나라는 원래의 취지를 잊어버린 채 영토 싸움을 하는 등 진흙 세상을 만들어버렸다.

김시습도 이러한 사실을 인지하고 있었던지, 신라 때의 한 사건을 기록해 놓았다. 효공왕(재위 897~912년) 때에 왕위 계승 문제로 나라가 시끄러웠고 혼란에 빠졌다. 이때 박제상의 후손인 박문현(810~?)이 백세 고령의 나이에 분연히 일어나 여론을 일으켰다.

"신라가 나라를 세운 근본은 부도(符都)를 복건하는 데 있다. 위에 있는 사람은 반드시 이 일에 힘쓸 것이요, 감히 사사로이 영화를 도모하여서는 아니될 것이다. 이는 입국(立國) 당시의 약속이기 때문에 천년이 지났다고 하더라도 어제처럼 살아 있는 것이다. 어찌 그 본의를 잊는 것을 참을 수 있겠는가.

옛날의 조선은 곧 사해(四海: 전 세계)의 공도(公都: 공적인 수도)요, 한 지역에 속한 나라가 아니며, 단씨(단군)의 후예는 즉 모든 종족들의 심부름꾼이요, 한 임금의 사사로운 백성이 아니다. 불행하게도 동해로 피난 와서 방비를 하고 나라를 세운 것은 어쩔 수 없는 데서 나온 것이요, 결코 본 의가 아닌 것이다. 그러므로 나라의 근본이 다른 나라와는 현저하게 다른 것이다. 우리들은 마땅히 이에 각성해 일체의 분쟁을 불태워버리고 마음을 돌이켜 반성하는 것이 옳다."

〈징심록후기〉

박문현의 말은 사람들의 마음을 크게 움직였다. 〈징심록추기〉는 "이때에 국론이 크게 바로잡히고 조정이 숙연하여 왕위를 신라시조 혁거세왕 제1증손의 후예에게 반환하니, 이가 신덕왕(재위 912~917년)이었다"고 기록하고 있다.

조선에서 복본을 실천하다

놀랍게도 이 기록을 쓴 김시습 역시 조선에서 '복본'을 실천하려 했다. 이는 《요정징심록연의》에서 박재익이 쓴 '후기'에 나오는 증언이다.

"(김시습이) 어느 날 부도를 복건할 대업에 뜻을 세우고 동분서주(東奔西走) 남정북래(南征北來)하며 사람을 찾아 왕성하게 도모하고 일생의 정력을 기울여 쏟더니, 이징옥과 이시애의 두 차례에 걸친 실패에 당하고는 마침내 자취를 감추어버렸다. 이는 무여지도(無餘之道)를 몸소 실천하기 위한 것이었다."

김시습이 이징옥과 이시애 난의 배후 인물이라는 충격적인 증언이다. 이징옥과 이시애가 어떻게 복본주의와 관계된다는 걸까.

이징옥은 세종 때 북방6진 개척에 큰 공을 세우는 등 조선 전기의 대표적 무신(武臣)이었다. 그런데 세조(수양대군)가 권력을 찬탈한 계유정난을 일으키자, 1453년 함길도에서 세조에 맞서 군사를 일으켰으나 실패하고 말았다. 조선왕조실록에서는 당시 이징옥이 스스로 왕위에 오르며 금나라를 계승한 대금의 황제임을 자처했다고 기록하고 있으나 사실과 다르다. 이는 세조측에서 이징옥이 단종의 복권을 위해 군사를 움직였다는 사실을 숨기기 위해 지어낸 것으로 해석된다.

이시애 역시 마찬가지다. 함길도의 호족 출신인 이시애는 1467년 세조의 집권 정책에 반대해 난을 일으켰다. 이시애는 북도 출신 수령의 임명을 제한하고 한양에서 수령을 보내는 것에 불만을 품고 반란을 일으켰다는 것인데, 사실은 단종을 폐위시킨 세조를 인정하지 않는 행위였다는 것이다.

공적인 기록에서는 김시습이 이징옥과 이시애의 배후라는 점은 나타나지 않는다. 그런데 '부도'의 도와 '복본'을 중시한 김시습이라면 불의(不義)하고 무도(無道)한 일을 저지른 세조를 끌어내려서 나라를 바로 세우는 것이야말로 당대에 주어진 복본이었다고 생각할 수 있지 않을까. 복본은 그만큼 생명을 걸 정도로 지켜야 하는 '엄격한' 개념이기도 하다.

이로 보면 김시습은 중국 수련 도교 계열로부터도 도를 받는 한편으로 우리 고유의 선도에 대해서도 깊은 이해를 하고 있었던 것 같다. 이 때문에 김시습은 '조선 선도의 중흥 시조'로 자리매김 되고 있는 것이다.

숨겨진 도인 김종직

영남루에서 만난 세 수토사

한국 선도 역사에서 김종직은 많은 부분이 가려져 있다. 그의 제자들 대부분이 선도와 직간접으로 연결돼 있음에도 불구하고, 정작 스승 김종직 만큼은 선도 수련 흔적이 쉽게 드러나지는 않는다. 영남 사림파의 스승인 그가 관직을 역임하면서 훈구파와 대척하는 시점에서, 성리학적 사유 체계와 맞지 않는 선도 수련을 하는 이라고 밝혀질 경우 사림파 전체가 무너질 염려가 컸기 때문일 것이다.

그럼에도 그의 수토 행각에서는 선가의 향기가 은은히 묻어나 온다. 밀양강변에 멋들어지게 자리한 누각 영남루가 그런 곳 중 하나다.

사방이 탁 트인 누각인 영남루는 그 규모와 입지 환경이 빼어나 진주 촉석루, 평양 부벽루와 함께 우리나라 3대 누각으로 꼽힌다. 영남루는 신라 법흥왕 때 영남사의 부속 누각에서 출발했다고 전해진다. 영남루 명칭도 이 절 이름에서 빌렸다고 한다. 영남사가 폐사된 이후 고려 공민왕 때(1365년) 누각 규모를 크게 중수했고, 조선시대에 병화(兵禍)나 실화(失火)로 불타버렸다가 1844년 밀양부사 이인재가 현재의 건물 형태로 다시 세운 것이라고 한다. 고려와 조선의 선비들이 즐겨 찾았던 밀양루는 지금도 관광객들이 즐겨 찾는 명소다.

밀양강을 굽어보고 있는 영남루는 지형 자체가 예사롭지 않다. 영남루 건너편 강변에서는 거북의 머리처럼 불룩하게 생긴 둔덕 위에 영남루가 서 있는 모습이 보인다. '영구음수형(靈龜飮水形: 신령스러운 거북이 산에서 내려와 물을 마시는 형국)'으로 부를 만한 터다. 거북 머리인 둔덕에서 시선을 옮겨가면 거북의 목 부위인 잘록한 고개가 살짝 보이고, 바로 이어서 거북 등에 해당하는 아동산(88.1m)도 보인다. 이 일대가 모두 영남루 권역에 해당한다.

둔덕에 자리한 영남루로 올라서면 돌벼랑 위 위풍당당하게 서 있는 누각이 한눈에 들어온다. 누각 아래로는 바람 따라 일렁이는 물결 위로 녹색 풍경화가 펼쳐진다.

시선을 조선 시대로 돌려보자. 누각에 오른 조선의 시인은 한 폭의 그림처럼 펼쳐지는 밀양강변에 취해 시를 짓는다.

'영남루에 올라오니 때마침 늦봄이라, 기둥에 기대서자 얼굴엔 선들바

▶ 밀양의 영남루. 이색, 김종직, 남효온 등 고려와 조선의 대표적 수토사들이 다녀간 곳이다.

람, 남쪽 지방 산천은 바다로 향해 가고, 사방의 풍악소리 구름 높이 울린다오. 코를 들고 나루 강물 건너가는 들판의 소, 새끼 데리고 둥지 찾아 저녁놀 가르는 백로, 내 행차 적막하지 않음을 알겠노라. 어머니 뵈러 올 적마다 잔치자리 참여하니.'

《점필재집》권5, '영남루차운'

시인은 어머니를 뵈러 고향 밀양에 내려와서 영남루 연회에 참석한 점필재 김종직이다. 영남루는 남천강이 한눈에 내려다보이는 산기슭 절벽 위에 자리하고 있는데, 문인들의 집결지 역할도 했다.

그런데 김종직에게 있어서 영남루는 다른 이들보다 감회가 더욱 남다른 곳이었다. 이곳에는 그의 스승의 스승인 이색이 방문한 뒤 남긴 시가 있다.

'영남루 아래 큰 내가 비껴 흐르니, 가을 달 봄바람이 태평스럽구나. 갑자기 눈에 은어가 삼삼하니 선비들의 웃음소리 귀에 들리는 듯하구나.'

김종직은 당시만 해도 남해 바다에서 낙동강을 거쳐 밀양강까지 올라오는 은어떼를 보며 즐거워했을 스승의 웃음소리를 기억해 내고 자신의 시를 남겼을지도 모를 일이다. '고려의 최치원'이라고 할 만큼 이색은 유학자이면서 최치원을 수토하거나, 천부경을 연구한 고려의 도인이었다. 김종직은 영남루에서 그런 스승을 그리워했던 것이다.

김종직의 이색에 대한 애정과 관심은 관어대(경북 영덕군 영해면)에서도 이미 나타났다. 관어대는 이색의 외가가 있는 곳이다. 관어대는 동해의 바위 벼랑 밑에서 노니는 고기들을 셀 수 있을 만큼 물이 맑아서 붙여진 이름이다. 이색은 자신의 외가인 이곳을 기념하는 의미로 〈관어대소부(觀魚臺小賦)〉라는 부(賦)를 지었다. 그냥 기념하는 차원에서 부를 지은 게 아니라 중국 문인들도 읽어 보도록 염두에 두었다고 밝혔다. 아마 소동파의 〈적벽부〉를 경쟁의 대상쯤으로 여긴 듯하다.

관어대 아래 달 밝은 경치를 그리워하던 이색의 마음을 읽었던 것일까. 김종직은 1466년 영해에 이르러 잠시 틈을 내 이곡(이색의 아버지)의 옛집까지 찾아보았다. 이색의 생가이기도 한 이곳에서 김종직은 "이제야 부질없이 지내시던 곳 지나노라니 같은 시대에 태어나서 못 모신 게 한스럽다"는 시를 지었다.

김종직은 이어 이색이 즐겨 노닐던 관어대를 찾았다. 여기서 바람이 잔잔하고 물결이 고요한 가운데 고기들이 실제로 벼랑 밑에서 헤엄쳐 노는 것을 굽어보고는 이색의 부에 화운(和韻)한 〈관어대부〉를 지었던 것이다. 김종직은 〈관어대부〉 말미에서 "목은(이색)옹에게 술 따르고 부(賦)를 지어 읊으니, 마치 진기한 음식에 배부른 것 같도다"하며 이색과 교감을 나눈 것에 대해 즐거워했다.

흥미롭게도 그런 김종직을 신선으로 표현한 곳도 바로 영남루다. 김종직의 제자인 남효온은 1492년 39세 나이로 사망하기 1년 전인 1491년 늦가을, 스승을 만나 뵙기 위해 밀양을 찾았다. 그해 3월 김종직도 병이 깊어 고향 밀양으로 내려와 있던 참이었다. 남효온은 스승과 함께 영남루에 올라 '밀양 영남루에서 점필재를 뵙다'라는 시를 남긴다.

"시루봉 도사께서 푸른 소에서 내리시니/ 하늘나라 신선들이 의관을 갖추고 즐비했네/ 천 년에 한 번 나올 인물이 점필재 선생이요/ 백 년의 명승지로는 밀양의 영남루라오.'

영남루와 김종직을 절묘하게 대비시킨 이 시는 제자가 스승을 바라보는 시각이 노골적으로 나타나 있다. 제자 남효온은 김종직을 '푸른 소 타고 온 도사'라고 하면서 신선계 인물로 바라보았다. '푸른 소'는 청학처럼 신선을 상징하는 표식이다.

이는 일반적으로 대외에 알려진 김종직의 모습은 아니다. 일반에 알려진 김종직은 마음을 닦는 학문[치심지학(治心之學)]을 제창하고, 제자들에게도 바른 마음을 근본으로 삼도록 하는 심학(心學), 즉

도학을 가르치는 성리학자였다. 그의 이런 면모를 보고서 한양에서
까지 내려와 제자가 되려는 사람들이 넘쳐났을 정도였다.

그러나 남효온의 눈에는 스승이 다른 모습으로 보였다. 스승은
성리학자로 '위장한' 선도 수련자로서 신라 말의 최치원 같은 존재였
다. 스승은 '수토'라는 표현으로 자신의 메시지를 남효온에게 드러
낸 바 있었고, 남효온은 수토에 남긴 내밀한 뜻을 알아차리고 있었
던 것이다.

결국 이색, 김종직, 남효온이 방문하고 글을 남긴 영남루는 유선
(儒仙: 유학자 신선)들의 집결지였다고나 할까.

동시대를 살아간 두 도인, 김종직과 김시습

점필재 김종직과 매월당 김시습은 조선 성종 시대를 주된 무대
로 활동했던 동시대 인물이다. 나이 차도 얼마 되지 않는다. 김종직
(1431년 출생)이 김시습(1435년)보다 4살 많을 뿐이다. 밖으로 알려지기
로는 김종직은 성리학의 도통을 계승한 '사림의 종장'이고, 김시습은
자유로운 삶을 살아간 '방외인의 전형'이다. 또 한 사람은 숨은 선도
수련자였고, 다른 한 사람은 노골적으로 드러내는 선도 수련자였다.

선도 수련을 하는 사람들에게 있어서 차[茶]는 약방의 감초처럼
따라다니는데, 두 사람은 차를 직접 재배해 달여 먹었다는 공통점도
있다. 김종직은 함양군수로 부임해 백성들의 조세 부담을 줄여주기
위해 지리산에서 차 종자를 찾아내 차밭을 경작했다. 마찬가지로 김

시습은 경주 금오산 용장사에서 칩거하던 시절 차나무를 가꾸고 직접 차도 덖어 마셨다. 좋은 차 맛을 내는 데는 맑은 물이 결정적인 작용을 하기 때문에 대통을 이용해 산에서 나는 약수를 끌어들일 정도로 차 마니아였던 것이다.

뿐만 아니다. 김종직은 김시습처럼 영해 박씨에 대한 관심도 상당히 있었던 듯하다. 그는 박제상을 수토했다. 박제상의 근거지인 양산의 징심헌(澄心軒)을 찾아가 박제상이 남긴 시 '징심헌'에 대해 차운(次韻)하는 형식으로 시를 지어 추모했다. 이 밖에도 박제상의 아내 국대부인이 치술령에서 동해바다를 바라보며 울다가 마침내 자진하여 죽은 내용에 관해 쓴 시('치술령(鵄述嶺)')와 박제상의 아들인 '백결선생' 박문량에 관해 쓴 시('대악(碓樂)') 등을 남기기도 했다.

흥미롭게도 두 사람은 공동의 제자들을 두고 있었다. 선도 수련자인 남효온, 홍유손, 정희량 등은 김종직의 제자로 등장하면서도 김시습과의 교유가 끊임없이 이어진다. 《해동전도록》에서는 김시습의 도맥이 홍유손, 정희량, 윤군평 세 사람에게 전해졌다고 기록하고 있을 정도다.

이처럼 여러 방면에서 공통점을 보이는 두 사람이건만, 자신들이 남긴 기록에서는 상대방에 대해 일언반구 언급조차 하지 않고 있다. 일부로 침묵을 지켰다고 보는 것이 더 정확한 표현일 것이다. 서로에 대해 침묵을 지켜주는 것이 우리 선도를 지켜나가는 데 도움이 된다고 생각할 걸까, 아니면 선도 수행을 목적으로 하면서도 역할이 서로 다르다고 생각할 걸까.

사실 김시습은 겉으로는 승려의 신분으로 선도 수행을 해왔고 적극적으로 부도와 복본을 실천해온 수토사였다. 반면 김종직은 은밀히 선도 수행을 하느라 겉으로는 성리학적 자세를 견지한 수토사였다. 이 때문에 김종직은 유학자 신분의 수많은 제자들을 길러낼 수 있었다. 그리고 김종직의 제자들에 의해서 조선의 선도가 제도권 내에서도 끊어지지 않고 이어갈 수 있었던 것이다.

김종직이 아낀 제자 중 한 사람인 김굉필의 경우를 보자. 김굉필을 스승으로 모신 남명 조식(1501~1572)은 《남명집》에서 김굉필이 수련한 호흡법에 대해 이렇게 설명해 놓았다.

"김굉필 선생께서는 일찍이 뜻을 같이 하는 벗과 함께 지내면서 첫닭이 울면 함께 앉아 콧숨을 헤아리는 호흡법을 행하셨다. 남들은 겨우 밥 한차례 지을 정도의 시간이 지나자 자세가 흐트러졌으나, 유독 선생만은 횟수를 낱낱이 헤아렸고 먼동이 트도록 자세를 흐트러뜨리지 않았다."

콧숨을 헤아리는 것은 선도 계열의 수련법이다. 이를 지속하다 보면 내면이 깨어나 정신이 각성하는 효과가 있다고 한다. 김굉필은 평소에도 반드시 갓을 쓰고 방에 고요히 앉아 책을 보면서 밤이 깊도록 자지 않았다고 한다. 연산군 때 무오사화로 귀양살이를 하고 또 다시 갑자사화로 죽임을 당할 때도 형장에서 얼굴빛을 편안히 한 채 수염을 간추려 입에 물었다. "이 수염은 부모에게 물려받은 것이니 감히 훼손당하게 할 수 없다"는 말을 남기고 죽었다.

김굉필은 뜻을 같이 하는 벗과 함께 이런 호흡법을 수련했다고 하니 아마도 일두 정여창을 가리키는 듯하다. 두 사람이 함께 시와 풍류를 즐기던 곳인 '이노정(二老亭: 달성군 구지면)'이란 정자가 기념물로 남아 있을 정도로 두 사람은 가까이 지냈다.

이처럼 김종직 - 김굉필 - 조식으로 이어지는 성리학적 도통 맥 내에서 선도 수련의 맥도 있는 듯 없는 듯 뻗어나갈 수 있었다고 보아진다.

임진왜란 대비한 조식의 혜안

연산군 때 무오사화와 갑자사화로 많은 선비들이 희생을 치른 이후 선도 수련은 물밑으로 숨어드는 듯했다. 15세기에 활동한 김종직과 김시습의 선도 수련 제자들 이후, 한국의 선맥은 일정치 않게 전해진 듯하다.

조선시대 학자이자 단학 수련가인 홍만종(1643~1725년)이 지은 《해동이적》과 《순오지》에는 16세기 이후에 활동한 여러 선도 수련자들이 소개돼 있다. 북창 정염 및 그 형제인 정작과 정초, 전우치, 격암 남사고, 토정 이지함, 면암 곽재우 등 한 시대를 풍미한 역사적 인물들이 모두 선도 수련자들로 등재돼 있다. 이들은 관직에 얽매이지 않았기 때문에 사실상 공개적으로 선도 수련을 했다고 할 수 있다.

이와는 달리 유학자 신분으로 드러내놓지는 않았지만 선도의 양생(養生) 수련을 한 이들도 적지 않다. 김굉필의 뒤를 이어 영남학파의 거두로 우뚝 선 남명 조식(1501~1572년), '송도삼절(松都三絶)'로 유명한 화담 서경덕(1489~1546년), 문장가로 활약한 구봉 송익필(1534~1599년), 광해군때 10만 강병과 북벌을 꾀한 국창 박엽(1570~1623년) 등이 대표적으로 꼽힌다.

이 중 남명 조식은 동갑내기인 퇴계 이황(1501~1570년)과 학문적 라이벌 관계를 유지하면서 수토사의 맥을 이어갔다.

남명 조식은 스승 김종직과 김굉필이 그러했던 것처럼 지리산을 여러 차례 찾은 수토사였다. 그는 1558년 제자들과 함께 지리산을 유람한 후 〈유두류록〉이라는 기행문을 남겼다.

조식은 문인이면서도 상무(尙武) 정신을 갖추고 있었다. 그의 허리에는 늘 45cm 크기의 경의검(敬義劍)이 매달려 있었다. 양쪽 칼날에는 내명자경(內明者敬: 안으로 마음을 밝히는 것이 '경')과 외단자의(外斷者義: 밖으로 결단하는 것은 '의')라는 글씨가 새겨져 있었다. 이처럼 경(敬)과 의(義)는 조식의 좌우명이었다. 조식은 경과 의에 익숙해지도록 노력하는 것이 공부라고 하면서, 익숙해지면 가슴에 걸리는 것이 없게 된다고 제자들을 가르쳤다.

물론 조식 또한 스승처럼 선도 수련을 했다. 그가 지은 〈신명사도(神明舍圖)〉는 '신명의 집'이라는 의미처럼 인체 내에서 신명을 길러내는 선도술이었다. 그런 덕분일까, 그는 미래를 내다보는 예지력도 갖추고 있었던 듯하다.

그는 자신의 사후에 나라에 전쟁이 일어날 것임을 예견하고, 그

▶ 남명 조식이 학문을 닦고 심신을 수양하던 산천재(산청군 시천면)와 그가 손수 심은 매화나무. 산천재에서는 지리산 천왕봉이 바로 보인다.

의 제자들에게 무예와 병법을 익히도록 했다. 마침내 1592년 일본의 도요토미 히데요시가 임진왜란을 일으키자, 조식의 제자들은 나라를 구하기 위해 의병장으로 출전했다. 조식의 둘째 외손녀 사위인 '홍의장군 곽재우(1552~1617년)', 성주에서 왜군들을 격파해 '영남 의병장'이라는 별칭을 얻은 정인홍 등이 조식의 제자들이었던 것이다.

홍의장군 곽재우, 도술에 심취

전국에서 가장 먼저 의병을 일으킨 곽재우는 《청학집》《해동이적》 등에서 선도 수련을 한 인물로 기록돼 있다. 곽재우는 그 가계부터가 범상치 않다. 그의 고조부인 곽승화는 점필재 김종직의 제자이자 한원당 김굉필과는 동문이었다. 또 그의 아내는 스승인 남명 조식의 외손녀이기도 했으니, 그에게는 수토사, 즉 선도의 맥이 짙게 드리워 있었던 셈이다.

곽재우는 그의 나이 41세인 1592년에 임진왜란을 맞았다. 그는 전쟁이 발발하자마자 집안의 전 재산을 털어 의병을 모집했다. 그는 스스로 '천강(天降) 홍의장군(紅衣將軍)'이라는 깃발을 내걸고 전장에 나섰다. 붉은 옷을 입고 백마를 탄 그가 신출귀몰, 종횡무진으로 적진을 누비고 다니자 왜군들은 두려움에 떨었다. '홍의장군'이라는 말

▶ 홍의장군 곽재우의 생가가 있는 곽재우장군 문화공원(경북 의령군 유곡면)의 동상

만 들어도 왜군들은 간담이 서늘해졌으며, 반면 아군은 기세가 등등해졌다.

곽재우는 전쟁이 끝날 무렵 "고양이를 기르는 것은 쥐를 잡기 위해서다. 이제 적이 평정됐으니 떠나는 것이 옳다"고 하며 은거생활에 들어갔다. 사실은 해상 전쟁의 영웅 이순신 장군이 죄 없이 잡혀 올라오고, 또 절친인 광주 의병장 김덕령이 이몽학의 난에 휘말려 억울하게 죽은 일을 목격한 그였기에 권력을 가까이 하지 않으려 했던 것이다.

그러나 그 역시 전쟁 때보다 더 큰 시련을 겪었다. 그가 선도 수련을 한다는 얘기가 권력의 중앙에까지 들렸다. 이를 빌미로 사헌부에서 곽재우를 탄핵하기 위해 상소문을 선조에게 올렸다.

"곽재우는 행실이 괴이하여 벽곡(辟穀) 하고 밥을 먹지 않으면서 도인(導引)·토납(吐納)의 방술(方術)을 만들어내고 있습니다. 전하의 덕이 밝은 세상에 어찌 감히 오활하고 괴이한 일을 자행하여 명교(名敎: 성리학)의 죄인이 되는 것을 달게 여긴단 말입니까. 파직하고 서용하지 말아 인심을 바로잡으소서."

《선조실록》

곽재우가 성리학에서 이단으로 취급하는 도술에 심취해 있기 때문에 파직을 해야 한다는 주장이었다. 이에 대해 선조는 "포용하여 그대로 두어야지 죄를 줄 필요가 없다"고 말했지만, 조정 대신들은 지속적으로 곽재우를 비난했다. 이처럼 유교적 교조주의에 빠진 조선의 권력층 때문에 조선의 선도 수련자들은 운신의 폭이 좁을 수밖에 없었다.

경남 창녕군 도천면 우강리 강가에 있는 '망우정'을 찾았다. 1602년부터 곽재우가 만년을 보냈던 곳이다. 곽재우 시절에는 망우정 아래로 긴 강과 아름다운 모래사장이 드넓게 펼쳐져 있었는데, 지금은 강변이 온통 습지로 변했다.

그는 1617년 66세를 일기로 세상을 떠났다. 전하는 얘기로는 그가 세상을 떠나는 날 뇌성벽력이 크게 치고 비가 많이 쏟아지고 붉은 기운이 하늘을 덮어 마을 사람들이 이상하게 여겼다고 한다. 우리 땅을 지킨 수토사 곽재우를 애도하는 하늘의 징험이었을지 모를 일이다.

수토사 자처한 임금 정조

양생(養生) 호흡 수련을 한 군주

"호흡을 고르게 하는 방법에 대해 말하자면 반드시 먼저 정좌(靜坐)하는 데 힘을 기울여야 한다. 정좌하면 마음이 맑아지고, 마음이 맑아지면 정신이 편안해지며, 정신이 편안해지면 호흡이 저절로 안온(安穩)해진다. 그리하여 숨을 내쉴 때는 기(氣)가 위에서 아래로 내려가고 숨을 들이쉴 때는 기가 아래에서 위로 올라오되, 순환하여 오르내리면서 잠시도 그침이 없으면 실로 병도 앓지 않게 되며 공부 또한 '순수함이 그치지 않는 경지[순역불이. 純亦不已]'에 이르게 된다. 그러나 힘을 너무 지나치게 쓰면 도리어 심기(心氣)를 허비하게 된다. 주경(主敬) 공부도 오직 '평소 늘 보존되게 하고, 조금씩 꾸준히 해나가야 한다'고 말하는 것이다."

《홍재전서》〈일득록(日得錄)〉

호흡수련을 하는 어느 선도 수행가가 제자들을 위해 자세히 일러두는 수련방법인 듯하다. 그런데 충격적이게도 이 말을 한 사람은 조선시대 문예 르네상스를 일으킨 조선 제22대 왕인 정조(1752~1800년)다. 정조는 직접 해보지 않고서는 내뱉을 수 없는 호흡수련법을 자신의 저서인 《홍재전서》에 기록해 놓았던 것이다. 그의 말은 계속 이어진다.

"우리나라의 택당 이식(李植)은 고인(古人)들의 수련법을 따다가 하나의 방문(方文)을 저술하여 만들었다. 대저 마음과 호흡이 서로 의지하게 하려면 불[火] 기운을 내려가게 하고 물[水] 기운을 올라오게 해야 한다고 한 것은 지극히 이치에 맞는 말이다. 매양 취침하기 전에 두 발바닥의 가운데를 마주 문질러 비비면 기운이 저절로 퍼진다. 내가 밤마다 시험해 보았는데, 처음에는 힘이 드는 듯했으나 오래도록 계속했더니 신통한 효험이 있었다. 저번에 듣자 하니, 반계 유형원(柳馨遠)의 후손인 유명위(柳明渭)도 이 방법을 쓴다고 했다."

정조의 증언에 의하면 택당 이식이나 유형원의 자손 유명위도 이런 수련법을 했다. 택당 이식은 인조임금 때 한 승려로부터 입수한 선도 책인 《해동전도록》을 세상에 공개한 인물이다. 그러니 택당 이식 또한 선가 계열의 인물로 분류된다.

사실 정조가 제시한 방법은 본격적으로 신선이 되기 위한 수련법이라기보다는 육체 건강을 좋게 하는 양생법에 해당한다. 정조가 체험해본 또 다른 선도 양생법도 소개해보자.

"젊었을 적에 '매일 빗질을 하라'고 권한 사람이 있었는데, 근년에 들어서 비로소 빗질하기 시작했더니, 머리와 시력이 맑고 시원해졌으며 잠이 저절로 왔다. 섭생가들이 머리를 빗질하는 것은 언제나 매일 120번을 기준으로 삼고 있는데, 어떤 이는 말하기를, '머리 빗기를 매일 천 번씩 하면 머리칼이 세어지지 않는다' 한다. 또 《황정경》에 이르기를, '머리칼은 응당 많이 빗어야 한다'고 하였다. 그러나 오늘날의 사람들 가운데 매일 빗질할 수 있는 이가 드문 것은 바로 일찍 일어나지 못하기 때문이다."

이전의 조선 왕에게서는 잘 찾아볼 수 없는 정조의 행동은 세상이 변화했음을 보여주는 상징적 사건이다. 정조가 대놓고 선도의 양생 수련법을 논하기까지 무슨 일이 벌어졌던 걸까.

조선은 1392년 건국된 후 200여 년의 시간이 흘러 임진왜란과 병자호란을 겪으면서 뿌리부터 흔들리는 정체성의 위기를 맞게 된다. 성리학을 중심으로 했던 기존의 사상에 대해 회의감을 가지게 됐고, 전에 없던 외부의 도전에 대응하기 위한 민족적 각성도 일어나기 시작했다. 바로 그런 시대적 조류와 함께 왕위에 오른 정조는 유불선 삼교에 대한 개방적인 태도를 보일 수 있었던 것이다.

단군 제사를 챙기다

무엇보다도 정조는 당대 최고의 학자로서 중국과는 독립적인 조선의 역사를 확실하게 자각하고 있었다. 그는 환인, 환웅, 단군을 제사 지내는 황해도 구월산의 삼성사(三聖司)를 새롭게 수리하고 친히 제문(祭文)을 지어 제사를 지내게 했다.

"본 사당(삼성사)의 체모가 숭인전(崇仁殿: 기자를 모시는 사당)과 일반이기는 하지만, 기자는 동방으로 와서 임금이 되었고, 단군은 요(堯)와 나란히 서서 임금이 되었으니, 맨 먼저 나와서 비로소 나라를 세운 업적을 상고해 보면 높여 받드는 절차에 있어 기자보다 더욱 존경하는 것이 합당하다."

《정조실록》

정조가 고조선의 주역인 단군과 기자조선의 왕인 기자를 명쾌하게 설명하고 있다. 대개의 조선 성리학자들은 중국문화를 근원으로 두고 한국과 이어지는 데 있어서 징검다리 역할을 했다고 생각되는 기자를 우선 순위로 존숭했다. 그러나 정조는 기자 조선보다 앞서서 요임금 시대에 나라를 세운 단군이 있으므로 당연히 단군을 더 높여야 한다고 말한 것이다.

이러한 역사 인식은 우리 정통의 선도를 수련하는 이들 사이에서는 불문율처럼 지켜지고 있었다. 《순오지》의 저자 홍만종은 "단군은 우리 동방에 있어서 생민(生民)의 시조(始祖)"라고 표현했고, 주

▶ 풍수지리에도 해박했던 정조는 아버지인 사도세자의 묘를 직접 골라 지금의 융릉(경기도 화성시 안녕동)으로 어머니(혜경궁 홍씨)와 함께 안치했다. 그의 묘 역시 바로 옆 건릉에 있다.

나라 무왕(武王) 시대에 동쪽으로 온 기자는 '후조선(後朝鮮)의 시초'라고 구분지었다.

한편으로 국제뇌교육종합대학원대학교 정경희 교수는 정조가 '천부경'을 알고 있었으며, 그 내용도 이해하고 있었다고 주장했다. 정교수는 구월산 삼성사에서 정조가 올린 치제문(致祭文)에 다음과 같은 글귀가 나온다고 했다.

"빛나는 단군께서 아동(我東: 우리 동방)에 처음 나시니 덕이 신명에 합하였다. 천지개벽을 누가 능히 열 수 있었으리, 오직 이성(二聖)이 있어 상스러움을 발하시어 크게 명령(明命)을 받으셨다. 천부보전(天符寶篆)이 비록 징험할 바 없지만 신성들이 서로 이었고 동사(東史)에 칭하는 바이니 세상에 전해진 지 그 몇 해인가."

여기서 '천부보전'이 바로 천부경이라는 게 정경희 교수의 해석이다. 이로 볼 때 삼성사 치제문은 비록 정조가 적은 글은 아니나, 환인, 환웅, 단군을 제사 지내는 삼성사에 대해서 많은 관심을 보였던 정조가 주도해서 만든 문장이니만큼 정조는 천부경을 이해하고 있었다는 것이다.

그러나 조선을 새롭게 만들고자 한 정조의 꿈은 49세를 일기로 한 그의 사망과 함께 끝나고 만다. 그가 선도의 양생법에 관심을 많이 기울였던 것도 부실했던 건강을 챙기기 위해서였는데, 결국 질병으로 인해 사망하고 말았다. 일각에서는 그의 개혁정책을 반대하는 세력에 의해 독살당한 것이라는 주장도 제기된다.

현묘지도의 부활 주창한 수운 최제우

《해동이적》의 저자 홍만종은 한반도가 보통 땅이 아님을 말했다. 중국 진시황이 못내 그리워했던 삼신산이 모두 우리나라에 있다고 밝혔다.

"우리 동방의 산수는 천하에 제일이라, 세상에 일컫는 삼신산이 모두 우리나라 안에 있다. 그러므로 종종 세상을 벗어나 은둔하는 선비들의 신기한 자취를 듣고 볼 수가 있으니 지령(地靈)은 인걸(人傑)이란 말이 과연 허튼 말이 아니다."

삼신산의 기운이 응축된 곳인지, 한반도는 중국 대륙에 비해 비좁은 땅임에도 불구하고 걸출한 기인이사(奇人異士)들을 많이 배출했다. 삼한 이후부터 한반도의 지령을 보호하거나 북돋우기 위해 수토해온 선가 도인들의 노력이 컸기 때문이다.

한반도가 외세의 침탈로 어지러운 시기에는 이런 인물들이 출현해 혼란에 빠진 사람들을 구출해주었다. 조선이 무너지고 일본 제국주의에 맞서는 대일항쟁기가 펼쳐지던 19세기 말과 20세기 초에는 우리 고유의 선도(仙道)를 바탕으로 새로운 질서와 이상적인 세계를 제시하는 이들이 혜성처럼 나타났다. 격동의 시절, 한반도에 신세계의 등장을 알리는 이들의 목소리는 한반도 사람들의 마음을 진동시켰다.

그 시작은 동학을 창시한 수운 최제우다. 선도 수련가이자 수토사로서의 수운를 찾아보기 위해 경북 경주시 현곡면 가정리 용담정을 찾았다. 국립공원 구미산(594m) 골짜기 깊숙한 곳에 자리한 이곳은 동학의 발상지다.

수운은 19세기 초반인 1824년, 경상북도 경주 근처 작은 시골마을에서 태어나 이곳 용담정에서 큰 도를 얻었고, 조선 정부로부터 '혹세무민'한다는 죄명을 쓰고는 1864년 3월 10일 대구 장대에서 처형당한 인물이다. 만 40세가 채 안된 짧은 생을 살았지만 그의 울림은 한반도 전체를 뒤덮었다.

때는 1860년 4월 5일(양력 5월 25일), 용담정에서 기도 중이던 수운은 큰조카 맹윤의 생일 잔치 초청을 받고 산 아래 지동(芝洞) 마을로 내려간다. 조카가 의관(衣冠)을 보내어 오라고 청하므로 수운은 차마 그 정의를 거절할 수 없어 억지로 잔치에 참석하였다. 얼마 안 있자 몸이 섬뜩해지고 떨리는 기운이 있어 마음을 안정시킬 수가 없었다.

수운은 바로 일어나 집으로 돌아왔다. 정신이 휘둘러지며 마치 미친 듯 취한 듯이 엎어지며 자빠지며 마루에 오르자 기운이 솟구쳤다. 무슨 병인지 집중(執症)이 어려웠는데 공중에서 뚜렷한 목소리가 귀에 들려왔다(《대선생문집》).

수운은 어떤 신선 같은 존재의 목소리가 귀에 들리므로 깜짝 놀라 그 정체를 캐어 물었다. 공중에서 또다시 답이 들려왔다. 다음은 그때의 체험을 수운이 직접 밝힌 기록이다.

> "대답하시기를 '두려워하지 말고 두려워하지 말라. 세상 사람이 나를 상제(上帝)라 이르거늘 너는 상제를 알지 못하느냐?'고 하셨다. 어찌된 일인지를 물으니 대답하시기를 '내 또한 공(功)이 없으므로 너를 세상에 내어 사람에게 이 법을 가르치게 하니 의심하지 말고 의심하지 말라'고 하셨다. 또 묻기를 '그러면 서도(西道)로써 사람을 가르치리이까' 하였다. 이에 대답하시기를 '그렇지 아니하다. 나에게 영부(靈符)가 있으니 그 이름은 선약(仙藥)이요 그 형상은 태극(太極)이요 또 형상은 궁궁(弓弓)이니 나의 영부를 받아 사람을 질병에서 건지고, 나의 주문(呪文)을 받아 사람을 가르쳐서 나를 위하게 하면 너도 또한 장생(長生)하여 덕을 천하에 펴리라'고 하셨다."
>
> 《동경대전》〈포덕문〉

1860년에 겪은 일이라고 해서 '경신년 천상문답'으로 불리는 이 사건은 서교인 천주교에 대항하는 동학의 출현이라는 종교적 대사건임과 동시에 한국 선도사에서도 큰 획을 긋는 사건이었다.

수운은 상제(上帝) 즉 우주의 절대자로부터 신교(神敎)를 받는 신비한 체험을 하게 된다. 신과의 대화 혹은 신 체험 등은 기독교 예수와 이슬람교 마호메드의 경우와 별반 다르지 않다. 다만 수운이 이들과 다른 점은 상제로부터 질병을 고칠 수 있는 '영부(靈符: 부적)'와 함께 신선체 몸으로 바꾸는 '주문'이라는 선도술을 받았다는 것이다.

먼저 수운은 상제께서 "삼신산의 불사약"이라고 하며 백지에 보여준 부도(附圖: 영부 혹은 부적) 수백 장을 연달아 물에 타서 마시고 7~8개월 동안 몸이 바뀌는 경험도 하게 된다(《대선생문집》). 한편으로 신과 합일되는 주문인 '지기금지원위대강(至氣今至願爲大降)', '시천주조화정영세불망만사지(侍天主造化定永世不忘萬事知)' 등을 주송함으로써 신묘한 체험도 하게 된다. 이런 득도의 과정은 중국 도교나 우리 선도측에서 보이는 수련술의 한 방법이기도 하다. 이후 수운은 서양 제국주의의 무력을 등에 업고 출현한 서학(西學)에 대비되는, 유불도 삼교의 가르침을 포함하는 동학을 창시했다.

수운의 동학은 당시 사람들의 폭발적 관심을 끌었다. 수운이 주문 또는 영부를 사용하여 병자를 치유하는 사례들이 속속 생기자, 사람들이 그를 믿고 주문 수련을 하는 등 동학도가 됐다.

> "가슴에 불사약을 지녔으니 그 형상은 궁을(弓乙)이요, 입으로 장생하는 주문을 외우니 그 글자는 스물한자라. 문을 열고 손님을 맞으니 그 수효가 그럴 듯하며, 자리를 펴고 법을 베푸니 그 재미가 그럴 듯하도다. 어른들이 나아가고 물러가는 것은 마치 삼천제자의 반열같고, 어린이

들이 읍하고 절하는 것은 육칠의 읊음이 있는 것 같도다. 나이가 나보다 많으니 이 또한 자공의 예와 같고, 노래 부르고 춤을 추니 어찌 공자의 춤과 다르랴."

《동경대전》〈수덕문〉

수운이 구름처럼 모여든 사람들에게 주문 수행을 가르치고 포교하였다는 내용이다. 《고종실록》에 따르면 수운이 동학을 창도한 지 3년째인 1863년에는 경상도에서 수운의 주문이 널리 퍼져 민중들에게 암송되고 있었다고 한다. 혹세무민 죄로 수운을 체포한 선전관(宣傳官) 정운귀(鄭雲龜)는 당시 상황에 대해 조정에 이렇게 보고하였다.

"조령(鳥嶺)에서 경주까지는 400여 리가 되고 주군(州郡)이 모두 10여 개나 되는데 거의 어느 하루도 동학에 대한 이야기가 귀에 들어오지 않는 날이 없었으며 주막집 여인과 산골 아이들까지 그 글을 외우지 못하는 자가 없었습니다. … 대체로 그 도(道)를 배우기 시작할 때에는 반드시 먼저 몸과 입을 깨끗이 하고서야 열세(13) 글자 '시천주조화정영세불망만사지(侍天主造化定永世不忘萬事知)'를 전수해 주고, 또 그 다음에 여덟 글자 '지기금지원위대강(至氣今至願爲大降)'을 전수해 준다고 합니다. 그것을 배우기를 원하는 사람은 반드시 화를 면하고 병이 제거되며 신명을 접하게 된다는 등의 말로 속이고 홀리면서 권유하는 바람에 그 말에 빠져들어 가기 쉽습니다. 그렇기 때문에 비록 글자를 모르는 아녀자와 아이들도 미쳐 현혹되어 밤낮을 가리지 않는다고 합니다."

《고종실록》

동학은 이렇게 영부와 주문을 통해 구시대와 구별되는 신세계인 후천(後天) 세상의 도래를 주창했고, 천상의 초월적 하느님(한울님)과 내 몸이 하나가 되는 '시천주(侍天主: 천주님을 모시다)'를 통해 '지상 신선'이 펼쳐지는 세상을 노래했다. 곧 지상 신선은 사람이 하늘이라는 인내천(人乃天) 사상의 다른 표현인 것이다.

동학은 교조 수운 이후 최시형, 손병희 등을 거치면서 천도교로 확장됐다. 이외에 수운의 영향을 받은 여러 교단들도 생겼다.

동학은 유불선 3교를 아우르는 새로운 고등종교의 옷을 입고 '한국적 선도'를 출범시켰다. 최치원이 표방한 3교를 포함한 현묘지도가 동학을 시작으로 세상에서 공개적으로 펼쳐지기 시작한 것이다.

참동학 선포한 증산 강일순

동학이 불꽃처럼 사방으로 번져가던 시기에 선도적 색채를 강하게 표방한 이가 증산 강일순(1871~1909년)이다. 증산은 고향인 객망리(전북 정읍시 덕천면 신월리)에서 시루산 상봉까지 밤낮으로 오르내리면서 큰 소리로 진법주(眞法呪)를 읽으며 도술 공부를 시작했다. 그의 호가 증산(甑山)인 것도 시루산(증산)에서 공부를 했기 때문이다.

증산은 어릴 때부터 다양한 선도 법술을 접하면서 초자연적인 도술을 구사했다고 한다. 증산은 시루산에서 둔갑술에 해당하는 호둔(虎遁: 호랑이로 둔갑함)을 하고서 공부를 한 적이 있다. 증산이 호랑이가 된 상태에서 살펴보니 사람들이 개나 돼지처럼 보였다. 호랑이를 그대로 두면 인간에 피해가 많겠으므로 그 종자(種子)만 남겨두고 없애버렸다고 했다(《증산도 도전》). 지금도 시루산에는 증산이 호둔해 앉아 있었다는 '호둔 바위'가 그대로 있다.

증산의 도술과 이적은 주변 사람들에게 요술(妖術)로 인식되기도 했다. 증산은 '요술쟁이'라고 자신을 놀리는 사람들에게 물 한 그릇으로 방 안을 소용돌이가 일고 파도가 치는 물바다로 만드는 등 이적을 보였다고 전해진다. 이처럼 증산은 당시 도술에 정통한 '도인'으로 알려졌다.

그런데 증산은 자신의 정체를 동학 교조인 수운과 연계해 이렇게 말했다.

> "최수운에게 천명과 신교를 내려 대도를 세우게 하였더니, 수운이 능히 유교의 테 밖에 벗어나 진법(眞法)을 들쳐내어 신도(神道)와 인문(人文)의 푯대를 지으며 대도의 참 빛을 열지 못하므로, 드디어 갑자년(甲子年: 1864년)에 천명과 신교를 거두고, 신미년(辛未年: 1871년)에 스스로 세상에 내려왔노라. 《동경대전(東經大全)》과 〈수운가사(水雲歌詞)〉에서 말하는 상제는 곧 나를 이름이니라."
>
> 《증산도 도전》

증산은 자신이 수운에게 천명(天命)과 신교(神敎)를 내려준 존재이자, 수운의 죽음으로 인해 직접 이 땅에 강세한 상제라고 칭했다.

증산은 수운이 새로운 종교운동을 표방하고 일어났지만, 유교(儒敎)적 한계를 벗어나지 못해 실패했다고 하면서 자신의 가르침이 참동학이라고 규정했다.

당시 수운은 1864년 4월 '삿된 도로 세상을 어지럽힌 죄'로 대구장대에서 41세 나이로 처형됐다. 이후 동학 교도들은 수운이 다시 태어날 것임을 믿고 있었고 또 염원했다. 증산은 이런 분위기에서 당시 동학 교도인 박공우를 만나 "동학 신도간에 대선생(大先生: 수운을 가리킴)이 갱생하리라고 전하나, 죽은 자가 다시 살아오지는 못할 것이요, 이는 대(代)선생이 다시 나리라는 말이니 내가 곧 대선생이로다"하고 말했다. 증산은 또 자신이 수운을 대신해 이 땅에 내려 온 목적을 구체적으로 밝혔다.

"동학에 '시천주조화정(侍天主造化定)'이라 하였으니 나의 일을 이름이라. 내가 천지를 개벽하고 조화정부를 열어 인간과 하늘의 혼란을 바로잡으려고 삼계를 둘러 살피다가 너의 동토(한반도)에 그친 것은 잔피(孱疲)에 빠진 민중을 먼저 건져 만고에 쌓인 원한을 풀어주려 함이라. 나를 믿는 자는 무궁한 행복을 얻어 선경의 낙을 누리리니 이것이 '참동학'이니라."

《증산도 도전》

증산은 인류가 문명시대를 연 이후로 쌓인 원(怨)과 한(恨)을 풀어야만 지구상에서 후천(後天), 즉 새 세상이 열린다고 하면서 9년간 하늘과 땅과 신명세계를 뜯어 고치는 '천지공사'를 집행했다. 그러면서 한반도에서 새 세상을 건설하는 데 쓰이도록 비장돼 왔던 4군데 천지 명당을 거론했다.

"수운의 글에 '산하대운(山河大運)이 진귀차도(盡歸此道)라' 하고, 궁을가에 '사명당(四明堂)이 갱생(更生)하니 승평시대(昇平時代) 불원(不遠)이라' 하였음과 같이 사명당을 응기시켜 오선위기(五仙圍碁)로 천하의 시비를 끄르며, 호승예불(胡僧禮佛)로 천하의 앉은판을 짓고, 군신봉조(群臣奉朝)로 천하의 인금(人金)을 내며, 선녀직금(仙女織錦)으로 천하 창생에게 비단옷을 입히리니 이로써 밑자리를 정하여 산하대운을 돌려 발음(發蔭)케 하리라."

《증산도 도전》

증산에 의하면 우리나라에서 후천 선경을 건설하는 데 필요한 4대 명당이 있다. 순창 회문산의 오선위기(다섯 신선이 바둑을 두는 형국), 장성 손룡의 선녀직금(선녀가 비단을 짜고 있는 형국), 무안 승달산의 호승예불(승려가 예불을 드리는 형국), 태인 배례밭의 군신봉조(장상이 왕명을 받드는 형국)가 그곳이다.

증산은 각각의 땅의 기운에다 유불선의 종교 기운까지 입혀 명당을 발음시켰다. 이를테면 무안 호승예불 명당에는 불법(佛法)의 조화 기운을 쓰고, 순창 오선위기 명당에는 선도의 무병장수라는 건강 기운을 쓰고, 태인 군신봉조 명당에는 유교의 치국(治國) 기운을 쓰고, 마지막으로 장성의 선녀직금 명당에는 이름 그대로 창생에게 비단옷을 입히는 풍요 기운을 쓴다는 의미다.

증산의 행동은 단군 조선 이래 우리 겨레에서 배출한 수많은 선도 수련자들이 신성한 한반도 땅을 지키기 위해 벌인 수토와도 유사하다.

한반도 수토사들은 외적으로부터 신령스러운 땅 기운이 훼손되지 않도록 전쟁 참가를 불사했고, 아편이나 오염 물질이 땅을 더럽히지 못하도록 철저히 단속을 했고, 미래에 쓰일 땅의 기운을 북돋우기 위해 특정한 식물과 광물을 심거나 묻어두는 등 심혈을 기울였다. 나라가 시켜서가 아니요, 수행을 통해 깨달음의 세계에서 내다본 사명이었기 때문이다.

어쩌면 증산의 천지공사는 그간 한반도 수토사들이 해온 일들의 종합판이라고 할 수 있을 것 같았다. 실제로 증산은 "궁을가(弓乙歌)에서 '조선강산 명산이라 도통군자 다시 난다'고 하였는데, 나의 일을 가리킴이라"고 말했다. 이 모든 일이 한반도에서 후천 선경세계를 건설하는 1만2000명의 도통군자를 배출하기 위한 행위라는 것이다.

동학(천도교)과 증산도 등 선도적 특징이 두드러지게 나타나는 민족 종교의 출현과 관련해 고려대 민족문화연구원 박종천 교수는 이렇게 설명했다.

"동아시아는 다른 문화권과는 달리 삼교교섭(三敎交涉)의 종교문화를 일구어 왔다. 다만 동아시아 삼국 중에서 중국이 도교를 중심으로 삼교를 혼합하는 삼교합일의 양상을 보여주었다면, 일본은 신도(神道)가 주도가 되어 다른 종교들을 혼합하는 삼교융합의 양상이 전면적으로 나타났다. 이에 비해 조선에서는 유교(儒敎)를 중심이자 정점으로 하는 종교적 위계질서 속에서 선도(仙道)가 불교나 무속 등과 함께 주변부와 저변부에 자리잡았으나, 근대 한국에서는 동학(東學)을 비롯한 다양한 자생 신종교들이 각각 다양한 방식으로 신선사상을 재전유하면서 동양의 전통적인 삼교(유·불·도)는 물론 기독교까지 포함하여 다양한 종교들을 아우르는 '종교융합' 내지 '통합종교'의 새로운 양상을 선보였다."

'신선사상으로 본 동학과 증산도', 《민족문화연구》 제96호

근대 한국에 이르러 한국의 신선도는 자생적으로 발생한 신종교가 이어받는 형식으로 새로운 양상을 띠게 됐다는 설명이다. 또 이들 신종교는 한민족을 중심으로 하는 민족주의적 세계관을 강하게 지녔다는 점에서 '민족종교'라고 불리게 된다.

단군을 스승으로 내세운
독립운동가 나철

대종교를 태동시킨 나철(1863~1916년)은 기존 우리 선도의 전통 역사를 모범적으로 받아들인 경우라고 할 수 있다.

나철은 원래 구한말에 장원급제를 한 학자였다. 1905년 일제에 의한 을사늑약이 체결되자 가장 먼저 을사5적의 암살을 도모한 수토사이기도 했다.

항일독립운동가로 활동하던 나철은 단군으로 상징되는 백봉교단과 인연을 맺게 된다. 백봉교단에 대해서는 잘 알려진 바가 없다. 백두산을 선도 수련의 근거지로 삼고 '백봉신사'라는 인물로부터 지도를 받은 선도 수련자들의 비밀결사 단체로 추정될 뿐이다. 《대종교중광육십년사》에는 백봉신사에 대해 단편적으로 언급해놓은 기록이 있다. 백봉신사가 백두산에서 수도에 정진하여 성통(性通: 깨달음의 단계)의 경지에 이르렀다거나, 한배검(단군)의 묵계를 받아 백두산 보본단 석함(石函) 속에서 《삼일신고》라는 비서를 얻었다거나, 백두산 대숭전에서 제자 33명을 길러냈다는 등의 내용이다. 이로 볼 때 백봉교단은 《삼일신고》에 등장하는 수련법인 지식, 조감, 금촉 등을 통해 선도를 닦는 단체임을 의미한다.

나철이 본격적인 종교 지도자로 나선 데는 신비 체험이 결정적 역할을 한 것으로 전해진다.

나철은 1906년 백봉교단의 백전으로부터 《삼일신고》와 《신사기》를 전달받았고, 1908년 12월에는 백봉교단의 두일백으로부터 《단군교포명서》《고본신가집》 등을 재차 전달받은 뒤, 국민에게 단군 정신을 알리라는 재촉을 듣게 된다. 이때 나철은 무언가 모를 감동을 받아 온몸이 진동하면서 대오각성(大悟覺醒)하는 상태에 빠졌다고 한다.

"나라는 망했으나 겨레는 살아 있다. 이 살아 있는 겨레를 건지는 교화 운동이야말로 참된 것이다. 민족의 정신이 독립된다면 조국이 독립될 날은 반드시 온다."

《한국중흥종교교조론》

나철은 조선이 망한 이유가 정신을 빼앗긴 것에 있음을 각성한 뒤, 백봉신사를 영적 스승으로 받아들이고 대종교를 출범시켰다. '대종교 중광'이라 불리는 이 사건은 우리 선도의 맥이 전해지는 의식이기도 하다.

나철은 1909년 2월5일 서울 재동의 초가집에서 뜻을 같이 하는 10여 명과 함께 '단군대황조신위'를 모시고 제천의식을 거행한 뒤 '단군교포명서'를 공포함으로써 단군교의 출범을 알렸다.

> '단군의 가르침은 4000년을 전래해온 대교대도(大敎大道)인데 불교, 유교의 유입으로 인해 알게 모르게 망각의 지경에 이르러 그 이름조차 모르는 사람이 허다하게 되었으나 오늘 4000여 년 만에 단군교가 부활하였고 단군교의 심오한 교의와 역사를 계승하였다.'
>
> 《단군교포명서》

이렇게 단군을 전면으로 내세운 선도 단체가 창립된 것이다. 나철은 이후 일제의 탄압을 피하고자 1910년 8월5일에는 교명을 대종교로 개명했다.

이후 나라가 일제의 의해 강제 병탄되자 나철은 활동무대를 압록강과 두만강 너머 만주 벌판으로 넓혔다. 1914년 5월13일에는 총본사를 만주 화룡현 청파호로 이전했다. 아울러 서울에 남도본사, 청파호에 동도본사 등 백두산을 중심으로 동서남북 4도 교구와 외도 교구를 설치함으로써 조직을 확장했다.

나철은 신이한 이적도 펼쳤다. 염병으로 죽어가는 사람들을 살려내고 단군의 대도(大道)를 설파하면서 수많은 신도들이 그를 따랐다. 대종교가 확대되면서 많은 대종교 교인들이 독립운동에 투신했다. 당시 대종교 교인들을 보면 우리나라 독립운동사에 큰 족적을 남긴 인물들이 다수 포함돼 있다. 신규식, 이동녕, 박찬익, 조성환 등 대일항쟁에 전면으로 나선 독립운동가들, 김교헌, 박은식, 신채호, 류근, 정인보, 이상룡 등 민족정기를 회복시키기 위한 민족사학자들, 주시경, 지석영, 이극로, 최현배 등 문화운동가 등이다. 청산리대첩을 승리로 이끈 북로군정서의 서일 총재, 김좌진 총사령관 등도 대종교인이었다. 이들 모두 국난 시기에 조국의 땅을 지킨 수토사들이었다.

대종교는 나철이 조천한 1916년 8월15일까지 8년이 안되는 짧은 기간에 수십만의 신도가 생겼고, 일제에 항거하는 독립운동의 큰 축을 형성했다. 대종교가 짧은 기간에 큰 업적을 남길 수 있었던 이유는 당시 대종교 신도들이 단군을 단순히 종교적 신앙의 대상으로만 본 것이 아니라, 한국선도 고유의 심신수행 문화 및 전통사상과 철학으로 받아들였기 때문이라고 평가된다.

3부

나의 수토 여행길

1장

천문(天文), 우리 별을 수토하다

01 제주도의 북극성과 설문대할망

02 천신(天神)과 교감하는 마니산 참성단

03 서울은 '우주의 중심 별'

제주도의 북극성과 설문대할망

제주도 지사가 주재하는 한라산신제

조선시대 김종직과 그 제자들은 지리산 천왕봉의 성모신을 배알함으로써 수토의 구심점을 삼았다. 지리산을 지키는 산신이자 성모신이 《부도지》에 등장하는 마고성의 창조여신 마고신일 가능성이 높았기 때문이다.

김종직은 일찍감치 마고신이 등장하는 《부도지》와 저자인 박제상에 대해 지대한 관심을 보인 바 있다. 또 그의 제자로서 무오사화에 연루돼 귀양살이를 했던 이윤은 중국 도교 문헌에 등장하는 '마고의 손톱'을 거론하며 "시원스럽기가 마고가 등을 긁는 듯하다(快若麻姑搔)"는 표현으로 마고를 시에 등장시키기도 했다. 이윤은 만년에 마고의 이름을 딴 영산(지금의 창녕) '마고리(麻姑里)'에서 쌍매당을 짓고 은거했다.

마고가 선도의 최고(最高) 여신 혹은 최고(最古)의 산신임은 일찍 감치 갈홍(283~343년)의 《신선전》 등 중국 도교 문헌에 나타난 바 있다. 또 우리나라 지리산의 노고단처럼 마고신에게 제사를 지내는 제단도 있었다고 전한다. 《부도지》의 기록에 따라 유추해 보자면 마고신이 한국과 중국에까지 널리 전승됐음을 알 수 있다.

마찬가지로 21세기 현재 마고신의 모습을 역동적으로 보여주는 곳이 아직 남아 있다. 바로 한라산 꼭대기에 좌정하고 있다는 거구의 설문대할망 신화를 가지고 있는 제주도다. 우리 천문, 즉 우리 별을 찾아가는 나의 수토 답사 1번지로 제주도를 지목한 이유다.

한반도 최남단의 제주도는 북방에서 내려온 문화가 일본으로 건너가기 직전의 마지막 정거장이자, 남방에서 올라오는 문화의 첫 시작점이 되는 곳이다.

제주대 후문 근처, 소산오름 기슭에 위치한 산천단(제주시 아라일동 392)에서 천문 수토를 시작했다.

곰솔 군락지이기도 한 이곳은 제주 사람들이 특별히 신성시여기는 공간이다. 매년 한라산의 산신을 모시는 제사가 이곳에서 열리기 때문이다. 한라산신제에서는 제주도지사가 초헌관(제향 때 첫 잔을 올리는 제관)을 맡도록 조례에서 규정하고 있다. 공적 차원에서 치르는 행사라는 의미다.

한라산신제의 역사는 매우 깊다. 제주가 독립적으로 존재하던 탐라국 시절부터 산신제가 시작된 이후 고려 후기인 1253년(고종 40

▶ 한라산신에게 제사 지내는 산천단. 바로 옆으로 천연기념물인 곰솔이 호위하듯 서 있다.

년)에는 국가 차원의 제례로 발전했다. 조선왕조에 들어와서도 제주목사는 매년 산신 제사를 챙겼다.

한라산신제는 원래는 음력 정월 한라산 백록담의 북쪽 기슭에서 거행됐다. 한라산이 제주의 중심이자 하늘의 기운과 맞닿아 있다고 보았기 때문이다. 조선의 인문지리서인 《신증동국여지승람》에서 '한라(漢拏)'라는 산 이름을 가리켜 "은하수(은한·銀漢 혹은 운한·雲漢)를 끌어당긴다"고 해석한 것도 이런 배경에서다. 즉, 한라산 백록담의 물은 바로 은하수가 흘러내려온 하늘의 신성한 물이라는 것이다.

그런데 제주목사가 산신제를 지내기 위해 많은 수행원을 데리고 백록담까지 올라가는 일이 여간 힘든 게 아니었다. 아직도 한겨울인 음력 정월에 사람들이 제물을 지고 험한 길을 올라가다가 얼어죽거나 부상을 당하는 일이 잦았다. 결국 조선 성종 1년(1470년), 제주목사로 부임한 이약동은 결단을 내렸다. 백록담에서 지내는 산신제

폐단을 임금에게 고한 뒤 지금의 산천단에서 천제를 지내도록 했다.

산천단은 풍수의 눈으로 보아도 범상치 않은 터다. 현재 천연기념물로 지정된 곰솔 숲 한가운데에 차려진 돌 제단은 푸른 이끼가 덕지덕지 끼어 있고, 높이 치솟아 있는 곰솔 8그루는 제단을 수호하듯 배치돼 있다. 이약동은 이곳 산천단이 한라산신이 머무르기에 적당한 터라고 판단한 듯하다. 실제로 산천단은 가뭄이 심할 때 기우제를 하면 효험을 볼 정도로 신령스런 터로 소문났다.

설문대할망과 마고 할매

한라산신은 제주도 창세신화에 등장하는 설문대할망과도 연결된다. 제주도에 존재하는 1만8000여 신들 중 가장 으뜸 신인 설문대할망은 제주도라는 큰 섬을 창조해낸 주인공이자, 나중에 한라산신이 됐다는 전설이 전해 내려오기 때문이다.

또 설문대할망은 제주도의 산천을 창조했다는 점에서 마고할미와 함께 한국 신화에서 유일하게 전승되고 있는 '여성 창조신'으로 기억되고 있다. 제주도에서 파편적으로 전해 내려오는 제주도 지형 창조 이야기는 대체로 이렇다.

설문대할망은 굉장히 키가 클 뿐만 아니라 힘도 셌다. 흙을 파서 삽으로 일곱 번 떠 던진 것이 한라산이 됐다. 제주도내 여러 곳의 산들은 모두 설문대할망이 신고 있던 나막신에서 떨어진 한 덩이의

▶ 제주 돌문화공원에는 설문대할망으로 상징되는 한라산을 등지고 설문대할망의 자손들인 오백장군 석상이 가지런히 서 있다.

흙들이다.

여기서 변형된 다른 얘기도 있다. 설문대할망의 치마폭에 흙을 담다가 쏟아부은 것이 한라산이고, 치마폭의 뚫어진 구멍들에서 쏟아진 흙들이 제주도내에 무수히 산재한 작은 산들이라는 것이다. 어찌 됐든 설문대할망이 빚어놓은 것이 제주도라는 사실은 변함이 없다.

제주도 지형을 예로 들어 설문대할망이 어마어마한 거인임을 묘사한 얘기들도 많다. 설문대할망이 한라산을 배게 삼아 누우면 다리가 바다에 잠겨서 발로 물장난을 했는데, 서귀포 법환리 앞바다 섶섬에 있는 커다란 구멍 두 개가 할망이 발을 잘못 뻗어 생긴 것이라고 한다. 또 할망이 비양도에 발을 걸치고 오줌을 누어 한라산 백록담에 물이 고였고, 그 남은 물이 스며들어 제주에는 물이 풍부하다는 것이다.

|3부| 나의 수토 여행길

제주 오백(500)장군을 낳고 길러낸 생명 창조의 신인 설문대할망은 사실상 제주판 마고(삼신)할미라고 할 수 있다. 이런 창세 신화를 상징적으로 보여주는 공간이 제주돌문화공원(제주시 조천읍 남조로 2023)이다. 330만m²(약 100만 평) 대지 위에 제주의 희귀한 돌들을 전시하고 있는 이곳에서는 설문대할망과 그 자식들인 오백(500)장군 이미지를 형상화한 돌 기념물들을 전시해 놓고 있다.

한편으로 공원 내 돌박물관 옥상에 마련된 대형 연못(하늘 연못)은 물 위를 걸어가는 모습을 연출하는 포토존으로 유명한데, 저 멀리 한라산이 연못 위로 비치는 반영(反影)은 한라산과 설문대할망이 하나임을 상징하는 듯하다.

설문대할망, 즉 마고할미는 별로 치면 북극성에 해당한다. 지금의 북극성(작은곰자리에서 가장 밝은 별인 폴라리스)이 아니라 예전의 북극성인 직녀성이다. 지구의 자전축과 가장 가까운 별인 북극성은 지구 세차운동에 따라 일정한 주기마다 위치가 바뀌게 된다. 그러니까 직녀성이 지구의 북극성 역할을 했던 시기가 있었다는 것이다.

그리고 그 시절 직녀성의 주재자인 직녀가 바로 마고신이었다. 마고는 한자어로 풀이하면 삼베를 의미하는 마(麻) 자와 고대의 여신, 곧 할망을 뜻하는 고(姑)자로 이루어져 있다. 삼베짜는 할망인 마고가 동양 신화에서 베짜기를 관장하는 여신의 별인 직녀성(織女星)과 연결된다는 점이 신비롭다.

《무속에 살아 있는 우리 상고사》의 저자 조성제는 직녀성의 세 별 중 가운데 별이 마고의 별이고, 나머지 두 별은《부도지》에 나오는 마고의 두 딸(궁희, 소희)이라고 주장했다. 그리고 칠월칠석은 본디 직녀성에게 제사를 지내는 날이었는데, 후에 은하수를 사이에 두고 견우와 직녀가 만나는 날로 변했다는 것이다.

제주 삼성혈과 삼태성

현재의 북극성은 삼태성과 깊은 연관이 있다. 세 쌍의 별로 이루어진 삼태성은 제주도에 나타난 세 명의 신인(神人)에 해당한다고 볼 수 있다. 《고려사》에서는 이렇게 전한다.

> "《고기》에서 말하기를 '태초에 사람이 없었는데, 세 신인(神人)이 땅으로부터 솟아 나왔으니, 맏이는 양을나라고 하고, 그 세 사람은 다 거친 땅에서 사냥질을 하면서 가죽옷을 입고 고기를 먹었다."

고씨, 양씨, 부씨의 시조인 삼을라(고을라, 양을라, 부을라)는 삼태성의 기운이 밴 삼성혈에서 출현했다. 삼성혈(사적 제134호·제주시 이도1동 1313)은 제주시 구도심인 제주민속자연사박물관 근처에 있다. 지반이 꺼져 움푹 팬 넓은 터에 품(品) 자 모양으로 세 개의 구멍이 난 곳이다. 이 세 구멍에서 각각 세 성인이 불쑥 솟아올랐다고 한다.

현재 신성한 구멍들 앞에는 삼성혈이라고 쓰인 돌 비석이 있고, 그 앞으로 돌로 만든 제단 세 개도 나란히 있다. 이곳은 폭우가 쏟아져도 고이지 않고 폭설이 내려도 쌓이는 일이 없다고 한다. 명당에서 목격되는 현상이 이곳에서도 나타난다는 것이다.

▶ 제주도 삼성혈

탐라국 개국시조가 되는 이들 세 신인은 삼태성의 별처럼 각각의 짝을 만나게 된다.

"하루는 자주색 진흙으로 봉해진 나무 상자가 바다에서 떠다니다 동쪽 바닷가에 닿은 것을 보고 가서 열어보니, 상자 안에 또 돌 상자가 있었으며, 붉은 띠와 자주색 옷을 입은 사자(使者) 한 사람이 따라 나왔다. 돌 상자를 여니 푸른 옷을 입은 처녀 세 사람과 망아지와 송아지들과 오곡(五穀)의 종자가 나왔다. 사자가 '우리는 일본국(벽랑국)의 사신입니다. 우리 왕이 이 세 딸을 낳고는, '서해(西海)의 중악(中嶽)에 신자(神子) 세 사람이 내려와 장차 나라를 열고자 하나 배필이 없구나' 하고는 저에게 분부하여 세 딸을 모시고 여기에 오도록 한 것입니다. 마땅히 배필로 삼아 대업(大業)을 이루십시오'라고 말한 후 홀연히 구름을 타고 가버렸다."

《고려사》

그리하여 세 신인은 바다 저 멀리 벽랑국에서 온 세 명의 공주들과 혼인을 했다. 세 신인이 세 공주를 맞이한 곳이 바로 연혼포(서귀포시 성산읍 온평리 해변)인데, 황금빛 노을을 뜻하는 '황노알'로 불리는 곳이다.

황노알에서 온평리 마을 안쪽으로 약 2km 지점에는 세 공주가 목욕재계한 혼인지와 결혼을 하고 신방을 차린 신방굴이 있다. 아름다운 수국으로 유명한 혼인지와 신방굴은 남녀 간 인연을 맺어주는 기운이 있는 곳이라고 해서 현재도 젊은 남녀들에게 인기를 끄는 곳이다.

그런데 혼인지에서 뜻밖에도 점필재 김종직을 만났다. 혼인지 입구에 그의 시를 새긴 비석이 있었다. 제주의 세 신인이 서로 짝을 만나 혼인한 것을 노래한 내용이었다. 《점필재집》에는 이 싯구가 실려 있다.

'당초 세 사람은 바로 신인이었는데/ 서로 짝지어 해뜨는 동쪽에 와서 살았네/ 백세토록 세 성씨만 서로 혼인을 한다 하니/ 듣건대 그 유풍이 주진촌과 비슷하구려.'

김종직은 제주도에서는 고씨 양씨 부씨들만 서로 혼인을 한다는 얘기를 들었던 듯하다. 그래서 이러한 풍속을 두고 중국 서주(徐州)의 주진촌과 비슷하다고 했다. 주진촌은 주씨(朱氏)와 진씨(陳氏) 두 성만 살면서 세상과 소통하지 않은 채 대대로 서로 혼인해가며 살아가던 평화로운 마을로 묘사되는 곳이다.

그렇다면 김종직은 제주도를 다녀갔던 것일까. 김종직은 제주도를 단 한번도 다녀간 적이 없었다. 그는 직산(지금의 천안)에서 제주에서 올라온 약재상 김극수를 만나 제주의 역사와 풍토, 물산 등에 대해 소상히 물었고, 그 들은 내용을 시 14수로 남겼다. 탐라의 노래라는 뜻인 '탁라가(乇羅歌)'라는 시다. 그의 역사에 대한 깊은 관심은 가보지도 않은 곳까지 수토하려는 데서도 느껴진다.

제주시 원도심에 출현한 북두칠성

북극성으로 상징되는 설문대할망과 삼태성을 연상시키는 세 성인이 출현하는 제주 신화는 가야의 시조 김수로왕의 도읍 설화와도 묘하게 연결된다. 《삼국유사·가락국기》에는 김수로왕이 도읍지를 정하기 위해 신답평에 행차해 사방의 지형을 살펴본 후 "1에서 3을 이루고, 3에서 7을 만드니 7성인이 머물 만한 곳"이라고 말했다고 적고 있다.

제주 신화에서도 하나(설문대할망)에서 셋(세 신인)이 나오고 또 일곱이라는 수도 등장한다. 제주도 원도심의 칠성단(북두칠성 상징물)이 바로 그 일곱에 해당한다. 《신증동국여지승람·제주목》에서는 "삼성(세 신인)이 처음 나왔을 때 삼도로 나눠 차지하고, 북두(칠)성 모양으로 대를 쌓아 살았기 때문에 칠성도(七星圖)라고 한다"고 적고 있다. 또 돌로 쌓은 옛터가 있다고도 했는데, 제주도가 탐라국으로 존재했었던 시절의 얘기다. 제주시에서는 이를 근거로 2011년 칠성단이 있었던 곳으로 추정되는 곳에 7개의 칠성단 표지석을 세워두었다. 그 배치된 곳이 하늘의 국자 모양 북두칠성과 같다. 제주시 중앙로 사거리를 중심으로 반경 500m 이내에 있는 칠성단은 제주 원도심을 구경하면서 하나하나 그 위치를 탐색해내는 즐거움도 있다.

한편 탐라국은 후에 신라의 속국으로 복속됐으나 고려 때까지도 탐라왕의 후예들은 '성주(星主)' '왕자(王子)'라는 칭호로 불리면서 대접을 받았다. 제주 원도심내 제주우체국이 그 옛날 탐라국 궁궐이었던 성주청(星主廳)이 있던 자리라고 한다. 왜 별의 주인이란 의미인

'성주'일까. 이는 탐라 사람들이 밤하늘의 별을 매우 신성시했기 때문일 것이다.

지금의 제주목 관아 역시 탐라국 시대부터 조선 시대까지 제주의 정치, 행정, 문화의 중심지였다. 제주목 관아는 대일항쟁기 일제에 의해 관아가 헐리고 콘크리트 건물이 들어서면서 사라졌다. 유일하게 남은 것이 관덕정으로 제주에 현존하는 건축물로는 가장 오래된 것이다. 김종직은 탐락국의 성주에 대해서도 기념시를 지은 바 있다.

'성주는 이미 죽고 왕자도 끊어져서/ 신인의 사당 또한 황량하기만 한데/ 세시엔 부로들이 아직도 옛 일을 추모하여/ 광양당에서 퉁소와 북을 다투어 울리누나.'

이밖에도 제주도엔 천손민족답게 천문과 관련한 얘기가 적지 않게 전해진다. 제주시 삼양동 원당봉의 불탑사 오층석탑은 삼태성 및 북두칠성과 관련 있는 곳이다. 중국 원나라 순제의 부인인 기황후는 삼태성과 북두칠성의 기운을 갖춘 곳에 탑을 세우고 기도하면 아들을 낳을 수 있다는 얘기를 듣고 모국인 한반도에서 그런 기운을 갖춘 터를 찾도록 명령했다.

결국 제주도에서 삼태성과 북두칠성의 형상을 갖춘 삼첩칠봉(三疊七峰)의 혈을 이룬 곳을 찾아냈다. 바로 원당봉이다. 기황후는 이곳에 오층석탑을 세우게 하고 정성을 들인 끝에 마침내 아들(소종 황제)을 얻었다. 실제로 오층석탑은 명당 에너지가 충만한 터이고, 지금도 자식을 얻기 위해 찾아오는 사람들이 적지 않다고 한다.

　결론적으로 제주도는 한민족이 별을 지극히 사랑하는 사람들이었음을 알려주는 증표들을 많이 간직한 곳이다. 하늘의 중심인 북극성을 상징하는 마고 여신(女神)이 있고, 삼태성(三台星)을 상징하는 세 명의 건국시조(고씨, 양씨, 부씨의 시조)가 등장하고, 세상 만물을 관장하고 다스리는 북두칠성도 존재하는 지상의 하늘이라고 할 수 있다.

02

천신(天神)과 교감하는 마니산 참성단

백두산과 한라산의 연결고리

고고한 자태로 서해바다를 굽어보고 있는 마니산(472m)은 북녘 백두산 천지에서 직선거리로 500km 남짓, 남녘 한라산 백록담에서도 똑같이 500km 남짓한 거리에 있는 한반도 중앙부의 산이다. 백두산과 한라산처럼 마니산 정상의 참성단(사적 제136호)에서도 물이 솟아났다고도 한다.

지금은 우물터만 남아 있지만, 광복 이전인 일제강점기 때만 해도 참성단에 올라 쪽박으로 물을 떠 마시곤 했다는 게 마을 노인들의 증언이다. 암반으로 이루어진 정상에서 사시사철 마르지 않는 물을 천지 정화수(井華水)라고 하며, 이런 모습을 갖춘 산은 영산(靈山)이라고 해서 귀히 대접받는다.

신령한 산답게 오르는 길도 만만찮다. 마니산 입구에서 1000여 개에 달하는 돌계단 길을 숨을 헐떡거리며 오르다 보면 어느덧 정상에 우뚝 선 참성단을 만나게 된다. 참성단은 높이 6m인 돌로 이루어진 제단이다. 아래 제단은 둥근 원형으로 하늘을 상징하고, 위쪽 제단은 네모반듯한 방형으로 땅을 상징한다.

오늘날 참성단은 전국체육대회를 밝히는 성화의 점화지로 유명하지만, 과거에는 국가적 차원의 제천(祭天) 의식 장소였다. 그것도 하늘을 받드는 천손의 나라, 하늘의 자손인 천자(天子)만이 지낼 수 있는 공간이었다.

그도 그럴 것이 참성단은 '전국에서 가장 기(氣)가 센 곳'으로도 소문난 명소다. 천제를 치를 만한 '자격'을 갖춘 장소라는 의미다. 사실 이곳은 공중에서 청정한 기운이 집중적으로 쏟아져 내리는 '천기형(天氣形) 명당'이라고 할 수 있다.

현재 참성단은 훼손 및 안전상의 위험으로 접근이 금지된 상태이지만, 제단 근처에 서 있기만 해도 하늘의 기운을 느낄 수 있을 정도다. 공중으로 치솟듯 뻗어 있는 주변의 기암괴석들도 이곳이 하늘로 통하는 관문임을 상징하는 듯하다.

한편으로 참성단은 하늘의 해와 별을 관측하는 천문관측소 역할도 했다. 조선 정조 시기의 기상관측서 '서운관지(書雲觀志)'에는 천문 관측을 위해 대대로 참성단에 관상감 관원을 파견했다고 기록하고 있다.

▶ 참성단 제단 위로 떠오르는 일출(임정규 제공)

참성단이 천문관측소 역할을 했다는 현장 증거는 방형의 제단 위치다. 제단은 한 변이 2m인 정방형이며, 동쪽 변에 21개의 돌계단이 놓여져 있다.

천문지리학자 임정규씨는 "동짓날이 되면 해가 동쪽 돌계단 중앙으로 떠올라 방형의 제단 한가운데를 정확히 통과하는 현상을 볼 수 있다"고 말했다. 즉 일력(日曆)을 계산하기 위해 동지일출선(冬至日出線: 동지 때 해가 떠오르는 방향을 표시하는 선)을 따라 방형 제단이 설계됐다는 것이다.

이처럼 참성단은 천제를 지내던 터이자 천문을 관측하는 장소로 활용됐다.

하늘과 소통하는 스타 게이트

마니산은 고려와 조선 수토사들의 성지 순례지였다. 고려와 조선 두 왕조를 섬긴 성리학자 권근(1352~1409)은 강화도 참성단에서 천제를 지내면서 제문('참성초청사(塹城醮靑詞)')에서 이렇게 표현했다.

> "바다 위에 산이 높아 저 멀리 인간 세상의 번잡과 소란을 막아주고, 제단 한복판은 하늘과 가까워 신령의 하강을 맞이할 만하기에, 약소한 제물을 드리오니 밝은 신령이 계시는 듯합니다."
>
> 《양촌집》제29권

그러면서 권근은 마니산과 참성단이 우리 겨레에게 매우 소중한 역사 유적지임을 강조했다.

> "마리산은 단군께서 제를 올리던 곳이옵고, 성조(聖祖: 고려 태조 왕건)께서 백성을 위해 법을 세워 옛 예절을 이어 아름다움을 드리우게 하였고, 후왕에서 이르러서는 오랑캐(몽골)를 피해 도읍을 옮기고 이에 힘입어 나라를 보전하였습니다."
>
> 《양촌집》제29권

권근의 제문에 의하면 마니산 참성단은 고려 이전부터 단군에게 제사를 지내던 곳이었고, 고려 태조 왕건 역시 법으로 정해 그 예법을 이어받도록 하였으며, 고종 때 몽골의 침입을 받아 이곳으로 천도해 참성단에서 힘을 얻어 국난을 극복한 신성한 곳이었다.

여기서 고려 무신정권이 몽골의 침입을 피해 강화도로 도읍을 옮긴 것이 단지 바다 가운데 섬이라는 지정학적 이유만으로 선택된 것이 아님을 시사한다. 국조 단군과 같은 선대의 숨결이 서린 강화도와 마니산은 국난을 극복하기 위한 정신적 의지처로서의 의미도 컸기 때문이다.

조선 태종 때 문신 변계량은 조선 왕조가 고려에서 지내왔던 천제 행사를 치를지 고민하고 있을 때 단호하게 주장했다. 그는 조정에 올리는 상소문에서 "우리 동방은 단군이 시조인데, 대개 하늘에서 내려왔고 (중국의) 천자가 분봉(分封)한 나라가 아니다"라고 하면서 "하늘에 제사하는 예가 1000여 년이 되도록 고친 적이 없다"는 점을 들어 중국의 눈치를 보느라 하늘에 제사하는 예를 폐지할 수 없다고 주장했다(《태종실록》 16년 6월 1일조).

단군 때부터 우리나라는 그 출발이 중국과는 관계가 없었기 때문에 중국의 속국이 아닌 천손의 나라라는 점을 분명히 밝혔던 것이다.

사실 '천자'라는 말도 중국 중원에서 기원한 게 아니다. 후한(後漢)의 학자 채옹(133~192)은 "천자라는 말은 동이(東夷)에서 시작되었다. 하늘을 아버지로, 땅을 어머니로 삼기 때문에 천자라고 한다(天子之號 始於東夷 父天母地 故曰天子)"고 밝혔다. 천제나 천자의식은 동이 계열로 추정되는 우리를 가리키는 것이었던 것이다. 천손민족이 하늘과 소통하는 '스타 게이트'였던 것이다.

서울은 '우주의 중심 별'

한양도성은 북극성이 있는 자미원

서울 국립고궁박물관에는 '천상열차분야지도 각석(天象列次分野之圖刻石)'이 보관돼 있다. 조선의 밤하늘을 수놓은 별 1467개와 별자리 295개를 돌에 새긴 천문도다.

1395년 권근, 유방택, 설경수 등 11명의 학자가 어명을 받들어 고구려 천문도를 수정하고 보완해 흑요석에다 별자리 지도를 새겨놓은 것이다. 조선 태조 때 제작된 이 천문도 각석은 중국 송나라의 '순우천문도(1247년 제작)'에 이어 세계에서 두 번째로 오래된 각석이다. 이러한 천문도 제작은 새로 시작하는 왕조가 하늘의 명을 받은 천손의 나라, 즉 정통성을 갖춘 국가임을 과시하기 위한 상징적 행위이기도 했다.

천상열차분야지도는 북극성이 있는 하늘 주위의 별들을 세 구역으로 나눠 놓았는데, 이를 자미원(紫微垣)·천시원(天市垣)·태미원(太微垣)이라고 한다. 여기서 원(垣)은 담장을 의미하는데, 구역을 구분하기 위한 경계쯤으로 이해하면 된다.

3원에는 각각 여러 이름을 가진 별자리들이 배치돼 있다. 3중에서도 가장 가운데에 있는 자미원(총 39개 별자리)은 일종의 '하늘 궁전'이다. 이곳에는 ▲하늘나라 임금(북극성)과 그 대행자인 북두칠성 ▲왕비와 태자 등 임금의 가족을 가리키는 북극오성 ▲대장군, 삼정승, 비서실장 등 여러 신하 별들이 배치돼 있다. 즉 왕이 머무는 천상의 궁궐이라고 할 수 있다.

자미원 왼편에 있는 태미원(총 20개 별자리)은 하늘 임금이 실제 정사를 펼치는 곳으로 제후와 대신 등 정부 관료들이 모인 하늘나라의 정부종합청사라고 할 수 있다. 자미원 오른편에 위치한 천시원(총 19개 별자리)은 하늘나라 백성들이 거주하는 생활공간이자 경제활동을 하는 시장에 해당한다.

옛 사람들은 3원의 별자리들은 그 형태와 움직임 등을 통해 지구 환경과 인간 세상에 큰 영향을 미친다고 보았다. 3원의 별들이 지상의 인간사회를 연상시키는 명칭을 갖게 된 것도 이런 배경에서다.

그런데 바로 천상의 3원이 지상에서 구현된 곳이 있다. 바로 조선의 수도 한양, 곧 서울이다. 경복궁과 한양도성은 하늘의 으뜸 별자리인 자미원(紫微垣)에 해당하고, 현재의 광진구와 은평구는 각각

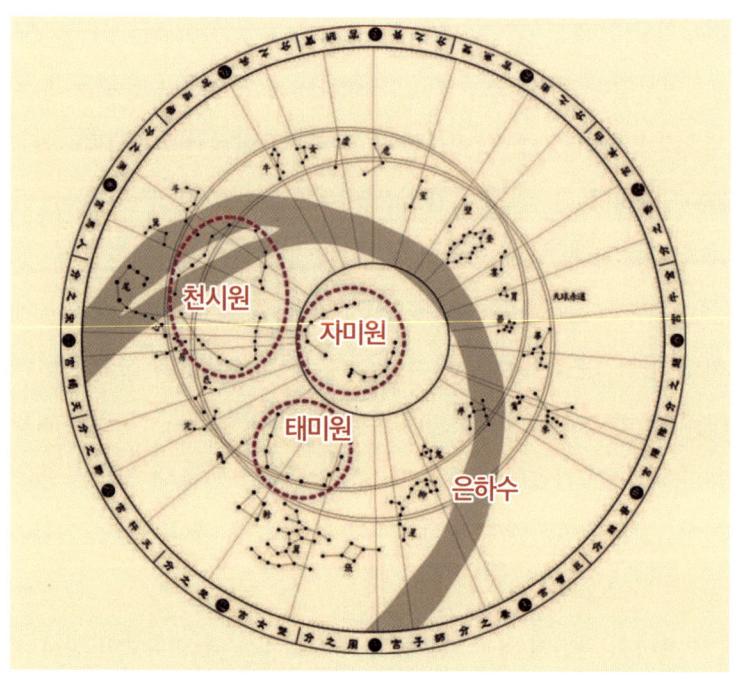

▶ 자미원과 천시원, 태미원이 그려진 천상열차분야지도

천시원(天市垣), 태미원(太微垣) 별자리에 해당한다. 또 한양도성 남쪽에서 서해로 빠져나가는 한강은 은하수다.

이는 조선 세조 때 풍수로 공을 세워 원종공신(原從功臣)의 지위까지 오른 지관 문맹검이 주창한 '한양 천문풍수론'이다. 문맹검은 1452년 조선의 국도(國都)인 한양의 지세를 살펴본 후 임금에게 다음과 같이 보고했다.

"지금 우리 국도는 위로는 천성(天星: 하늘의 별자리)에 응하여 삼원(三垣: 동양의 중요 별자리인 자미원, 태미원, 천시원)의 형상이 환하게 갖추어졌습니다.

▲가운데로는 백악(경복궁 뒷산)이 있어 만갈래 물과(萬水)와 천가지 산(千山)이 모두 일신(一神)에게 조회(朝會)하니… 참으로 천상북극(天上北極)의 자미원이라 이를 만합니다. ▲동쪽으로는 낙천정(樂天亭: 광진구 자양동 일대)이 있어 백가지 근원(百源)이 와서 모이게 되니, 이 또한 천상(天上)의 천시원입니다. ▲서쪽으로는 영서역(迎曙驛: 은평구 역촌동 일대)이 있어 성(城: 산)을 가로질러 흐르는 물길이 멀리 있으니 이 또한 천상의 태미원입니다."

《문종실록》 문종2년 3월 3일 기사

한마디로 서울은 하늘에서 가장 으뜸 별자리인 삼원의 기운이 내려온 신성한 땅이라는 얘기다. 서울의 한양도성이 우주의 중심인 자미원이라는 문맹검의 주장은 중국 명나라를 황제국으로 삼고 있는 조선으로서는 매우 '위험한 발언'이었다. 지상의 자미원은 하늘 임금(혹은 옥황상제)의 천명(天命)을 부여받은 황제만이 사용할 수 있는 공간이라는 게 한중일 삼국 사이에서 불문율처럼 정해져 있었다. 문맹검의 발언은 중국 베이징(北京)에다 자미원을 상징하는 자금성(紫金城)을 만든 명나라에 대한 도전이나 다를 바 없었다.

그러나 문맹검의 이런 천문풍수론은 결코 돌출적인 것은 아니었다. 명나라를 떠받들며 사대하던 유학자들을 빼고는 조선 초기의 식자층만 해도 고려까지 이어져 내려온 천자국 혹은 천손의 나라라는 자존심을 잃지 않았다. 문맹검이 활동하던 조선 세종에서 세조 때까지만 해도 고려 출신 조선의 신하들은 나라의 국격과 자존심을 지키려 애썼던 것이다.

천시원으로 흘러드는 은하수 한강

자미원과 천시원, 태미원이 그려진 천상열차분야지도(조선시대 천문도)를 바탕으로 문맹검의 주장을 검증할 겸 위의 별자리 현장들을 수토해 보기로 하자.

먼저 천시원으로 지목된 낙천정을 찾았다. 경복궁을 기준으로 동남쪽에 해당하는 낙천정은 잠실대교 북단의 현대강변아파트 입구 쪽에 자리하고 있는데, 조그마한 정자(서울 광진구 자양2동)였다.

천문도에서는 천시원이 자미원의 왼편(서북 방향)에 있지만, 지상에서는 천시원이 자미원(경복궁)의 오른편에 배치된다. 이는 거울에 사물을 비출 때 좌우가 바뀌어 보이는 것처럼 하늘의 별들이 지상에서는 좌우가 바뀌어 표현되기 때문이다.

하늘의 존엄한 천시원치고는 지상의 낙천정은 다소 초라해 보였다. 이 정자는 한때 서울시 기념물(제12호)로 지정됐다가 지금은 해제된 상태라고 했다. 원래 자리에서 벗어난 곳에 있는데다가 아파트 건설공사와 함께 복원한 정자가 조선시대 건축 양식과는 다르다는 이유에서였다.

기록에 의하면 원래의 낙천정은 조선 3대 임금인 태종을 위해 건립한 정자로 대산(臺山: 당시의 산 이름)의 정상에 있었다. 태종은 말년에 임금 자리를 아들 세종에게 넘겨준 뒤 한강이 내려다보이고 경치가 빼어난 대산 일대에 별궁과 정자를 지어 부인과 함께 지냈다. 낙천정이라는 이름은 당시 좌의정 박은이 《역경(易經)》의 구절인 "천명을 알아 즐기노니 걱정이 없네(樂天知命故不憂)"에서 따온 것이라고 한

▶ 천시원에 해당하는 낙천정

다. 대산의 정확한 위치는 밝혀지지 않았지만, 지형도를 살펴보면 말년의 태종 별궁 터는 현재 아파트 자리로 바뀐 것으로 보인다. 이 일대에서는 아직도 경복궁의 땅 기운에 버금가는 지기가 느껴진다.

원래 자리의 낙천정은 천시원 중심부의 '제좌(帝座: 임금 자리)'라는 별자리에 상응해 배치했던 것으로 보인다. 자미원 궁궐에 기거하는 하늘임금이 천시원으로 나들이해서 백성들의 삶터와 살림살이를 챙긴다는 의미를 담고 있다. 이는 역사에서 태종이 세종에게 경복궁(자미원)의 임금 자리를 물려준 후 낙천정(천시원)의 이궁(제좌)에서 세종의 국정 자문역을 했음을 말해준다. 실제로 세종은 태종과 함께 이곳에서 당시 조선을 침입해 노략질을 일삼던 왜구의 본거지인 대마도를 정벌하기로 계획했고, 대마도 정벌 후에는 이종무 장군을 격려하기 위한 연회를 열기도 했다.

이곳은 지리적으로도 길지의 조건을 갖추고 있다. 낙천정의 대산은 멀리 경기 구리시의 검암산에서 이어지는 산줄기가 망우산, 아차산을 거쳐 한강을 마주하면서 대장정의 발걸음을 멈춘 곳이다. 천리만리를 달려온 용(산줄기)이 마지막 용트림을 한 곳이다. 이런 곳에 명당 혈이 맺히는 경우가 많다.

문맹검은 대산까지 이어져 내려온 산줄기를 천시원의 영역을 표시하는 천시원의 오른쪽 담장(右天市)으로 여겼던 것으로 보인다. 이를 인정한다면 천시원의 왼쪽 담장(左天市)은 동대문구 휘경동 배봉산에서 한양대 언덕을 거쳐 성동구 응봉산까지 이어지는 산줄기가 된다. 이 두 산줄기 사이에 들어선 자양동, 성수동 등 광진구 일대가 천시원의 주요 활동공간인 셈이다.

천문도의 천시원과 광진구 권역을 비교해보면 흥미로운 점도 발견된다. 천문도에서는 견우(염소자리 별)와 직녀(거문고자리 별)가 칠월 칠석에 만나는 장소인 은하수가 천시원으로 흘러들어오는 모습을 하고 있다. 서양에서는 '밀키 웨이(milk way)'로 불리는 은하수는 동양에서는 '용이 살고 있는 시내'라는 뜻의 미리내, 하늘의 강이라는 뜻의 천하(天河) 천한(天漢) 은한(銀漢) 등 여러 이름을 갖고 있다. 긴 줄 모양의 은하수는 한 줄기로 있다가 천시원 권역에서 섬처럼 빈 공간을 사이에 두고 두 줄기로 갈라졌다가 다시 합쳐져 한 줄기가 된다.

이와 비슷한 모습을 하고 있는 게 지상의 한강 물줄기다. 강원도에서 발원한 북한강과 남한강이 경기 양평군 양수리에서 합수된 한강은 낙천정이 있는 광진구 권역으로 도도하게 흘러들어온다. 문맹검이 "낙천정으로 백원(百源)이 모여든다"고 한 것도 이런 모습을 표현한 것으로 해석된다. 결국 낙천정이 있는 한강이 바로 은하수인 것이다.

일부 중국인들은 서울이 중국 한나라를 본 딴 이름인 한성(漢城)이고, 강 이름도 한강(漢江)이라며 한국을 한 수 아래로 보는 경향이 있다. 이런 오해는 한성과 한강의 '한'이 은하수 이름인 '천한'에서 비롯됐다는 사실을 모르는 무지에서 비롯된 것이다.

하늘의 정부종합청사 태미원은 어디인가

조선의 지관 문맹검은 하늘의 태미원은 지상에서는 연서역(조선 이른 시기에는 영서역, 후기에는 연서역이라 불림)이라고 지목했다. 태미원은 임금이 제후와 대신 등 정부 관료들과 정사를 논의하는 정부종합청사에 해당한다. 이 때문에 자미원에 오제좌(五帝坐)가 있고, 태미원에도 같은 이름의 '오제'가 있다. 두 영역에 임금이 따로 있는 게 아니라, 한 임금이 필요에 따라 자리를 옮겨 다니는 것으로 보면 된다.

경복궁에서 도보로 1시간 40분 남짓한 거리가 옛 연서역 자리다. 지금의 서울 은평구 역촌동, 대조동 일대를 가리킨다. 현재 태미원의 오제 별자리에 해당하는 연서역은 온데간데없다. 은평구 역촌역 교차로에서 북서쪽 서오릉으로 가는 길(서오릉로)가에 세워진 '연서역 터'(은평구 서오릉로 118-1)라는 표지석만이 남아 있을 뿐이다. 옹기종기 들어선 주택들과 중소규모 빌딩 등이 즐비한 이곳이 서울 서북쪽 교통의 요지였음을 알아보긴 힘들다. 다만 동네 이름인 '역촌(驛村)'

에서 역사(驛舍) 주변에 사람들이 모여 살았음을 알 수 있다.

조선시대에 연서역은 중앙 정부와 지방간 공문서 전달 장소이자 관리들을 위한 말과 숙박시설을 제공하는 장소였다. 조선과 중국을 오가는 사신들을 접대하는 공간으로 활용되기도 해 규모가 크고 화려했다. 그만큼 임금이 잠시 머무는 이궁으로 삼기에도 적합했다. 역사 기록에서도 태종과 세종이 민정 시찰차 수시로 연서역을 방문한 사실이 확인된다. 특히 조선왕조실록에는 세종 임금이 민정 시찰차 나와 연서역 인근의 들에서 밀과 보리가 무성하게 자라는 것을 보고 매우 기뻐했다는 기록도 있다.

인근에는 인조가 쿠데타로 집권하기 이전까지 살았던 별서(별장)도 있다. 연서역 일대가 임진왜란을 거친 조선 중기까지도 여전히 중요한 거점지역이었음을 시사한다.

천문도에서 태미원은 자미원에 비해 영토가 다소 좁고 위치가 치우쳐 보이지만, 하늘나라를 시작하는 건국의 단계라고 해서 '상원'이라고 부른다. 나라를 일으킬 때는 무력과 공권력을 통해 기틀을 잡아나가는 게 중요하므로, 태미원에는 무(武)와 법(法)을 상징하는 이름의 별들이 많다. 이는 '중원'인 자미원이나 '하원'인 천시원과는 뚜렷이 구별되는 특징이다. 이런 점에서 태미원 자리인 은평구는 군과 사법 질서를 담당하는 공공기관들과 궁합이 맞는다고 할 수 있다. 은평구의 터 기운이 그만큼 강하다는 뜻이다.

한양 시·공간의 잣대, 탑골공원

조선시대에 제작된 한양도성 지도인 '수선전도'를 자세히 들여다보면 특이한 점이 발견된다. 조선의 법궁인 경복궁을 중심으로 4대문인 동대문(흥인문)과 서대문(돈의문), 남대문(숭례문)과 북대문(숙정문)을 가로선(동서축)과 세로선(남북축)으로 이어보면 무언가 균형이 맞지 않는다는 점이다. 가로선인 동대문과 서대문은 정확히 수평을 유지하고 있는 반면, 세로선인 남대문과 북대문은 수직 각도를 이루지 못하고 있다. 게다가 경복궁은 4대문의 중심에 있지 못하고 서북쪽으로 치우친 위치에 있다.

이는 한양도성을 건국할 당시 북악산을 주산으로 삼아 임금은 남쪽을 바라보는 위치에 있어야 한다는 정도전의 주장에 따라 경복궁을 건설했기 때문으로 보인다.

수선전도를 보면 동대문과 서대문을 잇는 가로선(수평선) 한가운데 지점이 현재의 탑골공원(수선전도에서는 대사동 혹은 탑동)에 해당한다. 이곳에서 다시 세로선(수직선), 즉 남북 자오선을 그어 보면 놀랍게도 북쪽으로는 한양도성 북벽 근처 휴암(부엉이바위)을 바라보고 더 멀리로는 삼각산(북한산)으로 연결된다. 탑골공원에서 정남쪽으로는 남산 봉우리로 연결된다. 그러니까 탑골공원을 중심점으로 삼으면 수선전도가 전체적으로 남북좌우로 균형을 이룬 한양의 모습을 묘사하고 있음을 파악할 수 있다.

왜 이런 현상이 벌어지는 걸까. 여기에는 천문풍수적 배경이 숨어 있다. 도읍지 건설에서 중요한 건 방향의 기준을 정하는 것이다. 대표적인 게 정오 때 남중하는 해의 그림자가 가리키는 자오선(정남북)이다. 고대 국가에서 도읍지를 건설하거나 신성한 제단을 건립할 때 이 자오선 방향을 많이 활용했다.

한양도성의 중심인 탑골공원에서 바라보이는 남산은 정확히 남북 자오선상에 위치해 있다. 이는 탑골공원에서 보았을 때 남산의 높은 봉우리에 해가 떠 있는 시점이 바로 정오가 됨을 의미한다.

게다가 세조 때 이곳에 건립된 원각사의 원각사 십층석탑이 규표(圭表) 역할을 해줄 수 있었다. 옛 사람들은 수직으로 막대기를 세워놓아 해의 그림자가 가장 짧아지는 시각을 정오로 삼았고, 정오 때의 막대기 그림자를 연장시켜 놓으면 바로 정남북을 가리킨다는 점을 알고 있었다. 즉 정오와 정남북 방향을 측정할 수 있는 막대기 같은 도구를 규표라고 부르는데, 탑골공원의 석탑이 멋진 규표 역할을 하였다(임정규, 복기대의 논문 '서울의 중심 탑골공원 입지의 융합적 분석' 참조).

12m 거대한 높이에 하얀 대리석으로 제작된 석탑은 백탑(白塔)으로 불리기도 했는데, 한양에서 사람들이 가장 쉽게 정오를 확인할 수 있는 곳이었다.

게다가 남산과 백탑이 남북 자오선으로 이어지면, 자연스럽게 동쪽의 동대문과 서쪽의 서대문은 춘분과 추분을 알려주는 표식이 된다. 즉 춘분과 추분 때는 정확히 동대문 누각으로 해가 떠오르고, 서대문(경복궁 조성시 지형적 이유로 동서 수평선 상에서 약간 비껴난 지점에 설립됐음) 쪽으로 해가 진다는 얘기다. 조선사람들은 그렇게 탑골공원에서 1년 365일의 흐름을 파악할 수 있는 것이다.

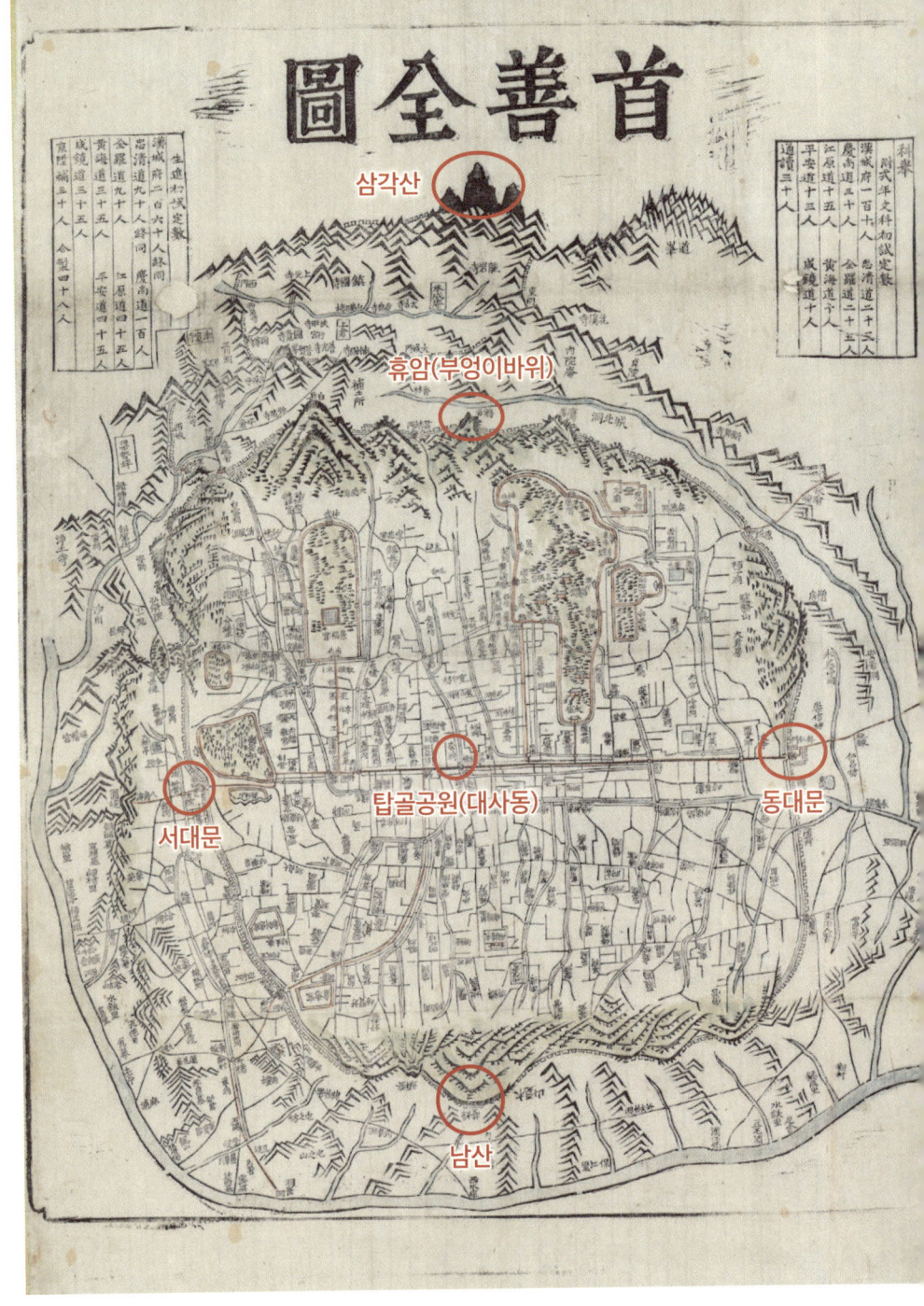

▶ 조선시대에 제작된 한양도성의 지도인 수선전도 (서울역사박물관 소장)

탑골공원은 위치상 민의의 중심이 되기도 했다. 탑골공원은 경복궁과 창덕궁 사이에 자리잡고 있으며, 종묘와 시전을 바로 옆에 두고 있는 등 한양 사람들이면 누구나 쉽게 찾을 수 있었다.

이러한 탑골공원에서의 민의의 울림은 매우 컸다. 우선 조선개혁의 목소리도 이곳에서 터져나왔다. 이른바 '백탑파'라고 불리는 박지원, 홍대용, 이덕무, 박제가, 유득공, 서상수 등 젊은 지식인들은 명에 대한 사대주의와 주자학설을 버리고 주체의식과 청의 우수한 문명을 받아들여 조선을 부국강병하게 하자고 주창했다. 북학파, 이용후생학파 등의 이름으로 불리는 이들은 탑골공원 백탑에 주로 모였다고 해서 백탑파라는 별칭도 얻었다. 이들은 조선의 개화사상에 큰 영향을 미쳤다는 평가를 받고 있다.

3·1만세운동도 여기서 터져나왔다. 1919년 3월1일 탑골공원에서 많은 사람들이 모여 3·1독립선언서를 읽으며 일본에 항쟁을 선언했다. 이들의 선언과 항쟁이 전국으로 퍼지면서 3·1운동의 불길이 타오르기 시작했다. 3·1운동의 울림은 국내뿐 아니라 전 세계로 퍼져나갈 정도로 컸다. 이후에도 탑골공원은 민의의 중심 역할을 했다. 4·19의거 때나 국민들의 의견 수렴이 필요할 때마다 그 터의 역할을 기꺼이 수행했던 것이다.

탑골공원은 천문 풍수가 아닌 지리 풍수로 보아도 한양의 중심점이 되는 곳이다. 풍수에서는 사방의 산을 기준으로 남북축과 동서축이 만나는 중앙의 지점을 천심십도(天心十道)라고 해서 혈이 맺혀 있다고 본다. 이름난 명당 무덤이나 명당 건물 중 이런 곳에 위치한 곳이 적지 않다.

탑골공원 역시 바로 그러한 곳이다. 동대문과 서대문, 그리고 남산과 부엉이바위(더 북쪽으로는 북한산)가 동서축과 남북축을 형성하고, 그 교차점에 탑골공원이 자리하고 있는 것이다. 탑골공원에서의 울림이 큰 것도 이곳의 명당 기운을 받아 사람들에게 영향력을 크게 발휘했다고 볼 수 있다.

2장

지리(地理), 우리 땅을 수토하다

01 옥룡사, 도선국사가 동백꽃을 심은 이유는?

02 서산 간월암, 극강의 지기(地氣)가 흐르다

03 산 사람이 직접 기운 받는 탯줄 명당

옥룡사, 도선국사가
동백꽃을 심은 이유는?

    수토는 우리나라 산천의 정기를 잘 보살피거나 병들고 상한 곳을 치료하는 행위도 포함된다. 우리나라에는 찾아가서 가만히 앉아만 있어도 질병 치료가 절로 이뤄지는 '치유 명당'들이 방방곡곡에 숨은 듯이 자리잡고 있다. 그곳에서 자란 약초만 먹어도 병이 쉽게 치료되는 경우도 많다.

    또 일반인들은 감당키 어려운 기운이지만 선도 수련이나 기도용으로는 최고의 길지인 '수련 명당'들도 명산 곳곳에 감춰져 있다. 이런 한반도의 상스러운 땅 기운을 보고서 예부터 우리나라를 '장춘불로지곡(長春不老之谷)'이라고 일컬었던 것이다. 생명력이 충만한 봄바람이 항상 불어오고 나이가 들어도 주름이 지지 않는 신비한 곳이라는 뜻이다. 진시황이 불로초를 구하기 위해 한반도로 서복을 보낸

▶ 도선국사가 머물렀던 옥룡사지. 현재는 터만 남아 있다.

것이 허튼 전설만은 아니었던 것이다.

　풍수로 깨달음을 얻은 도선국사는 한반도의 이같은 기운을 잘 이해하고 있었던 듯하다. 그 현장이 도선국사의 자취가 서린 옥룡사지다. 전남 광양시 옥룡면 백계산에 있던 옥령사는 온데간데 없이 사라졌지만 그 터는 그대로 남아 당시를 기억하게 한다.

　옥룡사지 주변에는 수령이 수백 년 이상 된 동백숲이 있다. 7헥타르의 면적에 7000여 그루가 있다고 한다. 국내 최대의 동백나무 군락지로서 2007년에 천연기념물 제489호로 지정됐다. 바로 이 동백나무숲이 도선국사가 땅 기운을 보강하기 위해 심었다는 전설이 전해지는 곳이다.

　도선국사에게 늘 따라다니는 '비보풍수'의 현장이다. 비보풍수는 흔히들 사찰이나 탑을 세움으로써 땅의 흠결을 보충하거나, 사람에게 위해가 미칠 수 있는 거센 땅 기운을 진압하는 행위로만 이해된다.

그러나 그보다 더 상위 개념의 비보풍수는 특정한 땅에다 그에 어울리는 특정한 나무나 화초류 등을 심음으로써, 그 땅이 가진 고유의 생명력을 활성화시켜 사람에게 이로운 환경을 제공하는 데 있다.

이를테면 기자조선을 세운 기자가 조선에 왔는데, 조선 풍속이 너무 강하고 모진 것을 보고 백성들로 하여금 버드나무를 심도록 장려하였다는 얘기가 대표적이다. 이는 버드나무의 성질이 부드러운 점을 사람들에게 부각시킴으로써 인심을 순화시키려 한 것이다. 평양을 버드나무 유(柳) 자를 써서 '류경(柳京)'으로 부르는 이유다.

선가적 개념의 이런 비보 풍수를 실천해온 이가 바로 도선국사인 것이다. 그런 점에서 그는 한반도를 수호하는 진정한 '땅의 수토사'였다.

도선국사의 숨결이 남아 있는 옥룡사는 비보풍수의 현장이라는 점에서 수토해볼 만한 땅이다. 해마다 2월부터 피기 시작하는 동백은 4월까지 이어져 백운산의 한 지맥인 백계산(505m)을 빨갛게 물들인다. 옥룡사지와 옥룡사 동백나무숲, 그리고 인근 백운산 자연휴양림까지 걷는 길은 '도선국사 참선길'로 불린다. 동백숲 사이로 걷는 호젓한 길은 도선국사의 자취를 더듬어 걷기에 딱 좋다. 아직 많은 사람들에게 알려지지 않아 보전이 잘 돼 있는 것도 장점이다.

서산 간월암,
극강의 지기(地氣)가 흐르다

하늘의 기운을 지상에 연결시켜 해석하는 풍수를 천문풍수라고 한다면 땅속에서 흐르는 기운을 지맥(地脈)과 연결시켜 해석하는 풍수를 지리풍수라고 할 수 있다. 땅의 지기가 어떻게 해서 어디로 흐르며 그 끝에서는 무슨 현상이 벌어지는지를 제대로 볼 수 있는 곳이 서산 간월암이다. 바닷물이 빠지면 육지가 됐다가 다시 차면 두둥실 물 위로 떠오르는 곳이다.

이 작은 바위섬인 간월암에는 산신(山神)이 살고 있다. 보통 바닷가 절이나 암자에서는 '바다의 신'인 용왕을 모시는 게 일반적이다. 그런데 면적이 3000㎡(약 900평)도 채 안 되는 손바닥만 한 섬에서 산신을 모신다는 건 매우 이례적인 일이다.

'육지의 신'인 산신이 이곳까지 오게 된 사연은 있다. 간월도가 지형적으로 육지 쪽 산에 뿌리를 둔 곳이기 때문이다. 간월도의 '육지 족보'는 대강 이렇다.

간월도는 1980년대 초반 현대그룹 고(故) 정주영 회장이 서산 간척 사업을 하기 전만 해도 천수만 한가운데에 있는 섬이었지만, 바다 밑으로는 북쪽의 부석사(서산)가 있는 도비산(351.6m)과 지맥이 이어지고 있었다. 도비산은 신라 의상대사에 의해 창건한 것으로 전해지는 부석사가 들어설 만큼 명산이다.

부석사를 품고 있는 도비산은 다시 더 북쪽으로 서산의 진산(鎭山)인 부춘산으로 이어지고, 이곳에서 또 시계 방향으로 원을 그리듯이 나아가 동쪽의 충남 예산 가야산까지 맥이 닿아졌다. 가야산은 신라 때부터 국가 차원에서 제사를 지내온 신령한 산이었다.

즉 풍수적으로 간월도의 간월암은 가야산의 엄청난 정기가 멀리 휘돌아와 압축적으로 혈이 맺힌 대명당터인 것이다.

그 정기가 뭉친 간월암 산신각에는 호랑이 등에 앉은 인자한 모습의 산신 탱화가 있다. 관람객들의 동선을 보니 대체로 간월암 법당 바로 옆에 있는 산신각에서 참배한 뒤, 맞은편 해신각(용왕각)에서 용왕에게 인사하는 코스다. 가야산에서 기원한 땅 기운과 천수만의 바다 기운을 취하기에 좋은 곳이다.

명당 길지에는 고승(高僧)들의 발자취가 남아 있게 마련이다. 간월암은 조선 태조 이성계의 왕사(王師)였던 무학대사에 의해 창건됐다. 무학대사는 이곳에서 떠오른 달을 보고 깨달음을 얻어 '간월암(看月庵)'이라는 이름을 지었다고 한다. 사실 이 지역 출신인 무학대사는 도비산의 부석사도 중창한 것으로 전해지는데, 정작 깨달음을 얻

▶ 서산 간월암

은 곳은 간월암이라고 하니, 간월암이 수행 도량으로서도 예사 터는 아닌 건 분명하다.

간월암은 한때 폐사됐다가 1942년 만공 스님에 의해 다시 중창됐다. 간월암의 현판도 만공 스님이 쓴 것이다. 만공 스님은 조선의 독립을 위해 이곳에서 천일기도(1942년 8월~1945년 8월)에 들어갔다. 태평양전쟁 시기 승려에게까지 창씨개명과 징집을 강요하는 일제에 맞서 만공 스님은 일본 순사들의 접근이 어려운 섬의 절집을 택해, 일제의 죄악 7가지(우리말 못 쓰게 한 죄, 징용·징병을 자행한 죄 등)를 멈추게 하고 우리나라의 자주독립을 염원하는 기도를 올렸다. 스님이 올린 간절한 기도가 통했을까. 기도를 마친 사흘 후 조국이 독립을 맞이하는 경사가 생김으로써 간월암도 덩달아 유명해졌다.

산 사람이 직접 기운 받는 탯줄 명당

김유신과 태령산

　삼국통일의 주역인 김유신 장군(595~673년)은 가야 출신이다. 금관가야의 마지막 왕인 구형왕의 증손자로 태어나 신라에서는 진골 귀족으로 살았던 인물이다. 그가 살던 옛집과 묘가 경주에 있기 때문에 그를 경주와 많이 연결시킨다. 그런데 정작 김유신이 태어난 곳은 충북 진천이다. 그가 태어난 생가 터와 그의 탯줄이 묻힌 태실이 모두 진천 땅에 있다. 어린 시절 김유신에게 가장 큰 영향을 준 곳은 진천 땅인 것이다.
　김유신 탄생지는 태령산 남쪽 자락(진천읍 상계리)에 있다. 그의 아버지 김서현 장군이 만노군(현 진천) 태수로 부임했을 당시 집무를 보던 공간이다. 이곳은 한눈에 보아도 대명당 터에 해당한다. 이곳을 안내한 김유신 장군의 27대 손인 김동열 씨(진천군 거주)는 "이 터에서 아이를 낳으면 최소 장관급은 된다는 소문이 나서, 땅기운을 받기 위해 사람들이 적잖게 찾아온다"고 말했다. 걸출한 인물은 신령한 기운이 있는 땅에서 태어난다는 '인걸지령(人傑地靈)'의 전형적인 모습을 보여주는 곳이다.

김서현 장군의 집무 공간 주위로 큰 담을 쳤다고 해서 '담안밭'으로도 불리는 김유신 탄생지는 김유신의 흔적이 곳곳에 남아 있다. 탄생지의 뒷배가 되는 태령산 자락엔 식수로 사용하던 우물인 연보정이 있고, 산 정상에는 김유신의 탯줄을 묻어 놓은 태실이 있다. 《삼국사기》는 "김유신의 탯줄을 높은 산에 묻었는데, 지금(고려)도 그 산을 태령산이라 한다"고 기록하고 있다.

김유신 탄생지에서 연보정을 거쳐 산 정상의 태실(약 462m 높이)까지는 등반 느낌이 들 만큼의 땀을 필요로 하지만, 태실의 기운은 그 노고를 넉넉히 보상해준다. 자연석으로 둥글게 기단을 쌓아 올린 뒤 그 위로 흙을 덮은 봉분 형태인 태실은 역사상 가장 오래된 태실로 꼽힌다. 김서현 장군은 태실을 조성한 후 주위에 태아의 모습으로 산성을 쌓았다고 전해진다. 둘레 216m, 높이 1.2~2m 규모의 산성은 사실 일반적인 산성의 성격을 띠고 있다기보다는 태실을 보호하는 돌담의 성격이 더 강해 보인다.

김유신 태실은 역사적 가치가 매우 높은 문화유산으로 평가된다. 먼저 금관가야 왕족 후손인 아버지 김서현이 조성한 태실은 신라에서는 거의 찾아볼 수 없어 가야에서 유래한 풍속일 수도 있다는

▶ 충북 진천 태령산 자락의 김유신장군 탄생지

▶ 태령산 정상의 김유신 장군 태실

점이다. 게다가 김유신 장군의 태실이 있는 태령산은 역대 왕조로부터 그 영험성을 인정받았다. 《고려사》는 "신라 때부터 (김유신) 사당을 설치하고 봄과 가을에 왕이 향을 보내 제사를 지냈으며, 고려에서도 그대로 했다"고 기록하고 있다.

이러한 탯줄을 묻는 행위는 중국과 일본에서는 보이지 않는다. 조선왕조실록의 《선조수정실록》에는 "태경(胎經: 태장경)의 설이 시작된 것은 신라·고려 사이인데, 중국에서 있었던 일은 아니다"라고 분명하게 기록하고 있다. 탯줄 풍속이 우리 고유의 문화이자 풍수설이란 말이다.

탯줄 묻는 풍속은 고대 한국에서 면면히 이어져 왔다. 우리 선조들은 산모와 신생아를 연결하는 태(혹은 탯줄)를 생명체 혹은 영성이 깃든 존재로 여겼다. 나아가 태를 어떻게 보관하느냐에 따라 신생아의 미래가 달라질 수 있다고 보았다. 신체의 일부인 태를 길한 곳에 묻으면, 그에 감응한 태의 주인 역시 좋은 기운을 누릴 수 있다는 논리다. 이를 풍수에서는 동기감응(同氣感應)이라고 한다.

그 때문일까. 김유신의 성장 과정에서는 기이한 일이 많이 생겼다. 《삼국유사》(김유신조)에서는 한 사례로 이렇게 전한다.

"나이 18세 되던 해 임신년에 검술을 익혀 국선(國仙)이 됐다. 이때 백석이란 자가 있었는데 어디서 왔는지 알 수 없었다. 유신은 고구려와 백제를 치기 위해 밤낮으로 모의를 하고 있었다. 백석이 그 일을 알고 유신에게 말하기를 '제가 공과 함께 먼저 적국에 들어가 정탐을 한 연후에 일을 도모하는 것이 어떻겠습니까'라고 했다. 유신이 기뻐하며 백석을 데리고 밤에 길을 떠났다. 바야흐로 고개 위에서 막 쉬고 있는데 두 여자가 따라 왔다. 골화천에 이르러 유숙하는데 또 한 여자가 홀연히 나타났다. 유신이 세 여자와 즐겁게 이야기하며 자신의 상황을 이야기하였다. 여인들이 말하기를 '공이 말씀하신 바는 이미 들어서 잘 알겠사오나, 원컨대 공이 백석을 떼어놓고 우리와 함께 수풀 속으로 들어가시면 그 때 사실을 다시 말하겠습니다'고 하였다. 이에 그들과 함께 들어가니 낭자들이 문득 신으로 변하여 말하였다. '우리들은 나림(奈林) 혈례(穴禮) 골화(骨火)의 호국신인데, 지금 적국의 사람이 공을 유인하여 데리고 가는 데도 공은 알지 못하고 따라가고 있으므로 우리는 그것을 말리려 이곳에 온 것입니다'하고 말을 마치고 나서는 사라졌다. 공이 이 말을 듣고 놀라 엎어져 두 번 절하고 나왔다. (중략) 유신은 곧 백석을 죽이고 온갖 음식을 갖추어 삼신에게 제사를 지내니 모두 다 몸을 나타내어 흠향했다."

아무튼 태실은 생명의 상징인 탯줄이 명당에 묻힘으로써 탯줄의 주인공 역시 살아서 신령한 땅기운을 받아 누린다는 풍수관을 보여준다. 이는 풍수가 망자(亡者)와 산 사람 모두에게 영향을 미친다는 뜻이다.

조선 왕자와 공주들의 탯줄 경쟁력

김유신의 태실 이후 고려 이후 왕실에서는 적극적으로 태실을

▶ 경북 성주에 있는 세종대왕자 태실

조성해 관리했다. 고려에서는 국가공인 지관(地官)을 뽑는 과거 과목에 《태장경(胎藏經: 태실 조성용 풍수지리서)》이 있을 정도로 태실을 중요시했다. 이 책은 "현명하고 우둔함[賢愚], 잘 될지와 못 될지[盛衰]가 모두 태에 달려 있으므로 신중히 다루지 않을 수 없다"고 말한다. 《태장경》은 또 구체적으로 탯줄을 명당 길지에 묻어서 보관하면, 남아일 경우 총명해서 학문을 잘 닦고 높은 관직에 오를 수 있으며, 여아의 경우는 얼굴이 예쁘고 단정하며 뭇사람의 존경을 받게 된다고 한다. 탯줄을 어디에 묻느냐에 따라 아이의 경쟁력이 달라진다는 의미다. 조선 왕조에서도 왕자와 공주 등 왕족의 탯줄을 보관할 때 《태장경》을 중요한 근거 자료로 활용했다.

　　탯줄을 적극적으로 관리한 조선 왕실은 왕자와 공주의 태실(胎室: 탯줄을 묻어놓은 곳)을 '태봉(胎峯)'이라고 이름 붙이고, 일반인들의 접근을 금지했다. 심지어는 태실을 이장까지 했다. 임금이 즉위하면 세자나 왕자 시절 묻었던 태를 꺼내 더 좋은 명당을 골라 이장하는 것을 아예 예법으로 정해 놓기까지 했다. 14대 임금 선조는 세 차례에 걸쳐 좋은 터를 물색한 끝에 충청도의 임천에 자신의 태를 묻기도 했다.

경북 성주군 월항면에는 세종대왕자 태실(사적 제444호)이 있다. 선석산 자락 태봉 정상에 있는 이곳에는 세종대왕의 왕자 18명과 손자 단종(단종이 세자로 책봉된 후에는 성주군 가천면 법전리로 이전) 등 총 19개의 태실이 조성돼 있다. 세종대왕은 풍수지리설에 따라 이곳을 최고의 길지로 선택했다. 지형적으로도 그렇다. 선석산에서 태봉으로 이어져 내려오는 한 줄기 맥은 산모와 태아를 이어주는 탯줄을 연상시키며, 태실이 자리한 태봉은 산모의 자궁처럼 보인다.

태아를 안전하게 지키는 자궁답게 봉우리 정상의 태실은 하늘의 기운과 땅의 기운이 교차하면서 생기(生氣)가 감도는 명당을 이루고 있다. 이곳은 왕자들의 태실이 군집을 이룬 국내 유일한 형태로서 문화재적 가치가 매우 높은 것으로 평가받는 곳이기도 하다.

생명 기운이 넘쳐나는 세종대왕자 태실 주위로는 태실의 역사와 경관을 함께 즐길 수 있는 볼거리도 적지 않다. 조선 영조 때 태실 수호사찰로 지정된 선석사에는 신생아의 탯줄을 보관하는 '태실법당'이 있고, 태실의 역사와 정보를 제공하는 태실문화관도 있다. 가족 나들이와 소풍 장소로도 좋은 생명문화공원에는 전국 각지에 산재한 조선 역대 왕들의 태실을 재현해놓고 있다. 한편 조선의 사대부 사회에서도 탯줄은 매우 조심스럽게 다뤄졌다. 태를 불에 태우거나 잘 말린 뒤 태항아리에 넣어 묻어두었다. 지방에 따라서는 집의 마당 혹은 정원의 나무 밑에다 고이 묻어두거나, 다른 사람의 눈을 피해 강물에 흘려보내기도 했다. 이런 풍습은 모두 탯줄을 신성시하는 전통에 따른 것이다.

안타깝게도 탯줄을 생명체로 보고 함부로 다루지 않던 조선의 풍속은 언제부턴가 경시됐다. 지금은 병원에서 받아온 탯줄을 냉장고 속에 넣어두고 까맣게 잊고 지내거나, 액자나 인형 등 신생아 기념품 정도로 취급하는 풍조가 만연하다.

우리 전통의 '탯줄 풍수'를 현대사회에서 그대로 따라 행하기란 현실적으로 힘든 측면이 있는 것도 사실이다. 산부인과 병원에서 산모의 태반을 통째로 내주지도 않거니와, 태실을 설치할 만한 장소를 구하는 것도 쉽지 않다. 대신 신생아의 배꼽에 달려 있던 손가락 크기만 한 탯줄이나마 아이의 미래를 위해 활용해 볼 여지는 있다. 아이의 정서적 뒷배가 될 수 있는 장소를 골라 탯줄을 묻어두는 방법이다. 지방의 선산도 좋고, 아이가 자라서 추억할 만한 명소도 좋다. 물론 태를 묻는 곳이 명혈(明穴)과 길지(吉地)이면 금상첨화일 것이나, 최소한 수맥파나 살기만 피한 곳이라도 괜찮다. 태실이나 봉분을 조성하는 것이 아니라 손바닥만 한 항아리나 도자기 속에 탯줄을 넣어 땅속에 묻어두므로 자연을 훼손할 일도 거의 없을 것이다.

그렇게 태를 묻어둔 곳이 바로 아이의 고향이 된다. 병원에서 태어난 아이지만 자랐을 때 "너의 태는 어느 산에 묻혀 있다. 너는 그 산의 정기를 이어받고 있다"고 말해 줄 수 있을 것이다. 이렇게 될 경우 아이는 자신의 삶에서 자부심과 함께 자연과의 유대 의식을 가질 수 있을 것이다.

3장

고도(古都), 우리 역사를 수토하다

01 고구려의 수도 집안

02 백제의 수도 부여

03 신라의 수도 경주

04 가야의 수도 김해

고구려의 수도 집안

공중에 관이 있는 고구려 왕릉

코로나19 이전만 해도 한 해 걸러 한 차례 정도 중국 북방지역을 다녀왔다. 그때마다 지린(吉林)성 지안(集安)시에 있는 고구려 왕릉을 찾았다. 후손으로서 당연한 예의이기도 하지만, 우리 고유의 문화 원형을 지켜온 데 대한 감사의 표시였다.

지안시에서는 국내성, 환도산성, 광개토태왕릉, 장군분(장군총), 천추총, 서대총, 오회분 5호묘 등이 대표적인 고구려 유적으로 꼽힌다.

고구려의 옛 궁궐인 국내성은 지안시 구 시가지에 있다. 중국이 국내성을 세계문화유산으로 등재하는 과정에서 2.7km에 달하는 성벽을 복원해놓았는데 성문과 옹성, 치, 각루 등 고구려 고유의 축성술을 감상할 수 있다.

고구려 유적 중 가장 관광객의 눈길을 끄는 건 고구려의 왕릉급 고분이다. 현재 이곳에는 고구려 왕릉으로 추정되는 무덤이 8기 정도 있다. 고구려 19대 광개토태왕의 무덤인 '태왕릉'을 중심으로 그 동쪽의 '임강묘'와 그 북쪽의 '장군분(장군총)'이 왕릉으로 분류된다. 그리고 지안시의 가장 서쪽 편의 '천추총'과 '서대총', 칠성산고분군과 우산하고분군 중의 3기 등도 왕릉급 고분으로 꼽힌다.

6세기 이전 시기에 조성한 것으로 추정되는 이 왕릉들은 공통점을 가지고 있다. 대표적으로 한결같이 돌로 쌓아 올린 적석묘(積石墓) 형태이며, 시신을 안치한 무덤방(墓室)이 무덤 상단부에 조성돼 있다는 점이다. 중국 북방 지역에 대한 고고학적 발굴 및 조사 연구를 해온 복기대 인하대 교수는 "고구려 고분들의 무덤 구조는 만리장성 이남의 한족(漢族) 국가가 조성한 왕릉들과는 뚜렷하게 구별된다"고 말했다.

만리장성 이남에서 발달한 중국의 풍수설은 철저히 땅 기운(地氣)에 집중하는 경향을 보인다. 이른바 바람을 막아주고 물을 얻을 수 있는(혹은 물이 보이는) 지표나 땅속을 명당으로 보는 장풍득수(藏風得水) 논리다. 이에 따라 만리장성 이남에서 조성된 왕릉들의 무덤방은 대부분 지표 혹은 지하에 설치돼 있다. 반면 북방 지역 고구려 왕릉의 무덤방은 지표에서 상당히 떨어진 높은 위치에 설치돼 있다. 이러한 형태는 중국 쪽에서는 찾아보기 힘들다.

구체적으로 살펴보자. 광개토왕비로 유명한 태왕릉은 지안 시

▶ 고구려 지안[集安]의 장군분. 상단의 네모나게 파여진 곳이 왕과 왕비의 관이 놓여 있는 자리다.

내 국내성(國內城) 터에서 동북쪽으로 4km 떨어진 곳에 위치하고 있다. 이 태왕릉(전체 높이 14m)은 무덤방이 지표에서부터 수직으로 10m 높이에 있다. 지금으로 치면 아파트 4층 높이에 시신이 안치된 셈이다. 또 태왕릉에서 북동쪽으로는 '동방의 피라미드'로 유명한 장군분이 있다. 지상에서 정상까지 13.07m의 높이를 자랑하는 장군분은 7m 높이 정도에 돌로 만든 무덤방이 있다. 이 역시 무덤이 공중에 뜬 모양새다. 다른 왕릉급 무덤들도 마찬가지다.

고구려왕릉의 무덤방이 왜 허공에 조성됐는지에 대한 이렇다할 역사적, 고고학적 연구는 전무하다시피 하다. 그러나 풍수학의 눈으로 보면 의외로 간단하다. 고구려인들은 허공에서 쏟아지는 에너지가 뭉쳐진 '공중혈(空中穴)'을 왕의 무덤방으로 설정한 뒤 그 위치에 맞게끔 돌로 쌓아올리면서 무덤을 꾸민 것으로 추정된다.

대체로 공중에서 맺히는 혈은 하늘의 기운(天氣)이 아래로 하강하면서 생기는 경우가 많다. 그래서 천기형(天氣形) 혈이라고도 한다. 마치 까치가 천기 에너지가 맺힌 나뭇가지에 둥지를 트는 것과 같은 이치다. 천기 에너지를 무덤에 사용하는 방식은 백제와 신라의 이른 시기 적석 무덤들에서도 발견된다. 고구려 무덤의 영향을 받았기 때문으로 추정된다.

풍수설의 발달 과정을 보면 초기 풍수는 땅의 기운과 하늘의 기운을 같이 중시했다. 풍수의 본디 말이 '감여(堪輿)'인 것에서도 이를 알 수 있다. '감'은 하늘의 도(道)를, '여'는 땅의 도를 가리킨다. 사실 초기 감여학(풍수학)은 굳이 우선 순위를 두자면 땅보다는 하늘 기운을 더 중요시 했다. 바로 이런 점을 실체적으로 보여주는 것이 고구려 왕릉인 것이다.

고구려 왕은 왜 백두산 쪽으로 머리를 누였을까?

고구려 고분을 답사하는 과정에서 장군분을 찾은 한국인 단체 관광팀을 만난 적이 있다. "장군총에 모신 왕과 왕비는 머리가 백두산을 향하도록 누워 있었다"는 관광 가이드의 설명이 있었다. 관광 가이드는 백두산은 1500여 년 전 고구려 사람들에게도 성지였기 때문에 왕족과 귀족층은 사후에 백두산 방향으로 시신을 안치했다는 배경 이야기도 곁들였다. 고구려의 감춰진 역사를 다룬 소설 《왕도의 비밀》의 작가 최인호(작고)가 그렇게 주장한 이후 이런 이야기가 정설처럼 굳어진 것 같다.

장군분은 일찌감치 도굴됐다. 무덤 내 유해는 물론이고 유물이 전혀 남아 있지 않다. 지상에서 높은 공중의 혈(穴)자리에 조성된 무덤방(墓室)에서 부부 합장으로 나란히 놓인 두 개의 석관만 발견됐을 뿐이다. 이 석관 구조를 보면 시신의 머리 부위가 동북방(방위각 55도)을 향해 배치돼 있었음을 알 수 있다. 여기서 직선으로 거리를 더 확장하면 백두산 천지와 이어지게 된다. 이로 보면 장군분이 백두산을 향한다는 것은 위치상으로 볼 때 틀린 말은 아니다.

장군분만 그런 게 아니다. 광개토대왕의 무덤인 태왕릉 구조도 비슷하다. 정상에 있는 묘문(墓門)을 들어서면 무덤방이 정면으로 바라보이는데, 정확히 서남방(256도)을 향하고 있다. 이로써 무덤방 내

석관은 시신의 머리를 두는 두향(頭向)이 동북방(방위각 76도)으로 배치돼 있음을 알 수 있다. 대체로 묘문과 두향은 일직선상에서 서로 정반대 방향이게 마련이다.

왕릉급 무덤은 물론이고 씨름 벽화로 유명한 각저총, 아름다운 춤 벽화가 있는 무용총 등 지안의 고구려 벽화 고분들도 대부분 묘문은 서남방, 두향은 그 맞은편인 동북방 구조를 하고 있다.

고구려 무덤들은 보존 상태가 양호하지 못해 피장자의 유골 등이 거의 발견되지 않았다. 따라서 정확한 두침 방위각을 알 수 없다는 한계가 있는 것도 사실이다. 그럼에도 불구하고 묘실을 기준으로 한 묘향이 서남향이라는 사실은 묘실 자체가 동북좌(東北坐)이며 무덤 주인공의 머리가 동북방향을 향하고 있었을 것임을 확인해주는 근거라고 할 수 있다.

풍수에서는 시신의 두향을 중요하게 본다. 특히 패철(나침반)로 상징되는 '이기파(理氣派) 풍수'에서는 방위를 철저히 따진다. 이들은 방향을 어떻게 설정하느냐에 따라 길흉화복이 달라진다고 본다. 이기파 풍수, 즉 방위 풍수는 중국 송(宋)나라 때 이론 체계가 갖춰졌다는 게 정설이다. 그러니 송대 훨씬 이전 시기에 활동했던 고구려 사람들이 풍수의 방위상 길흉을 따져 두향을 정했다고 보기는 어렵다.

그렇다고 해서 지안의 고구려인들이 백두산을 신성시해서 머리를 동북방으로 누이게 했다는 주장에도 허점이 있다. 백두산 일대가 고구려 강역이긴 했지만, 현재 남아 있는 사료에서 당대의 고구려인들이 지금의 백두산을 직접 언급한 기록이나 신성시한 근거를 찾아 볼 수 없다. 물론 지안에서 직선거리로 180여 km 떨어진 백두산을 연결시키는 데는 지리적 한계도 있다.

고구려 무덤들의 독특한 두향 배치는 고구려인들의 천문관에서 찾아볼 수 있다. 고구려인들은 뛰어난 천문 관측가들이었다. 그들이 고분 벽화에 남긴 별자리 그림들은 중국 별자리 그림들을 압도할 정도로 수준이 높고, 개수도 많으며, 차별화돼 있다. 고구려인들이 독자적으로 천문 관측을 했다는 뜻이다.

고구려인들은 삼족오(三足烏)로 상징되는 태양에 대한 제사를 꼼꼼히 챙겼다. 《삼국사기》에 따르면 고구려인들은 해가 가장 긴 날인 하지(양력 6월 21일경)와 해가 가장 짧은 날인 동지(12월 22일경)에 돼지를 바쳐 하늘에 제사를 지냈다. 그냥 돼지가 아니라 북두칠성의 화신(化身)인 제사용 돼지(郊豕: 교시)였다. 옛 사람들은 돼지가 북두칠성의 별자리 모양과 같다고 보아서 북두칠성을 대신하는 지상의 전령사로 생각했던 것이다. 이 때문에 고구려 유리왕은 졸본에서 위나암성으로 도읍지를 이전할 때도 '교시'가 찾아간 곳을 선택해 도읍지를 정했을 정도였다.

특히 고구려인들은 터잡기를 할 때는 하지 때 해가 떠오르는 방위를 중요하게 여긴 것 같다. 하지는 태양의 기운이 가장 극성할 때다. 가장 양기가 충만한 날, 해가 처음으로 떠오르는 곳인 동북방은 의미가 깊을 수밖에 없다. 이를 하지일출선(夏至日出線)이라고 한다. 지안에서는 1500년 전이나 지금이나 하지에 해가 떠오르는 방위각은 정확히 60도로 동북방이다.

이처럼 하지일출선 방위각을 따라 약간의 편차가 있긴 하지만 고구려 권력자들의 머리가 놓여져 있었다. 고분의 피장자들이 양의

극성한 기운을 받도록 두향을 정했을 것으로 추정된다. 사실 고분 피장자들의 두향이 하지일출 방향이라면, 반대 방향인 다리쪽은 정확히 동지일몰 방향(동지 때 해가 지는 곳)이 된다. 그러니까 고분의 주인공들 혼이 누워 있다가 앉아 있는 상태라고 할 경우 바라보이는 쪽이 동지 일몰선이고, 머리 뒤쪽은 하지 일출선인 셈이다. 어떤 쪽이든 고구려인들은 해가 떠오르고 지는 천문 현상을 중시했다는 얘기다.

두향뿐만 아니다. 지안 시내의 국내성과 주산(主山)인 룽산(龍山)과의 관계도 천문 방위를 고려한 흔적이 보인다. 국내성의 성벽은 그 네 모서리가 동서와 남북 방향에 자리잡고 있다. 이는 당시 고구려 사람들이 네 방위에 대한 관념을 뚜렷하게 가지고 있었음을 말해준다. 그리고 국내성의 동문으로 밝혀진 동쪽 벽은 동북쪽을 바라보고 있다. 지안 지역에서 하지일출선은 북에서 60도인 동북방인데, 동문에서 바로 그 방위로 장군분이 위치한 룽산이 보이는 것이다. 따라서 하지가 되면 국내성에서 볼 때 해가 룽산 바로 위로 떠오른다.

이로 볼 때 하지일출선상에 놓인 고구려 도읍지의 주산과 고분의 두향은 천문과 지상 세계를 유기적으로 연결시킨 고구려 고유의 풍수 문화라고 해석할 수 있다.

백제의 수도 부여

부여를 계승한 문화 강국

백제 고도(古都) 중 하나인 부여의 역사를 상징하는 정림사지오층석탑(국보 제9호). 660년 신라와 당나라 연합군의 공격으로 사비(부여) 백제 도성이 온통 불바다가 됐을 때도 살아남은 유적이다. 부여에 남아 있는 거의 유일한 백제 탑이라고 할 것이다. 이 탑을 찾았을 때는 겨울이었다. 때마침 내리는 눈으로 탑 전체가 하얗게 변해 있었는데, 백설은 오해와 왜곡으로 점철된 백제 역사를 백지 상태에서 다시 한 번 살펴보라는 신호인 듯 느껴졌다.

660년 7월18일 백제가 멸망한 후 1달도 채 지나지 않은 8월15일 나당 연합군 총사령관인 소정방은 탑신부에 전승 기록을 새겨넣었다. 나무를 깎아놓은 듯 세련되면서도 장중한 석탑(8.33m) 탑신부 기둥 4면을 둘러가며 빼곡히 새겨져 있는 한자 글씨다. 이름하여 '대당평백제국비명(大唐平百濟國碑銘)', 당나라가 백제를 정벌했다는 기념비다.

그런데 여기에는 깜짝 놀랄 만한 문구도 있다. 멸망 당시 사비백제는 24만 호(戶)에 620만 인구를 가졌고, 지방관을 파견하는 성만 무려 250개를 거느린 대국이었다는 사실이다. 백제는 패망 직전까지도 대단한 국력을 자랑하는 나라였음을 적국 장수(將帥)가 공개적으로 밝혀놓은 것이다. 사실 사비백제는 나당 연합군에 의해 멸망하기까지 123년간 찬란한 문화의 꽃을 피운 강국이었다.

정림사지오층석탑은 사비백제 당시 도성 한복판에 건립된 정림사(고려 때 불린 사찰 이름으로 백제 당시의 이름은 확인되지 않음) 경내에서도 가장 핵심 지점에 자리 잡고 있다. 정림사지 발굴조사에 의하면 남북 자오선 상으로 중문 - 탑 - 금당 - 강당이 차례로 위치하는 1탑1금당(1개의 탑에 1개의 법당) 배치를 하고 있었다. 또 중문과 석탑 사이에는 연못을 두고 건너다니게 한 것으로 추정된다.

백제 왕실 또는 나라의 상징적 존재였던 이곳은 백제의 융성을 비는 기도터로 활용됐다. 실제로 백제인의 꿈을 담은 이 석탑 주변을 탑돌이 하거나 탑 한쪽에 가만히 서 있다 보면 강렬한 에너지를 감지할 수 있다. 명당에서 나타나는 전형적인 기운 현상이다.

이 탑의 왕기(旺氣)는 탑 뒤의 북쪽 강당 터와 탑 앞의 남쪽 연못(연지)으로도 이어진다. 3곳의 명당 혈(穴)에 중요 건물을 배치한 백제인들의 뛰어난 풍수 감각을 엿볼 수 있다. 현재 강당 터는 고려시대의 석불좌상(보물 제108호)을 안치한 전각으로 꾸며져 있는데, 시대를 초월한 불교 미술을 덤으로 체험할 수 있다.

정림사지오층석탑에서 도보로 5분 거리에는 국립부여박물관이 있다. 사비백제의 역사를 살펴볼 수 있는 곳이다. 538년 백제 성왕은 공주에서 부여로 도읍을 옮긴 후 새로운 백제를 표방했다. 국호는 '남부여'. 대륙에 있던 고조선의 적장자 부여를 계승한 유일한 나라임을 선포했다. 한반도에서 '부여'라는 단어가 처음이자 마지막으로 등장한 것이다. 이후 사비백제는 의자왕에 이르기까지 화려한 전성기를 보냈다.

사비백제의 황금기를 알려주는 상징물이 백제금동대향로다. 앞발을 치켜든 용 한 마리가 연꽃 모양의 몸체를 받쳐주고 활짝 날개를 펼친 봉황이 산봉우리 모양의 뚜껑 위에 장식된, 모양 그대로 용과 봉황이 새겨진 향로다. 우리나라 금속공예사를 통틀어 한 번도 보지 못한 진귀한 예술품이자, 중국에서 유명한 한나라 시대 박산향로보다 조각 수법이 뛰어난 국보(제287호)로 평가받는다.

박물관에 전시된 백제금동대향로의 출토지인 부여 능산리고분군으로 발길을 옮긴다. 1300여 년간 이 향로를 원형 그대로 간직해온 터 역시 예사로운 땅이 아닐 것이다. 향로는 왕릉급 무덤인 능산리고분군의 왼편 사찰 터(능산리사지)에서 1993년 12월 22일 눈이 펑펑 내리는 날 발굴됐다. 능산리사지에는 향로가 출토된 곳을 감상할 수 있도록 안내해주는 지도 간판이 설치돼 있다.

해발 121m의 산자락에서 7기의 고분이 남향을 한 채 옹기종기 모여 있는 능산리 고분군은 전체적으로 빼어난 기운을 간직한 터다.

정림사지처럼 백제 고유의 가람 배치 양식인 1탑1금당(탑 하나에 금당 하나) 구도를 하고 있는데, 금당지가 정확히 명당 혈에 자리 잡고 있다. 백제 왕들의 명복을 비는 의례에 사용됐을 향로 또한 원래는 이곳에 있었을 것이다.

부소산의 꿈꾸는 백마강에서

나당연합군의 공격을 받기 전 사비도성은 어떤 모습이었을까. 다사다난했던 웅진(공주)백제 시절을 마감하고 538년 도읍을 사비(부여)로 옮긴 성왕은 계획도시를 건설했다. 백제의 사비성 천도는 이전에 급하게 이루어진 웅진 천도와 달리 백제 왕실의 의지에 의해 자발적, 계획적으로 추진됐다는 점에서 백제 왕궁의 특징을 엿볼 수 있다.

도성은 전체 지역을 방위에 따라 5부로 구분하고, 부마다 5개의 주요 거리를 뜻하는 5항을 두었다. 이렇게 되면 사비도성은 가로 세로로 도로가 구획되는 '바둑판형' 선진 도시가 된다.

중국의 역사서 '북사'는 당시 백제의 모습을 생생하게 묘사했다. 1만 가구가 운집한 도읍지는 신라, 고구려, 왜, 중국 등 외국 사람들도 섞여 사는 국제도시였다. 백제인들은 문(文)과 무(武)를 고루 중시했고 의약, 상술(相術), 풍수 등 음양오행법에도 능했다. 나라에서는 그해의 수확 사정에 따라 세금을 걷으면서 민심을 얻었다. 이웃 나라와 전쟁만 없다면 태평성대의 시대나 다름없었다.

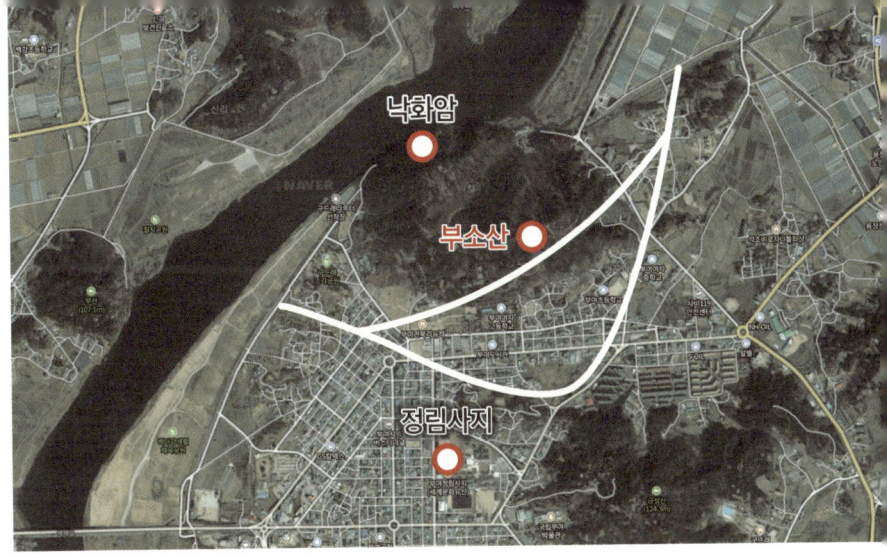

▶ 사비시대 부여 왕성 추정도. 초승달 모양으로 부여 왕성이 배치됐을 것으로 추정된다.

부소산 자락 아래 왕족이 사는 궁궐 또한 이채로웠다. 부여의 주산인 금성산에 올라 바라보면 부소산 아랫자락이 초승달 혹은 반달 모양으로 펼쳐진다. 실제로 부여여고를 중심으로 왼편의 관북리유적지와 오른편의 쌍북리유적지를 연결 지으면 초승달 지형을 이룬다. 관북리는 일찌감치 궁궐지로 추정돼 '관북리유적'으로 지정됐고, 쌍북리에서도 궁궐지로 추정되는 유물들이 속속 발견되고 있다고 한다. 《동국여지승람》 '부여현 고적조'에서는 "반월성은 석축으로 길이는 13,006척인데 곧 옛 백제의 도성이다. 부소산을 안고 축조돼 그 양끝은 백마강에 이른다. 형상이 반월과 같으므로 그렇게 부른다"고 기록하고 있다. 백제의 도성이 반월형을 취하고 있음을 말하는 것으로, 고구려의 평양성과 경주의 월성과 같은 모습이었던 것 같다.

풍수적 시각에서 볼 때 성왕은 처음부터 초승달형 궁궐을 계획했던 것으로 보인다. 신라의 궁궐지 경주 월성이 초승달 지형에 위치한 것처럼 새로 출범하는 남부여국 역시 그러했을 것이다. 보름달은 장차 저물어 가는 일만 남았지만 초승달은 앞으로 커 나가는 기운을 상징하기 때문이다. 초승달형 지형에서 가장 핵심적인 터 기운은 부여여고 주변에 집중돼 있다. 백제 궁궐 기운을 느끼기에 최적의 장소라고 할 수 있다.

부소산 앞쪽의 사비성이 화려한 백제를 상징한다면 백마강이 흐르는 부소산 뒤쪽, 즉 낙화암과 고란사가 있는 곳은 슬픈 백제를 대변하는 곳이라고 할 수 있을 것이다. 낙화암 바위 위에는 백화정(白花亭)이라는 자그마한 정자가 있고, 그 바로 아래로 전망대가 있다. 전망대에서 내려다보이는 절벽이 아찔한데, 망국의 한을 품은 백제인들이 이곳에서 투신했을 것이다.

망국의 군주 의자왕은 승자에 의해 방탕과 무능한 지도자의 대명사로 낙인찍혔다. 그러나 의자왕은 '해동증자'로 불릴 정도로 효와 예를 갖춘 인물이었고, 중국 사서에는 지혜로운 군주로 묘사됐다. 신라의 최대 전략적 요충지인 대야성(현재 합천)을 함락시킨 주인공이 바로 의자왕이다. 백제왕 그 누구도 하지 못했던 대야성 함락과 함께 가야의 영토까지 손아귀에 넣었던 왕이다. 대야성 전투에서 김춘추의 딸과 사위가 백제군에 살해당하자 복수심에 불탄 김춘추가 바다 건너 당나라로 건너가 군사동맹을 맺게까지 된 것이다.

휘하 장수의 배신으로 어쩔 수 없이 굴복할 수밖에 없었던 의자왕은 백마강 나루터에서 백성들의 울부짖음을 뒤로한 채 배를 타고 당나라로 끌려갔다. 태자와 왕자들, 백제 장수 88명, 백성 1만2000여 명도 함께 끌려갔다.

의자왕은 백마강의 구드래나루 혹은 왕포리 포구에서 금강을 따라 내려간 뒤 군산포를 거쳐 서해로 나가는 물길을 이용했을 것으로 추정된다. 이 물길은 일본(왜) 및 중국의 사신들이나 머나먼 이국 상인들이 즐겨 찾던 교통로이기도 하다. 바로 사비백제의 '백가제해(百家濟海: 100가가 바다를 건너오다)'의 길인 것이다.

부여군이 구드래 나루터에서 띄워놓은 황포돛배를 타보았다. 백마강 뱃길 관광 상품이다. 백마강의 물길이 백제의 슬픈 역사가 아니라 동북아 해상강국의 주 무대라는 점을 부각시키기 위한 의도로 읽혔다.

신라의 수도 경주

월성 명당에 자리잡은 탈해왕

　신라와 로마제국은 오래된 수도를 가졌다는 공통점이 있다. 서양의 로마제국을 보자. 기원전 8세기경 로물루스가 7개의 언덕으로 이루어진 로마 시내에서 도시국가를 건설한 이후 기원후 395년 동·서 로마로 분열되기까지 1000년 이상 수도가 바뀌지 않았다. 동양의 신라도 마찬가지다. 기원전 57년 박혁거세가 경주에서 나라를 세운 이후 제56대 경순왕을 끝으로 935년에 고려에 의해 문을 닫을 때까지 1000년간(정확히는 992년간) 단 한 차례도 수도를 이전하지 않았다. 로마와 경주 모두 풍수적으로 '천년 경영'이 가능한 대명당이었다는 뜻이다. 지금도 이 지역은 수많은 관광객들이 찾아와 지역 주

▶ 명당 혈에 자리한 탈해왕릉(경주시 동천동)

민들을 풍요롭게 해주고 있다.

사실 신라는 풍수와 밀접한 관련이 있는 나라다. 건국 초기부터 풍수 설화가 등장하기 때문이다. 《삼국유사》는 1세기 초반 제4대 왕인 석탈해가 집터를 잘 잡아 왕이 되었다는 이야기를 싣고 있다. 간략히 정리하자면 이렇다.

석탈해는 토함산 산정에 올라가 자신이 거처할 만한 땅을 찾기 위해 무려 7일을 보냈다. 마침내 초생달 모양의 땅을 찾아냈다. 그런데 그곳은 이미 호공(瓠公)이라는 사람이 거처하고 있었으므로, 지략을 써서 끝내는 그 땅을 차지했다. 석탈해가 지목했던 터가 현재 경주의 월성(月城)이다.

석탈해는 삼일월(三日月), 즉 초승달 모양의 터가 그 지세(地勢)가 오래 간다는 풍수적 사고를 하고 이 터를 차지했던 것이다. 초승달과 같은 반월형(半月形)은 보름달을 향해 점차 커가는 상태로서 융성한 기운, 수명, 높아지는 벼슬을 의미하기 때문이다. 풍수지리학의 형세파 이론에서도 초생달 형인 초월(初月)형이나 신월(新月)형의 땅에 거주지나 묘를 쓰면 대대로 공신(功臣)이나 경대부(卿大夫)가 끊어지지 않는다고 한다. 탈해는 터의 기운을 받아서인지 신라 4대 왕이 됐다. 그리고 반월성(半月城)으로도 불리는 월성은 5대 파사왕 때부터 왕궁으로 사용됐다. 이후 월성은 중·개축 등을 거치면서 고려에 의해 문을 닫을 때까지 신라 왕궁으로서의 기능을 해왔던 것이다.

실제로《삼국사기》는 "탈해는 겸지지리(兼知地理)했다"고 하면서 곧 풍수지리에 밝았던 인물이라고 묘사하고 있다. 후에 석탈해는 죽어서 소천구(䟽川丘)에 장사지내게 됐는데, 신령으로 나타나 "내 뼈를 조심해서 묻어라"고 하고, 또 "내 뼈를 동악(東岳)에 두어라"고 명령했다고 전해진다. 이처럼 석탈해 관련 설화는 신라가 도읍 초기부터 양택과 음택 모두에 풍수적 관념이 존재하고 있었음을 보여준다.

신라의 삼국통일이 우리 역사를 한반도에 가둬놓는 결과를 가져왔다고 비판하는 시각도 없지 않다. 그러나 풍수적 견해에서 볼 때 신라는 삼국통일의 주역이 될 만했다. 삼국 중 가장 완벽한 반월형의 터를 이루고 있던 곳이 경주의 월성이었기 때문이다. 고구려는 어땠을까.《삼국유사》는 중국 당나라의 도사들이 고구려 보장왕을 도교술(道敎術)로 현혹시킨 뒤 초승달 모양의 평양성을 보름달 모양으로 바꾸게 했다고 전한다. 16년간 나라의 국력을 온통 성을 개축하는 데 쏟아붓다 보니 결국 고구려는 당나라에게 망하고 말았다. 이처럼 풍수에서 보름달 형국은 기우는 일만 남았다고 보아 길하게 여기지 않는다.

▶ 경주의 동지일출선. 동지일출 방향으로 대릉원, 첨성대, 경주 월성, 선덕여왕릉이 배치돼 있음을 확인할 수 있다.

동짓날 해를 신성시한 신라인들

월성을 중심으로 경주의 지형을 살펴보면 동서남북 4방위가 모두 산으로 둘러싸여 있다. 동쪽으로는 명활산과 토함산, 서쪽으로는 선도산과 옥녀봉, 남쪽으로는 남산, 북쪽으로는 소금강산이 있다. 사방의 산들이 왕경을 호위하듯 우뚝 솟아 있는 형태다. 풍수에서 규정하는 전형적인 장풍국의 땅이라고 할 수 있다.

그런데 신라는 위치적으로 동남방을 매우 소중히 생각했다. 태양의 힘이 가장 미약한 동지(冬至) 때 해가 떠오르는 방위가 바로 동남방이다. 초승달 모양의 월성처럼 자라나는 기운을 선호한 것이다. 경주 월성을 기준으로 동지 때 해가 뜨는 동남방(방위각 118도)으로는 경주 낭산(狼山)과 더 멀리 토함산이 자리하고 있다. 직선으로 그으면 동지일출선(冬至日出線)이 된다. 이는 신라인들이 낭산을 매우 중요시 여겼음을 의미한다. 낭산은 산의 형상이 마치 이리가 엎드린 모양새와 같다고 해서 이리뫼[狼山]라고 불리기도 했는데, 당시 신라 왕실이 이 산을 중시했음을 《삼국사기》에서 확인할 수 있다.

"제8대 실성왕 12년(413) 8월 낭산(狼山)에 구름이 일어났는데, 바라보니 누각과 같았고 향기가 가득 퍼져 오랫동안 없어지지 않았다. 임금이 이르기를 '이는 반드시 신선이 내려와서 노는 것이니 응당 이곳은 복된 땅이다' 하고 이후부터 그곳에서 나무 베는 일을 못하도록 하였다."

실성왕은 이곳에서 상스러운 기운(氣運)을 감지하고 복된 땅이라고 하면서 일반인들의 접근을 금지했다. 이는 기운 감지에 의한 터 감별법이라고 할 수 있다. 위의 기록으로 볼 때 낭산이 특별한 산으로서 왕도의 주산 역할을 했던 것으로 여겨진다. 그래서 경주의 지지(地誌)를 기록한 《동경잡기》는 "낭산은 경주부 동쪽 9리에 있으며 진산(鎭山)이다"고 표현하고 있다. 이 책에 의하면 경주의 월성은 낭산을 주산으로 삼고, 그 맞은편 산인 선도산을 안산으로 보고 있다. 낭산은 신라의 삼사(三祀) 가운데 하나인 대사(大祀)를 받들던 곳으로 신라시대 때의 유적과 유물이 많이 분포하고 있다.

그런데 여기서 월성과 낭산, 특히 낭산에 조성된 선덕여왕릉이 정확히 동지일출선(冬至日出線)에 위치하는 현상을 주목해볼 필요가 있다. 지도에서 동지일출선을 더 확장해보면 첨성대, 월성, 낭산의 선덕여왕릉을 비롯해 불국사, 문무대왕릉까지 같은 선 상에 있음을 알 수 있다. 이 선과 같은 방향으로 김유신묘와 효공왕릉도 이웃해 있다.

신라 역대 통치자 중 동지일출선 기운을 가장 적극적으로 활용한 왕은 제27대 선덕여왕이다. 신라인들은 성품이 어질며 총명한

▶ 경주 대릉원 내 쌍분 모양의 황남대총

선덕여왕을 '성조황고(聖祖皇姑)'라고 불렀다. 예지력까지 갖춘 선덕여왕은 첨성대(국보 제31호)를 동지일출선상에 세우도록 했다.

이와 관련, 첨성대의 천문 관측 역할에 대해 연구를 해온 송민구 건축가는 첨성대 맨 꼭대기의 사각형 정자석(井字石: '우물 정' 자 모양의 돌)의 모서리가 정확히 동지일출선을 가리키며, 첨성대 옆면의 곡선 모양은 태양이 1년 동안 지구를 도는 황도(黃道)의 남중(南中: 태양이 정오에 제일 높이 뜸) 곡선을 표현한 것이라고 주장했다.

풍수적 시각에서 보자면 첨성대는 천문관측 시설일 뿐만 아니라 신라의 융성을 비는 점성대(占星臺)이자 제의 장소였던 것으로 생각된다.

선덕여왕은 또 모년 모일에 자신이 죽을 것이라고 예지하면서, 낭산 산정에다 자신의 묘를 세우라고 명했다. 그런 낭산에 조성된 선덕여왕의 묘 또한 정확히 동지일출선상에 놓여 있다. 이에 따라 동짓날에는 해가 낭산의 선덕여왕을 정확히 비추면서 월성을 건너 첨성대 위로 떠오르는 장관을 연출하게 된다.

선덕여왕은 낭산의 기운을 자신의 주검으로 끌어당겼고, 그것을 월성에 '선물한' 셈이다. 결국 선덕여왕 사후 20여 년 만에 문무왕은 삼국통일을 이뤄냈다. 선덕여왕을 삼국통일의 초석을 다진 여왕으로 평가하는 사학계의 관점은 풍수에서도 충분히 수긍할 만하다.

흥미롭게도 선덕여왕의 뒤를 이은 30대 문무왕은 삼국통일을 달성한 후, 그 또한 동지일출선 방위에 묻혔다. 경주시 양북면 봉길리 앞바다의 수중릉이 바로 그곳이다. 문무왕은 신라의 바다를 지키는 호국룡(護國龍)이 되겠다며 바닷속에 잠들었다.

경주의 이른 시기 고분에서 대부분 동지일출선인 동남방에 시신을 안치한 관이 놓여 있는 것도 우연이 아니다. 특히 경주 월성지구 고분군에 있는 마립간 시기(356~514)의 왕릉들이 그렇다. 경주의 고분군 중 한국이 독자적으로 처음 발굴 조사한 천마총은 목관(木棺) 주인공의 머리가 동남방(107도)을 향하고 있다. 천마총과 유사한 구조인 황남대총 북분 역시 동남방(106도)으로 관이 놓여 있다. 일제강점기 일본인들이 어설프게 발굴한 금관총 역시 유사한 구조로 관이 설치돼 있었다. 모두 신라 초기 왕릉급 무덤들이다. 신라의 지배계급이 동지일출 방향을 매우 신성시 했음을 보여준다.

신라 수도 경주는 이처럼 천문 풍수의 기운을 지혜롭게 활용한 덕분에 천년의 고도가 될 수 있었다.

사실 신라가 중요시한 동지일출이나 고구려가 중요시해온 하지

일출은 모두 태양의 빛(기운)을 신성시한다는 점에서는 같다. 고대 한국에서 나타나는 이러한 독특한 천문풍수는 고려에도 이어졌다. 고려 때는 동지에 제천의례와 하례를 거행했다. 또 조선 개국에 기여한 변계량은 자신의 문집에서 동짓날 새벽에 신하들은 대궐의 뜰에 모여 임금에게 절을 하고 천수를 기원했다고 기록했다.

가야의 수도 김해

고구려 백제 신라에 가려 실체가 제대로 드러나지 않는 가야는 개국부터 이국적인 모습으로 나타난다. 서로 단 한차례도 얼굴을 마주한 적이 없던 남녀는 만나자마자 서로를 알아보게 된다. 미리 자신들의 꿈에서 천상배필로 만났던 소울메이트였기 때문이다. 남자는 김해 가락국(금관가야)의 시조 김수로왕, 여자는 바다 저 멀리 아유타국의 공주 허황옥이다.

아유타국은 인도의 '아요디아(Ayodhya)'를 가리키는 지명이다. 현재 인도 북부 갠지스강 유역의 아요디아 혹은 인도 남부 타밀나두의 아요디아로 추정되는 지역이다. 한동안 갠지스강 쪽 아요디아가 허왕후의 고향으로 주목받아 왔다. 그런데 이곳 아요디아는 바다와 동떨어져 인도 내륙 깊숙한 곳에 들어가 있다는 지리적 '약점'이 부각

됐다. 《삼국유사·가락국기》에 등장하는 허왕후 스토리에 의하면 처음부터 배가 등장하고, 풍랑을 잠재우는 신비한 돌까지 싣고서 김해로 왔다고 하기 때문이다.

그래서 지금은 남부쪽 타밀나두의 아요디아가 주목받고 있다고 한다. 그러니 2000년 전 한반도 김해에 나타난 16세 공주 허황옥은 피부가 다소 까무잡잡한 남방 계열 미인으로 상상된다. 수로왕이 신하의 딸들을 왕비로 삼으라는 주위의 거센 독촉에도 불구하고 7년이나 버티면서 기다려왔던 여인이다.

우리나라 최초의 국제결혼으로 기록되는 두 사람의 만남은 시끌벅적했다. 《삼국유사·가락국기》는 당시 상황을 자세히 기록해놓고 있다. 기원 후 48년 붉은색 돛을 단 화려한 배가 김해 앞바다에 나타난다. 어서 빨리 궁으로 들어오길 바라는 수로왕의 마음과는 달리 공주 허황옥은 서두르지 않았다. 그녀는 육지에 상륙한 뒤 높은 언덕에 올라서더니 입고 있던 비단바지를 벗어 산신령에게 폐백으로 바쳤다. 하는 수 없이 수로왕은 궐 바깥으로 나와 임시 행궁을 설치하고 왕비를 맞아들이는 혼례를 치렀다. 두 사람은 2박 3일간 궁궐 바깥에서 밀월을 나누었다. 고대 한국에서는 찾아볼 수 없는 매우 이국적인 혼례 풍습이라고 할 것이다.

그런 두 사람의 흔적을 찾아 경남 김해로 수토 여행을 갔다. 김해시 어방동의 가야테마파크는 신비한 금관가야의 역사를 키워드로 삼아 다양한 문화 콘텐츠를 선보이는 관광지다. 드라마 '김수로'의 세트장이었던 가야테마파크에 들어서면 6개의 황금알과 거북 조형물이 우선 시선을 끈다. 가야 건국 설화에 따른 배치물이다.

▶ 김해 구지봉 정상부에 있는 고인돌. 상석에 구지봉석(龜旨峯石)이라고 씌어진 글씨는 조선시대 명필 한석봉의 솜씨라고 전해진다.

 가야 건국 설화는 가야 지역 9개 마을의 우두머리들이 구지봉(龜旨峯)에 올라 구지가를 부르니 하늘로부터 황금알 6개가 내려왔으며, 그중 가장 먼저 깨어난 이가 수로(首露)라는 이름을 얻었다고 전한다. 즉 황금알 6개는 6가야를 의미하며, 수로왕은 6가야의 맹주라는 뜻이다. 가야는 여러 소도시들을 근거지로 삼은 세력들이 연합한 국가다.

 인공미 짙은 가야테마파크에서 이곳저곳 문화 체험을 한 뒤 실제 역사의 현장을 짚어볼 차례다. 먼저 가야테마파크가 들어선 분성산(382m) 정상부에는 띠를 두르듯 돌을 쌓아 올린 분산성(사적 제66호)이 있다. 낙동강이 흘러가는 김해평야가 한눈에 들어오는 이곳은 허왕후가 고향 아유타국을 그리워하며 거닐었던 곳이라고 전해진다.

성벽이 유려한 곡선 모양으로 산을 휘감고 있어서 '김해의 만리장성'으로 불리는 이곳은 노을 뷰가 아름답다. 최근에는 '왕후(허황옥)의 노을'이란 이름으로 입소문을 타기 시작했다. 김해시 생림면 낙동강철교 전망대의 '왕(김수로)의 노을'과도 남북으로 마주해 서로 짝을 이룬다는 점이 흥미롭다.

분산성 안에는 '가야의 하늘길'이라고 불리는 산책 코스가 펼쳐진다. 길을 따라가다 보면 이곳저곳 아기자기한 역사 유적을 만나게 된다. 산 정상에 있는 해은사는 허왕후와 장유화상이 무사히 항해를 할 수 있도록 도와준 용왕에게 감사하는 뜻으로 창건한 절이다. 다른 절에서는 찾아보기 힘든 '대왕전'이라는 전각도 있다. 대왕은 수로왕을 뜻하는데, 전각 내부에 수로왕과 허왕후의 영정이 봉안돼 있다.

수로왕과 허왕후의 러브 스토리는 두 사람이 잠들어 있는 능을 순례하는 것으로 끝을 맺는다. 김수로왕이 영면한 수로왕릉은 김해시의 중심 서상동에 있다. 높이 5m의 원형 봉토 무덤인데, 납릉(納陵)이라고 불린다. 납릉 정문의 처마 밑 나무판에는 하얀색 석탑을 가운데 두고 두 마리의 물고기가 마주 보는 그림(쌍어문 혹은 신어상)이 새겨져 있다. 쌍어문(雙魚紋)은 허왕후가 인도에서 왔다는 또 다른 증거로 내세우는 표식이다.

수로왕릉 뒤편으로는 산책로가 있다. 이곳에서 두 기의 고인돌을 만났다. 조선시대에 제작된 김해부내지도(金海府內地圖)에도 표시돼 있는 고인돌이다. 이 중 하트 모양으로 생긴 한 기의 고인돌은 사진 명소로 인기를 끌고 있다. 고인돌은 거의 대부분 좋은 기운이 서린 터에 조성돼 있다는 점을 고려해볼 때 수로왕릉 일대가 명당임을 증명해준다.

그런데 김해에서 첫 번째로 꼽을 명당은 구산동의 수로왕비릉이다. 수로왕릉에서 북쪽으로 1km 떨어진 언덕배기에 조성돼 있는데, 가야 건국 설화의 무대인 구지봉과 바로 인접한 곳이다. 허왕후가 잠든 왕비릉은 원래 수로왕이 영면(199년 사망)할 터였지만 왕비가 10년 먼저 세상을 떠나자 사랑하는 왕비를 위해 명당 터를 내주었다는 얘기가 전해진다.

이 명당 터는 일제에 의해 훼손된 역사도 있다. 김수로왕 탄강지인 구지봉과 왕비릉은 원래 하나의 지맥으로 이어져 있었다. 김해의 주산인 분산 줄기가 왕비릉을 거쳐 구지봉까지 뻗어내리는 지맥이었다. 그런데 일제가 1920년 경 도로 개설을 구실로 삼아 거북의 목 부분에 해당하는 지맥을 끊어버렸던 것이다. 가야의 혼과 정신이 깃든 명산의 정기를 없애려는 일제의 술책이었다. 끊어진 지맥은 1990년대에 도로 위에 흙을 덮는 방식으로 복원됐다.

수로왕비릉 앞의 파사각에는 허황옥이 바다에서 두 달간 항해하면서 싣고 온 파사석탑이 있다. 험한 파도를 잠재워주었다는 영험한 석탑이다. 석탑의 돌을 분석해 보았더니 인도, 베트남, 일본 등지에서만 발견되는 암석이란 결과가 나왔다. 김수로와 허황옥의 국제적 러브 스토리가 상상이나 허구가 아님을 보여주는 또 다른 증거물이라고 한다.

▶ 허왕후가 인도에서 싣고 왔다는 파사석탑. 석탑 뒤로 허왕후릉이 보인다.

석탑은 돌덩어리를 여러 겹 쌓아놓은 듯한 형태인데, 신령한 기운이 있다고 해서 사람들이 몰래 탑을 깨 돌 조각을 가져가는 바람에 원래 모습에서 변형됐다고 한다. 석탑을 가만히 보노라니 걱정과 근심, 분노와 불안 등 세파에 시달리던 마음의 격정을 진정시키는 듯 부드러운 파동이 밀려오는 듯하다. 어쩌면 파사석탑이 '마음의 풍랑'까지 잠재우는 성석(聖石)일 수도 있겠다. 허왕후와 수로왕은 그렇게 가야인들의 마음을 달래주면서 140여 년간 가야왕국을 다스려 왔으리라.

한편 김해의 금관가야를 중심으로 연합해온 가야 연맹체에 대해서는 기록들이 거의 남아 있지 않다. 대신 한반도 남부 일대 여러 지역에 남아 있는 왕릉급 규모의 고분들이 가야 연맹체 나라들의 옛 모습을 짐작케 한다. 그나마 반가운 건 2023년 9월 가야의 역사와 문화를 간직한 7곳의 고분군이 유네스코 세계유산으로 등재됐다는 점이다. 이곳들을 하나하나 직접 답사해보는 것도 흥미로운 수토 역사 여행이 될 수 있다.

글을 마치며

삼천리 금수강산! 비단에 수를 놓은 듯 아름다운 산천을 가진 우리나라를 가리킨다. 여행 기자라는 직업을 가진 덕분에 방방곡곡을 두루 찾아다니는 동안 '한반도 금수강산'이 결코 빈 말이 아님을 절절이 느끼곤 했다.

아름다운 산천과 신령스런 기운을 가진 우리나라는 이웃인 중국에도 일찌감치 소문났다. 기원전 3세기경 중국을 통일한 진시황제는 한반도의 삼신산에서 불로장생(不老長生)을 보장하는 불로초가 자란다는 소식을 듣고 수천 명의 동남동녀(童男童女)를 파견해 구해오도록 했다. 삼신산의 영험한 기운을 먹고 자란 식물이 사람의 수명을 연장시켜주는 효능을 가지고 있다는 믿음 때문이었다.

한라산, 지리산과 함께 삼신산으로 불리는 금강산은 또 어떤가. 중국에서는 '고려국에 태어나 친히 금강산을 보는 것이 소원(願生高麗國 親見金剛山)'이라는 말이 나돌았다. 그래서 고려와 조선에 걸쳐 중국에서 온 사신들은 금강산을 직접 밟아 보기를 원했다. 그게 여의치 못할 경우 금강산 그림이라도 구해 보기를 간절히 바랐다. 그림을 통해 금강산의 기운을 느껴보려고 했던 것이다. 이에 따라 고려와 조선 조정이 중국에 금강산도(金剛山圖)를 그려 보내주었다는 기록도 여럿 있을 정도다.

이처럼 외국으로부터 부러움과 칭송의 대상이 된 이 땅의 신비한 기운(氣運)을 신문 지면으로는 다 설명할 수 없다는 게 늘 아쉬웠다. 대중을 상대로 하는 언론의 속성상 눈에 보이는 것, 확실한 근거가 있는 것만을 기사화해야 한다는 '자가 검열'도 작용했다. 그래서 이 책은 신문 지면에서는 다 공개할 수 없었던 수토기행의 진경(眞景), 즉 진짜 모습을 드러내는 데 초점을 두고 있다. 우리 국토에 산재한 문화 및 역사 유적, 신령스런 터, 빼어난 예술품 등을 수토하면서 창조와 생명의 '봄 기운'을 가득 담고 있는 곳이 한반도임을 널리 알리고 싶다. 전세계적으로 유행하고 있는 한류(韓流), 즉 K-컬처 역시 한반도의 '생명의 기운'을 타고 부는 바람이라고 필자는 믿고 있다.

필자는 수토의 여정을 밟으면서 풍수학으로 학위를 받았다. 우리 자연에서 만나는 거대하고도 상스러운 기운을 설명하기 위한 학문적 뒷받침이 필요하다고 생각했기 때문이다. 그런 점에서 풍수학은 자연 생태계와 땅의 기운을 설명해 주는 훌륭한 도구가 돼주었다. 그런데 중국에서 유입된 풍수 이론은 한계도 있었다. 그들의 이론으로는 우리 땅에 있는 문화 유적과 명승지, 빼어난 기도터 등을 모두 설명하기가 어려웠다.

우리나라에는 기존의 중국 풍수 이론으로는 설명이 되지 않지만, 분명히 엄청난 기운이 서린 공간들이 존재하고 있다. 사실 이런 곳이야말로 우리 고유의 풍수 현장이라고 할 수 있다. 필자는 바로 이런 현장을 수토하면서 우리 풍수와 우리 문화를 재해석하는 작업을 하고 있다.

운이 좋게도 필자에게는 터와 공간에서 펼쳐지는 기운, 즉 기에너지를 몸으로 느끼는 감각능력이 있다. 20대 대학 시절부터 자연을 누비고, 명상과 수련 등을 통해 몸의 감각을 깨우는 훈련을 해왔다. 무디고 둔해진 인체 감각 기능을 되살리기 위해 이 분야에서 뛰어나다고 소문난 선생들을 직접 찾아다니며 묻고 배우기를 반복했다. 그런 노력이 하나둘씩 쌓여가다 보니 어느덧 인체에서 공간의 기운을 느끼는 감각이 점차 깨어났고, 마치 소경이 눈 뜨듯 새로운 세계를 체험할 수 있게 됐다. 필자의 경험으로 보건대, 누구나 수련 등을 통해 훈련을 지속적으로 하면 기운을 감지하는 감각 기능이 개발된다고 확신한다.

기적인 감각으로 공간이나 자연을 살펴보면 그간 보이지 않던 곳이 보인다. 우리 선조들이 조성해놓은 문화 유적이 미적으로도 아름다울 뿐만 아니라, 허투루 아무 데나 조성된 게 아니라는 사실을 깨달을 수 있다. 이를 테면 강화도 참성단이 왜 마니산 정상에 세워져 있으며 왜 위정자들은 험한 산행을 감수하고 그곳에서 굳이 천제를 지냈는지는 참성단의 천기(天氣)를 느꼈을 때 비로소 설명이 가능하다. 땅끝마을 해남 달마산의 바위 틈에 새 둥지처럼 자리잡은 도솔암 터는 땅의 지기(地氣)를 느낄 줄 아는 사람만이 조성해놓은 천장

지비(天藏地秘)라고 할 수 있다. 또 천년 가까운 시간 흠결없이 보존돼 온 '목판 대장경'과 대장경을 보조하고 있는 해인사 장경판전은 선조들의 자연을 응용한 지혜와 과학적 지식이 돋보이는 세계적인 걸작이다.

그 뿐이랴. 한반도 곳곳에서는 이름을 알리지 않은 채 후손들이 살아갈 땅에 생기(生氣)를 불어넣은 선조들의 흔적들을 수도 없이 만날 수 있다. 경북의 크고 작은 전탑들은 백두대간의 지기(地氣)가 끊기지 않고 신라의 수도 경주까지 이어지도록 세워놓은 작품임을 기운을 통해 느낄 수 있다. 전남 광양 옥룡사지의 울창한 동백숲은 백두대간의 땅 기운이 순환의 질서를 지키며 영원히 이어지도록 하기 위한 비보림(裨補林)이며, 강원도 고성 건봉사의 봉황 기운은 북쪽 오랑캐의 침입을 막기 위한 전초기지 역할을 하고 있음도 감지할 수 있다. 이 땅에 심어놓은 싸리나무와 오동나무, 쑥 같은 식물들도 한반도에 생명력을 불어넣기 위해 애쓴 선조들의 작품들이다.

필자는 우리 땅을 가꾸고, 우리 문화를 살찌우고, 우리 역사를 풍성하게 만든 선조들을 '수토사'라고 규정한다고 앞에서 밝혔다. 그리고 나 역시 그런 수토사의 길을 걸어가고자 한다. 그것은 '나는 왜 한국인으로 태어났는가?' '한국인으로서 나의 역할은 무엇일까'에 대한 물음을 찾아가는 길이기도 하다. 한국이라는 땅에서 숨을 쉬며 살아가는 나의 정체성을 찾아가는 구도의 길인 것이다.

이 책에 소개한 수토사들은 대부분 그렇게 살아갔다. 그들은 시대적 상황에 따라 유학자로, 승려로, 관료로 한 시대를 살아가면서도 끊임없이 동국(東國: 우리나라)과 동국인(한국인)들에 대한 관심과 연구를 놓지 않았다. 그리고 그들은 장춘불로지국인 한반도가 미래에는 지구촌을 리드하는 국가가 될 것이라고 믿고 있었다. 사람을 살리는 생명과 평화의 기운이 한반도에서 머잖아 피어날 것임을 알고 있었기 때문이다.

선배 수토사들이 그러했듯이 나의 수토 여정은 지금도 계속되고 있다. 수토를 하면서 거두는 즐거움도 크다. 선배 수토사들은 큰 뜻을 세워 '명당 수토'를 하면서도 성스럽고 신령한 기운이 있는 곳에서는 가족의 행복과 건강을 기원하는 소원을 빌기도 했다. 그러니 수토여행에서 굳이 거창한 목적을 세우지 않아도 좋다. 역사적 스토리가 흐르는 수토지에서는 삶의 교훈을 찾을 수 있고, '보양 명당'이라고 알려진 수토지에서는 건강한 기운을 얻을 수 있고, 신령스런 기도처에서는 정신적 만족을 거둘 수 있는 게 수토기행이다. 이 책을 읽는 모든 이들이 수토여행을 통해 건강하고 행복하게 살기를 두 손 모아 기도드린다.

참고 문헌

● 고문헌 및 원전류

《계원필경집》 최치원
《고려사》 김종직, 정인지 등
《고려사절요》 김종서 등
《규원사화》 북애자
《난중일기》 이순신
《산해경》
《삼국사기》 김부식
《삼국유사》 일연
《선화봉사고려도경》 서긍
《순오지》 홍만종
《열선전》 유향
《오주연문장전산고》 이규경
《용재총화》 성현
《점필재집》 김종직
《제왕운기》 이승휴
《조선왕조실록(한국고전종합DB)》
《청학집》 조여적
《추강집》 남효온
《포박자》 갈홍
《해동이적》 홍만종

● 단행본류

《내단》 이원국, 김낙필 외 옮김, 성균관대출판부, 2006
《대종교 중광60년사》 대종교종경종사편수위원회, 대종교총본사, 1971
《부도지》 박제상, 김은수 역, 한문화, 2011
《불사의 신화와 사상》 정재서, 민음사, 1994
《신선사상과 도교》 도광순, 범우사, 1994
《운학선생사적: 역주 교감 청학집》 김성환, 경인문화사, 2010
《이것이 개벽이다》 안경전, 대원출판, 2002

《조선도교사》이능화, 보성문화사, 1985
《조선무속고》이능화, 서영대 역주, 서남동양학자료총서, 2008
《증산도 도전》증산도 도전편찬위원회, 대원출판, 2003
《지리산권 유산기 선집》지리산권문화연구단, 선인, 2016
《천도교경전》천도교중앙총부, 천도교중앙총부 출판부, 1998
《최치원의 철학사상》최영성, 아세아문화사, 2001
《최치원의 풍류를 걷다》김봉희 외, 경남대학교 고운학연구소, 2020
《한국기인전》이석호 역, 명문당, 1990
《한국 선도 이야기》정현축, 율려, 2016
《한국의 신선 그 계보와 전기》임채우, 소명출판, 2018
《한국의 신선사상》이봉호 외, 상생출판, 2022
《한국 도교의 기원과 역사》정재서, 이화여자대학교출판부, 2006
《화랑세기》김대문, 이종욱 역주해, 소나무출판, 1999

● 논문류

〈김종직의 사제관계와 도학사적 위상〉정출헌, 한문학보 제45집, 2021
〈신선 사상으로 본 동학과 증산도〉박종천, 민족문화연구 제96호, 2022
〈여말 학계와 천부경〉정경희, 선도문화 제6집, 2009
〈청학집 선맥의 이중성과 의미〉조한석, 도교문화연구 제29집, 2005
〈청학집과 규원사화에 보이는 한국도교에 대한 고증 연구〉임채우, 선도문화 제14집, 2013
〈최치원과 도교의 관계 문제에 대한 비판적 검토〉임채우, 선도문화 제10집, 2011
〈한국 선도의 기원과 근거 문제〉임채우, 도교문화연구 제34집, 2011
〈한국 선도의 전개와 신종교의 성립〉김용휘, 동양철학연구 제55집, 2008
〈한중 신화에 나타난 여신 비교〉송정화, 도교문화연구 제19집, 2003
〈해동전도록에 나타난 도교사상〉김낙필, 도교와 한국사상(도교논총 제1집), 1987
〈화랑도와 신선사상〉차주환, 신라문화 제10권1호, 1989
〈1358년(공민왕 7) 이색의 마니산 기행과 참성단 초례〉김성환, 역사민속학 제42집, 2013